Preußisches

Grundbuchrecht.

Von

Franz Förster,
Dr. der Rechte, Geh. Oberjustizrath und vortr. Rath
im Justizministerium.

Berlin.
Druck und Verlag von Georg Reimer.
1872.

Vorwort.

Den dogmatischen Gehalt der neuen preußischen Gesetze über das Immobiliarsachenrecht schon jetzt, wenige Monate nach ihrer Verkündung, zum Gegenstand einer systematischen Erörterung zu machen, kann bedenklich erscheinen — aus sachlichen und persönlichen Gründen. Noch fehlt der Theorie des Gesetzes die Bewährung in der Praxis, noch sind die Fragen, welche die letztere aufwerfen wird, unbekannt, die reiche Belehrung und Aufklärung, die durch die Rechtsprechung zu gewinnen ist, wird noch vermißt: die Entwickelung des im Gesetz liegenden Dogma's kann daher jetzt kaum eine gewisse Dürftigkeit überwinden, kaum mehr als ein Theoretisiren sein. Und persönlich bedenklich mußte insbesondere dem Verfasser eine solche Aufgabe erscheinen, da die Gesetze, bei deren Ausarbeitung er einigermaßen betheiligt war, sich ihm noch nicht hinreichend objektivirt haben. Er tritt nicht an einen fremden Stoff heran, sondern theilweis an sein eigenes Selbst, dadurch aber entsteht die Gefahr einseitiger subjektiver Auffassung, die es statt zu objektiver Kritik nur zu rechtfertigender Motivirung kommen läßt.

Wenn gleichwohl diese Arbeit unternommen worden ist, so ist es geschehen, um zu monographischer Behandlung dieser wichtigen Rechtsmaterie von vornherein eine erste Anregung zu geben. In der Sitzung des Abgeordnetenhauses vom 30. November 1868 äußerte der Justizminister: „Die auffallendste Erscheinung für mich ist immer die gewesen, daß der bei Weitem interessanteste Theil der preußischen Rechtsbildung, das Hypothekenwesen, bis zum heutigen Tage eine eigentlich monographische Behandlung noch nicht gefunden hat.“ Und die Kenner der preußischen Rechtswissenschaft werden darin übereinstimmen, daß diese Thatsache gewiß eine sehr auffallende, daß der Mangel einer Monographie über das Immobiliarrecht ein sehr empfindlicher gewesen ist.

Außerdem durfte der Verfasser auch hoffen, zu dem theoretischen Verständniß der jetzt in die Anwendung übergehenden Gesetze doch Einiges beitragen zu können. Die seit lange verwöhnende Gewohnheit, jedem größeren Justizgesetz das Gängelband einer Instruktion anzuhängen, ist, soweit dies nicht für die Grundbuchordnung aus technischen Gründen unvermeidlich war, verlassen worden: den Gerichten wird wieder gegeben, was ihnen gebührt, die freie und selbständige Auslegung des Gesetzes. Möglich, daß dadurch einige Ungleichheiten in der praktischen Handhabung erzeugt werden, daß sich hier und da einige Mißverständnisse einschleichen —, das sind aber kleine Uebelstände, die sich leicht überwinden lassen und die nicht dazu führen dürfen, von vornherein das Denken der Richter zu binden und der wissenschaftlichen Erörterung des Rechts vorzugreifen.

Gewiß können die Gerichte diese Abweichung von dem bisherigen Gebrauch nur freudig begrüßen, ihre Thätigkeit wird dadurch eine mehr geistige, welche größere innere Befriedigung gewährt, zu selbständiger Prüfung mehr anregt, und ein dringenderes Bedürfniß nach wissenschaftlicher Untersuchung des neuen Rechts erzeugt.

So möge denn diese Arbeit ein Anfang monographischer Erörterung sein, die freilich erst in späterer Zeit inhaltsreicher und tiefer werden wird.

Die Gesetze vom 5. Mai 1872 sind nach schweren Kämpfen der Meinungen zu Stande gekommen; die Kämpfe waren um so schwerer, als sich bei Justizgesetzen dieser Art der Weg der Ausgleichung durch Kompromisse nicht so darbietet, wie bei Gesetzen, die nur Zweckmäßiges ordnen sollen. Wer aber jetzt von den dabei Betheiligten auf den harten Gegensatz der Ansichten zurückblickt, wird wohl mit einer gewissen inneren Befriedigung an denselben denken. Es war nothwendig, daß eine so tief greifende Umwandelung des bisherigen Rechts gründlich erwogen wurde, daß man sich des Gegensatzes des Alten und des Neuen nach allen Seiten bewußt wurde, um ein klares Verständniß des Neuen zu gewinnen; es war natürlich, daß hierbei auch das Alte mit der Zähigkeit sich geltend machte, die allem Bestehenden innewohnt, und es war ein Zeugniß der Dankbarkeit und Pietät, die man der genialen legislativen Schöpfung von 1783 schuldete, daß man sich nicht zu leicht von derselben trennen konnte. Hoffentlich ist aber auch eine Klärung der Ansichten durch die Discussionen erreicht, und Denen, die von der Reform Gefahren mancherlei Art befürchteten, die oft nur in vorgefaßten Meinungen ihren Grund hatten, die Ueberzeugung geworden, daß die Befürchtungen grundlos waren.

Seit 1868, wo zuerst der Regierungsentwurf dem Landtage vorgelegt wurde und seitdem er sodann 1869 durch die Presse veröffentlicht worden ist, hat man ihn mehrfach zum Gegenstand eingehender Kritik gemacht. Die nachfolgenden Ausführungen sollen auch zeigen, daß diesen dankenswerthen Beurtheilungen Berücksichtigung und Würdigung zu Theil geworden ist, was in den möglichst knapp zu haltenden Regierungsmotiven vielleicht nicht überall genügend hervorgetreten ist. Die nach dem Erlaß der Gesetze erschienenen Schriften haben leider nur noch wenig während des Drucks benutzt werden können.

Die anfänglich beabsichtigte Beifügung des Textes der Gesetze und der ministeriellen Verfügungen ist im Interesse einer schnelleren Veröffentlichung und minderen Kostspieligkeit dieser Schrift unterblieben. In Folge dessen ist auf S. 38 Note 2 die Verweisung auf Beilage III und S. 104 Note 2 in Wegfall zu bringen. Um Verbesserung folgender Druckfehler wird gebeten:

S. 58 Zeile 11 v. o., das Moment statt als Moment;
S. 86 Note 18. III. statt IV.

Damsdorf in Schlesien.

Der Verfasser.

Inhaltsverzeichniß.

Literatur.

Hübner, die Reform auf dem Gebiet des Immobiliarsachenrechts Breslau (1869).

Hartmann, das preußische Immobiliarsachenrecht und dessen Reform nach den neuesten Entwürfen. Elberfeld 1869.

Bremer, Hypothek und Grundschuld. Göttingen 1869.

Ziebarth, die Reform des Grundbuchrechts. Halle 1870.

Bähr, die preußischen Gesetzentwürfe über die Rechte am Grundvermögen. 1870. (Besonderer Abdruck aus den Jahrb. für die Dogmatik des heutigen römischen und deutschen Priv.-Rechts von Ihering u. A. B. 11, Heft 1.)

Johow, zur Lehre von den Rechten des Pfandgläubigers an den Früchten der verpfändeteu Sache. Berlin 1871.

Winter, Bemerkungen zu den Beschlüssen des preußischen Abgeordnetenhauses über den Gesetzentwurf, den Erwerb u. s. w. betr. Halle 1871.

Leo Sternberg (pseudonym), meditationes discontinuae über die Realkreditfrage und die preuß. Gesetzentwürfe bez. des Eigenthumserwerbs und der dinglichen Belastung der Grundstücke. Berlin 1872.

Heidenfeld und Philler in Gruchot's Beiträgen B. 13. S. 866. 887.

v. Brünneck, daselbst B. 14, S. 567.

Kurlbaum und Behrend in des Letzteren Zeitschr. für Rechtspflege und Gesetzgebung, B. 3, S. 732. 766.

Stüler, daselbst B. 4, S. 26.

v. Bar in dem Archiv f. civilist. Praxis. N. F. B. 53, S. 362.

Dernburg, preuß. Privatrecht, 1. B. 2. Abth. 1872.

Achilles, die preuß. Gesetze über Grundeigenthum und Hypothekenrecht, mit Einleitung und Kommentar. Berlin 1872.

Philler, das Gesetz über den Eigenthumserwerb u. s. w., mit einem Kommentar. Magdeburg 1872.

Bahlmann, das Preuß. Grundbuchrecht. Berlin 1872.

v. Meibom, über Realschulden und Reallasten in Bekker und Muther, Jahrbuch des gemeinen deutschen Rechts B. 4, S. 442. 1860.

Derselbe, das Mecklenburgische Hypothekenrecht. Leipzig 1871.

Regelsberger, Studien im bairischen Hypothekenrecht. Erlangen 1872.

Siegmann, die königl. sächsische Hypothekenordnung. Leipzig 1872.

Ueber die Reform des Grundbuchrechts in Oesterreich sind zu vergleichen:

Oesterreichische Gerichtszeitung, herausgeg. von Glaser und Nowak.

1868. Nr. 25. 26. Unger, die materielle Seite des Instituts der öffentlichen Bücher.

1868. Nr. 52 - 60. Exner, das Institut der Pfandrechtspränotation

1868. Nr. 95—100.
1869. Nr. 13 — 20.
Nr. 26 — 31. } Krainz, das leitende Prinzip der bücherlichen Rechte.

1871. Nr. 1. 2. Harum über Exner: das Publizitätsprinzip.

1871. Nr. 36—44. Randa über Exner: das Publizitätsprinzip.

1872. Nr. 8. 9. 10. Exner, polemische Erörterungen zum österr. Tabularrecht.

1872. Nr. 33—35. Randa, polemische Beiträge zur Lehre von der Publizität der öffentlichen Bücher.

Johanny, Geschichte und Reform der österr. Pfandrechtspränotation. Wien 1870.

Exner, Studien zum österr. Hypothekenrecht. Wien 1870.

Derselbe, die Reform des Hypothekenrechts in Oesterreich. (In Behrend, Zeitschrift für die deutsche Gesetzgebung und für einheitliches deutsches Recht, B. 6. 1872. S. 178 (unvollendet).

Ueber französisches Recht:

Jonas, Studien aus dem Gebiete des franz. Civilrechts und franz. Civilprozesses. Berlin 1870. S. 60—148.

Anmerkung. Die preuß. Regierungsvorlage von 1871 und deren Motive sind benutzt nach dem Druck des Herrenhauses, Drucksachen Nr. 8. Session 1871 bis 1872,

die Berichte des Abgeordnetenhauses v. 1869, Drucksachen Nr. 212, 234,

die Berichte des Herrenhauses v. 1872, Drucksachen Nr. 27, 145,

die Berichte des Abgeordnetenhauses v. 1872, Drucksachen Nr. 200, 233.

Einleitung.

Seit seiner Verkündung im Jahre 1794 hat das Allgemeine Landrecht für die Preußischen Staaten viele und erhebliche Aenderungen erlitten; selbst ganze Stücke sind ihm durch die neuere Gesetzgebung entzogen worden. Trotzdem wurde der privatrechtliche Inhalt des Gesetzbuchs, der Kern und der innere Zusammenhang seines Systems und seiner Grundlagen dadurch nicht erschüttert oder verändert. Preußen erfreute sich seit dem Ende des vorigen Jahrhunderts eines ruhigen und sicheren privatrechtlichen Zustandes. Freilich war hiermit auch ein Uebelstand verbunden, der lange Zeit nicht gefühlt wurde, wenigstens nicht in das lebhafte Bewußtsein der Juristen trat, der aber jetzt, wo wir seit der Erweiterung des Staats in eine engere, vielseitigere und umfangreichere Berührung mit dem gemeinen deutschen Recht getreten sind, doch recht fühlbar hervortritt. Zwar fehlt es dem Gesetzbuch in der That nicht an großen legislativen Schöpfungen in Betreff einzelner Rechtsinstitute, welche einen bedeutenden Fortschritt der Rechtsentwickelung enthalten: im Ganzen und Großen ist es aber doch nur der Niederschlag des damaligen gemeinen Rechts. Es befestigte Irrthümer, indem es sie zur formalen Wahrheit erhob, welche jetzt im Gebiete des gemeinen Rechts als solche erkannt sind. Es hatte einen abschließenden Charakter, es trennte Preußen von einer weiteren gemeinsamen Rechtsentwickelung des übrigen Deutschlands, an der es nicht mehr Theil nehmen konnte, während es andererseits sich doch auch nicht geeignet erwies, auf diese Entwickelung einen bestimmenden Einfluß auszuüben. Man hat wohl gefragt, warum ein so bedeutendes legislatives

Werk, wie das ALR. es unstreitig ist, so wenig über die Grenzen seines Geltungsbereichs hinaus hat wirken können. Es war die erste große deutsche Gesetzgebung auf dem Gebiete des Privatrechts und trat mitten hinein in einen Rechtszustand, der nach keiner Richtung hin als ein genügender erachtet werden konnte. Noch lagen in unklarer Gährung die römischen und deutschen Rechtselemente neben- und übereinander, ein Heer von Streitfragen wurde hin- und hergezerrt, die Unsicherheit des Rechts erschwerte und verschleppte die Rechtsverfolgung, die überdieß an einem unleidlich schwerfälligen Verfahren krankte, es fehlte jede Erkenntniß des geschichtlichen Ursprungs der einzelnen Rechtsinstitute, die allein zu einer klaren Auffassung desjenigen Rechts führen konnte, welches Anspruch hatte zu gelten. Es war noch eine Zeit des Kampfes gegen die überwältigende Masse des recipirten fremden Rechtsstoffes, dessen Aussöhnung oder Ausgleichung mit dem einheimischen noch nach keiner Richtung gelungen war, noch das Stadium des Kampfes, wo eine bestimmte Kampfesordnung nicht gewonnen war, die Ziele des Kampfes nicht scharf in's Auge gefaßt wurden. Erwägt man dies Alles, so muß ein gerechtes Urtheil das, was im ALR. geleistet worden, als staunenswerth bezeichnen, den Urhebern dieses Werks Ehrfurcht und Dank zollen. Wenn trotzdem jene Wirkungslosigkeit nach Außen dieser Arbeit anhaftete, so liegt unzweifelhaft der Grund dieser Erscheinung in besonderen Eigenschaften des Gesetzbuchs, in seiner Technik und Redaktion. Die Einheitlichkeit der Prinzipien und damit die Einfachheit des Rechts selbst wird in dem Gesetzbuch zu oft durchbrochen durch Ausnahmen, welche man beliebt hat, theils um einer angeblichen Billigkeit Rechnung zu tragen, die dann in der Regel auf der anderen Seite in Unbilligkeit umschlägt, theils um einer unmittelbar hervortretenden Nützlichkeit einzelner Fälle zu genügen, wo man dann den einzelnen Fällen eine zu große Tragweite gegeben, sie zu sehr verallgemeinert hat. Daher kommt die Alles überwuchernde und doch niemals erschöpfende Kasuistik unserer Gesetzgebung, die stoffliche Ueberladung derselben und der Mangel an durchsichtiger und übersichtlicher Erkennbarkeit des Rechts. „Das System der Kasuistik in der Gesetzgebung, äußerte der Justizminister in der Sitzung des Abgeordnetenhauses vom 30. November 1868, ist ohne Weiteres Feind jeder Rechtswissenschaft, hält den Keim des Todes für diese in sich, entwöhnt nur zu leicht von jeder juristischen Konstruktion, weil diese nicht mehr erforderlich ist, und führt demgemäß ebenso leicht zu einer Jurisprudenz der Worte und der Formen." Wir haben in der preußischen Jurisprudenz diese Erfahrung gemacht. Lange dauerte es, ehe man sich zu einer wissenschaftlichen Behandlung des ALR. erhob, ehe man die Wortauslegungen überwand, und auch jetzt steht die preußische Rechtswissenschaft noch keineswegs ebenbürtig neben der des gemeinen Rechts. Die Kasuistik des ALR. verschuldet, daß das Studium durch ein Detail erschwert wird, welches ein wissenschaftliches Interesse nicht darbieten kann, daß dieses Detail die Grundlagen verdeckt und verschiebt, den Rechtsstoff — wie Koch sich einmal bezeichnend geäußert hat — in eine quecksilberartige Masse verwandelt. In dieser Eigenschaft des ALR., nicht aber darin, daß die eine oder andere Lehre theoretisch falsch konstruirt ist, oder wenigstens nach unserer heutigen Einsicht besser hätte konstruirt werden können, liegt der Grund, weshalb es so wenig nach Außen gewirkt, weshalb es so wenig gerecht und richtig gewürdigt, man darf sagen, so vorurtheilsvoll außerhalb seines Geltungsbereichs beurtheilt wird.

Auffallender Weise ist gerade derjenige Theil des Gesetzbuchs, den man ohne Widerspruch als den gelungensten und genialsten bezeichnen kann, und dem am wenigsten jene Wirkungslosigkeit auf das übrige Deutschland anhaftete, der vielmehr vielfach bestimmend gewesen ist für die legislativen Leistungen der deutschen Staaten, der erste, der eine Reform erfahren hat, die so tief in das ganze privatrechtliche System eingreift, wie noch keine frühere, die in der That dasselbe auf dem Gebiet des Sachenrechts wesentlich umgestaltet und seine Grundlagen ändert, und in mancher Hinsicht auch in das System des Obligationenrechts hinüberschlägt.

Es ist bekannt, und bedarf hier nur der Andeutung, daß im ALR. das Sachen- und Obligationenrecht in ein anderes Verhältniß zu einander gebracht sind, als im römischen Recht, welches beide scharf scheidet und nebeneinander stellt. Im ALR. ist das obligatorische Rechtsverhältniß nur der Durchgang oder die Vorstufe zum Sachenrecht, beide Rechtsgebiete scheiden sich nicht so scharf, das Obligationenrecht ist systematisch dem Sachenrecht untergeordnet.

Andererseits stimmt aber darin das ALR. mit dem römischen Rechtssystem wieder überein, daß es das Sachenrecht selbst nicht in ein Mobiliar- und Immobiliarrecht trennt, obwohl es durch das Institut des Hypothekenbuchs in wichtigen Beziehungen das dingliche Recht an Grundstücken modificirt hat. Das Gesetz vom 5. Mai 1872 über den Eigenthumserwerb und die dingliche Belastung der Grundstücke hat das System des ALR. insofern geändert, als es einerseits das Sachenrecht an Immobilien von dem an Mobilien, andererseits das Immobiliar-Sachenrecht von dem Obligationenrecht scheidet; Ersteres, indem es für die Begründung und Beendigung des Eigenthums und der dinglichen Rechte an Immobilien andere Voraussetzungen hinstellt; Letzteres, indem es die obligatorischen Beziehungen nicht mehr einwirken läßt auf die Entstehung und Erlöschung des Eigenthums und dinglichen Rechts, der obligatorischen und dinglichen Seite des Rechtsvorganges jeder eine selbständige, gesonderte Sphäre anweist.

So wichtig nun auch diese systematische Bedeutung des Gesetzes vom 5. Mai 1872 ist, so darf man doch nicht sagen, daß dasselbe mit dem ALR. durchweg bricht und ein ihm unbekanntes oder widersprechendes neues Recht schafft. Gerade die Bedeutung, die das Hypothekenbuch schon nach dem ALR. hat, bietet den Anknüpfungspunkt für die Reform, und läßt letztere vielmehr als eine normale Fortbildung der Theorie des ALR. erscheinen; das Grundbuchrecht, wie es im ALR. bereits liegt, ist nur gereinigt worden von den Schlacken, welche die noch festgehaltene aber mit ihm unvereinbare Theorie des römischen Rechts von dem Erwerb des Eigenthums an Grundstücken durch Uebergabe und von der accessorischen Natur der Hypothek übrig gelassen hat.

Die Reform, welche durch die Gesetze vom 5. Mai 1872 ihren Abschluß für diejenigen Provinzen erreicht hat, in denen das ALR. gilt, ist seit mehreren Jahrzehnten erstrebt. Ueber das Bedürfniß sprechen sich die Motive so aus: „Daß eine tiefgreifende Reform des Hypothekenrechts in formeller wie materieller Beziehung ein unabweisbares Bedürfniß sei, gilt als allgemein angenommene Thatsache. Eine objektive Prüfung der Gründe und der Ziele dieser Reformbestrebungen lehrt auch, daß der Immobiliarkredit zur Zeit in einer gewissen Beengtheit sich befindet. Der Grundbesitzer braucht, wenn er den Ansprüchen der neueren rationellen Landwirthschaft genügen und wenn er mit der Landwirthschaft, wie dies immer häufiger geschieht, industrielle und kommerzielle Unternehmungen verbinden will, mehr Betriebskapital als in früheren Zeiten; das Kapital aber hat in Folge der zahlreichen großen industriellen Unternehmungen der Aktiengesellschaften, der Staatsanleihen u. s. w. viel mehr Gelegenheit zu anderweitiger nutzbarer Anlage. Es ist nicht mehr, wie früher, die gute Hypothek auf einem Grundstück fast die einzige und beliebteste Gelegenheit, das Kapital gegen Realsicherheit unterzubringen; die neuen Gelegenheiten bieten sogar Vortheile, welche die Grundstücks-Hypothek niemals bieten kann: höhere Zinsen und Dividenden, die Möglichkeit, jederzeit das Kapital wieder zurückzuziehen, ohne an lange Kündigungsfristen gebunden zu sein, und es doch jederzeit ohne langes Suchen und Mühen wieder nutzbar anlegen zu können, — zu alle dem in den meisten Fällen eine völlig ausreichende, in vielen Fällen eine nahezu absolute Sicherheit, wie sie das verpfändete einzelne Grundstück, dessen Ertrag doch auch von der Tüchtigkeit des Besitzers, von der Gunst der Konjunkturen und Witterung bedingt ist, niemals gewähren kann. Daher zieht sich ein sehr großer Theil des nach nutzbarer Anlage strebenden Kapitals vom Grundbesitz weg, das spekulirende Kapital wächst, das nach ruhiger dauernder Anlage suchende wird geringer und damit der Immobiliarkredit schwächer. Mögen nun auch, was nicht verkannt werden darf, die Ansprüche der Grundbesitzer an den Kredit, den sie mit ihren Grundstücken den Kapitalisten bieten, in mancher Hinsicht überspannte sein, namentlich insofern, als der Immobiliarkredit für sich allein auch die zu Meliorationen und industriellen Unternehmungen erforderlichen Kapitalien sichern soll, während hierzu das Vertrauen in die Person des Unternehmers in gleicher Weise gehört, d. h. der Real- und Personalkredit in Verbindung wirken müssen, — mögen auch häufig die Klagen über den Zustand der Hypothekengesetzgebung nur darin ihren Grund haben, daß man auch noch auf schlechte Sicherheit Kapitalien erlangen will, was keine Gesetzgebung begünstigen darf, — so läßt sich doch nicht in Abrede stellen, daß dem Grundbesitz jetzt, in der einen Gegend mehr, als in der anderen, das Kapital wirklich fehlt, und ein Bedürfniß vorliegt, Mittel zu finden, die ihm das Kapital wieder in erhöhtem Maße zuführen. Man verlangt und erwartet jedoch von der Gesetzgebung zu viel, wenn man sich der Hoffnung hingiebt, eine Reform des Hypothekenwesens, und gehe sie auch noch so weit den heutigen Ansprüchen des Kapitals entgegen, um es anzuziehen, könne direkt diese Wirkungen hervorrufen. Eine solche Reform wird die Hauptursache des Mangels nicht heben, ja nicht einmal berühren. Diese Hauptursache liegt darin, daß der Immobiliarkredit sich vorherrschend in kündbaren Kapitalien bewegt, der Grundbesitzer aber Kapitalskündigungen nicht aus dem Ertrage des Grundstücks, sondern nur durch Kapitalien befriedigen kann, die er sich anderweitig verschaffen muß. Die einzelne Hypothek kann aber niemals zur unkündbaren Schuld gemacht werden, weil dies nur unter der Voraussetzung möglich ist, daß der Gläubiger trotz der Unkündbarkeit sein Kapital doch jederzeit muß zurückempfangen können, und dazu garantirende Korporationen gehören, welche die Vermittelung zwischen dem Grundbesitzer und seinem Gläubiger übernehmen. Eine Reform nach dieser Richtung liegt außerhalb des Gebietes des Hypothekenrechts. Alles, was eine Reform des bestehenden Rechts leisten kann, ist eine Beseitigung formeller Hindernisse und Erschwerungen, um den begründeten oder vermeintlichen Vorwurf zu vermeiden, daß in dem gesetzlichen Bestehen solcher Hindernisse der Grund liege, weshalb das Kapital ausbleibt, oder sich nur unter drückenden Bedingungen finden lasse.

Daß die preußische Gesetzgebung über das formelle Hypothekenrecht von 1783 und über das materielle von 1794 auf richtigen Prinzipien beruht, wird selbst von denen im Allgemeinen nicht verkannt, die dieselbe den Bedürfnissen des heutigen Verkehrs nicht mehr für entsprechend erachten. Die Prinzipien der Publizität und der Spezialität müssen aufrecht erhalten, wo möglich noch konsequenter und ausnahmsloser, als bisher, durchgeführt werden. Das preußische Recht hat zu diesen beiden eng mit einander zusammenhängenden Prinzipien noch das der Legalität, d. h. der obrigkeitlichen (gerichtlichen) Garantie der Gesetzmäßigkeit der Rechtshandlungen, welche die Veräußerung und Belastung der Grundstücke betreffen, hinzugefügt. So gesichert nach allen Seiten galt das preußische Hypothekenrecht lange für das Muster der Gesetzgebung auf diesem Rechtsgebiet, und unter seinem Schutz entwickelte sich ein reeller, im Wesentlichen für alle Theile befriedigender Immobiliarkredit. Allein die sozialen und rechtlichen Verhältnisse des Grundbesitzes und des Kapitalbesitzes haben sich seit dem zweiten Dezennium dieses Jahrhunderts allmählich, seit dem fünften und sechsten in schleuniger Entwickelung und sehr erheblich geändert. Die Grundbesitzer und die Grundstücke wurden durch die agrarischen Gesetze freier von persönlichen Beschränkungen und bleibenden Lasten, die Abgeschlossenheit der Grundstücke begann einer Zertheilung und Vereinigung, einer immer häufigeren Veränderung ihrer Größe und Zusammengehörigkeit zu weichen, die Veräußerlichkeit und der Erwerb wurde befreit von den älteren Beschränkungen und es entwickelte sich ein oft fast zu rascher, für den rationellen Betrieb der Landwirthschaft nicht immer vortheilhafter Veräußerungsverkehr; der bequemen, sicheren und nutzbaren Anlage der Kapitalien öffneten sich in dem ungemein rasch hervorgetretenen Mobiliarkredit im großartigsten Maßstabe neue Wege. Allen daraus hervorgehenden Ansprüchen auf Raschheit und Beweglichkeit konnte das geltende Immobiliarsachenrecht nicht genügen, welches wesentlich seine Sicherheit in der Festhaltung bestimmter Formen fand und finden muß. Häuser und Grundstücke gingen zu schnell aus Hand in Hand; wenn jedesmal der Besitztitel für den Erwerber berichtigt werden sollte, so mußte dies und die damit verbundene Kostspieligkeit als drückend empfunden werden. Wichtiger war, daß die Anlage von Kapitalien in Hypotheken als erschwert erschien, weil die größere Häufigkeit und Leichtigkeit der Größenveränderung des haftenden Grundstücks zumal bei dem Mangel eines Katasters mehr und mehr unkontrolirbar geworden, weil die ängstliche Prüfung der Legalität der Rechtsakte zu große Langsamkeit und Schwerfälligkeit, eine Art Bevormundung der Parteien erzeugte und in steigendem Grade als belästigend angesehen wurde, je leichter man alle dem aus dem Wege gehen konnte, wenn man das Kapital dem Mobiliarkredit anvertraute. Ueberdies sicherte die gerichtliche Prüfung der Gesetzmäßigkeit der Rechtsakte immer noch nicht den Gläubiger und dessen Rechtsnachfolger gegen Einreden mancher Art, und die Bildung der Instrumente war eine so umständliche, daß sie die Fähigkeit für einen raschen Umlauf, der immer entschiedener gewünscht wurde, verloren.

So kam es, daß die beiden Prinzipien der Publizität und Spezialität nicht genug, das Prinzip der Legalität zu viel leistete. Die Publizität leistete nicht genug, denn der Inhalt des Hypothekenbuchs war nicht die ausschließliche Erkenntnißquelle; es kam nach der dem Allgemeinen Landrecht eigenthümlichen Theorie der Schlechtgläubigkeit im Sachenrecht noch die anderweitige Wissenschaft oder Kenntniß des Erwerbers oder Gläubigers eines Grundstücks von dem Recht eines Dritten in Betracht, welches nicht aus dem Hypothekenbuch ersichtlich war. Es konnte daher eintreten, daß der Erwerber einer Person weichen mußte, deren Recht, obschon es nicht eingetragen war, sich ihm gegenüber doch als stärker erwies, daß dem Gläubiger und dessen Cessionar bei der Geltendmachung der Hypotheken Einreden und Anstände entgegentraten, von denen das Hypothekenbuch keine Auskunft gab, die dem persönlichen Schuldverhältniß entlehnt waren. Die Spezialität leistete nicht genug, weil das bestehende Recht noch die Eintragung von Forderungen mit unbestimmtem Betrage zuließ, weil das Hypothekenbuch keine sichere Auskunft über die Größe des Pfandobjekts enthielt, es vielmehr unbekannt blieb, ob Substanztheile oder Zubehörungen des Grundstücks inzwischen, bei oder seit der Eintragung der Hypothek, abgetrennt oder zugeschlagen worden. Die Legalität leistete zu viel, weil der Richter auch verantwortlich dafür gemacht worden war, nicht in die Augen fallende, d. h. ohne mäßiges Versehen dem Sachverständigen erkennbare Mängel des Instruments über das Rechtsverhältniß, aus welchem die Eintragung oder Löschung nachgesucht wurde, zu bemerken.

Daraus erklären sich die Ziele der Reformbestrebungen, die sich nicht blos auf die Beseitigung der formellen Hindernisse beschränken, sondern das Wesen der Hypothek selbst umgestalten wollen.

Man will erstlich die Duplizität der Rechte auf das Grundstück in und außer dem Hypothekenbuche beseitigen, die Bedeutung der Eintragung für den Rechtserwerb steigern und dadurch die nöthige Grundlage für einen sicheren Immobiliarkredit, die klare Festigkeit des Eigenthums am Grundstück, die Gewißheit der Größe und Identität desselben finden.

Man will sodann die Hypothek als dingliches Recht loslösen von dem persönlichen Schuldverhältniß, zu dessen Sicherung sie bestellt worden, und hofft dadurch zu erreichen:

a. die Freiheit von allen Einreden aus der Obligation gegen die Hypothek, deren Verwirklichung und Verkehrsfähigkeit damit völlig gesichert sein würde;

b. die größere Leichtigkeit und Einfachheit der Hypotheken-Urkunde, welche namentlich für die weitere Uebertragung der Hypothek von größter Wichtigkeit ist, zumal wenn gleichzeitig eine ebenfalls gewünschte Vereinfachung der Formen der Uebertragung selbst eingeführt wird;

c. die Möglichkeit, daß der Eigenthümer für sich selbst Hypotheken auf seinem Grundstück eintragen lasse und von den Hypothekengläubigern erwerbe, wodurch er die seinem Kredit sehr vortheilhafte Gelegenheit erlangt, eine bessere Priorität auch noch einem späteren Gläubiger bieten zu können;

d. die Beseitigung des die Rechtsbeständigkeit der Schuld prüfenden Legalitätsprinzips und die Beschränkung desselben auf die Eintragungs- und Löschungshandlung, wodurch eine größere Beschleunigung in der Erledigung der Geschäfte bei dem Hypothekenbuche bewirkt, und, was dafür als wesentlich angenommen wird, die Abtrennung dieser Geschäfte von den Gerichten, jedenfalls die Beseitigung der langsamen kollegialischen Geschäftsbehandlung möglich werden kann.

Die Klagen darüber, daß das Hypothekenrecht den gegenwärtigen Bedürfnissen des Verkehrs nicht entspreche, und die Versuche, es mit denselben in Einklang zu bringen, sind schon sehr alt. Die letzteren beginnen schon mit dem Gutachten der Gesetzkommission vom 10. Juli 1802, aus welchem der Anhangsparagraph 52 hervorgegangen ist, welcher den ersten erheblichen Eingriff in das System des preußischen Hypothekenrechts machte. Seitdem sind eine Reihe einzelner Gesetze erlassen, welche hier und da Uebelstände zu beseitigen, Erleichterungen zu gewähren versuchten. Am umfangreichsten und am meisten dankbar in den Erfolgen geschah dies durch das Gesetz vom 24. Mai 1853, welches namentlich in formeller Hinsicht viel geleistet hat. Trotzdem fühlte sich das Verkehrsbedürfniß dadurch nicht befriedigt. Die Anträge auf weitergehende, insbesondere auch das materielle Recht tief ändernde Reformen wurden immer häufiger und dringender."

Allerdings standen nicht immer die geäußerten Wünsche nach einer solchen Reform, obschon sie sich an Lebhaftigkeit steigerten und selbst zuweilen den Charakter des Vorwurfs gegen die Staatsregierung annahmen, daß sie noch zögere, sie zu gewähren, im Einklang mit der Reformarbeit selbst, die nur periodisch lebhafter unternommen worden ist, periodisch ganz ruhte und daran Widerstand fand, daß die Wünsche theils ganz theils wenigstens in dem geäußerten Umfange nicht Anerkennung erlangten. Das erwähnte Gesetz vom 24. Mai 1853, betreffend einige Abänderungen der Hypothekenordnung vom 20. Dezember 1783 sollte eigentlich das Reformbedürfniß, so weit man es als vorhanden anerkennen wollte, abschließen. Neuere Gesetzgebungen in anderen Staaten jedoch, die rechtswissenschaftliche Behandlung der Fragen, die hierbei hauptsächlich in Betracht kamen, die praktischen Erfahrungen, die man unter der Herrschaft anderer Gesetzgebungen gemacht hatte, wiesen auf Fortschritte hin, die das Gesetz vom 24. Mai 1853 noch bei weitem nicht erreichte und die nach seinem Erlaß weit mehr auf dem Gebiete des materiellen Rechts als auf dem des formellen lagen.

Unter den Anregungen, welche in den beiden Häusern des Landtags hervortraten, sind besonders die Beschlüsse des Herrenhauses aus dem Jahre 1857 *), und zwar deshalb hervorzuheben, weil sie zugleich die Wege bezeichneten, welche die Reform gehen solle und welche sie schließlich — im Ganzen und Großen — auch wirklich gegangen ist. Durch diese Anträge geht als leitender Gedanke hindurch, daß für die Operationen bei dem Hypothekenbuch allein genüge und entscheide der ernste freie Wille der zur Verfügung über das Grundstück oder ein dingliches Recht an demselben vollberechtigten Betheiligten, daß dagegen außerhalb der Prüfungen des Hypothekenrichters die obligatorischen Beziehungen der Betheiligten liegen, daß sie ihm daher auch nicht nothwendig aufzudecken oder vorzulegen seien. Daß in dieser Auffassung ein Bruch mit der Theorie von

*) Just. Min. Bl. 1857. S. 178 fg.

Titel und Modus, eine wesentliche Umgestaltung der systematischen Beziehung der Obligation zum dinglichen Recht, eine gänzliche Veränderung des Wesen's der Hypothek als eines nur accessorischen Rechts enthalten sei, konnte den Juristen nicht entgehen. Aber wie man sich in den ersteren Beziehungen damit wieder dem gemeinen Recht mehr näherte, konnte man in letzterer Beziehung mit gutem Grunde behaupten, daß die Entwickelung einer selbständigen, d. h. einer ihre Giltigkeit in sich selbst tragenden Hypothek nicht allein überhaupt in der Konsequenz des Grundbuchsystems liege, sondern insbesondere auch in der preußischen Gesetzgebung, seitdem die sog. Hypothek des Eigenthümers zugelassen, bereits angebahnt sei. Dazu kam, daß die neuere Rechtsentwickelung in Deutschland überhaupt schon diesen Weg gegangen war, und daß man vortheilhafte Ergebnisse davon erzielt sah. Vielfach war die Traditionstheorie des römischen Rechts für den Eigenthumserwerb an Grundstücken verlassen. Wo man denselben nicht anlehnen konnte an ein Grundbuch, ersetzte man jene Theorie durch eine öffentliche Kundmachung oder eine Bestätigung der Verträge durch die Gerichte; wo ein Grundbuch existirte, legte man den Eigenthumserwerb in das Moment der Eintragung und gelangte dadurch zur Theorie der Auflassung. Ebenso hatte die Lehre der Selbständigkeit der Hypothek, ihrer Loslösung von der Schuld, legislativ bedeutende Fortschritte gemacht, sie empfahl sich durch die einfache Uebersichtlichkeit der Urkunden und die gesicherte rasche Rechtsverfolgung, die wesentlichsten Voraussetzungen einer leichten Verkehrsfähigkeit. Unverkennbar hatte namentlich die Mecklenburgische Hypothekengesetzgebung, und von dieser hauptsächlich die Stadtbuchordnung Einfluß auf jene Anträge des Herrenhauses von 1857 ausgeübt. Zunächst ging die Staatsregierung noch nicht auf diese Anträge ein; die bewährten Grundlagen des preußischen Hypothekenrechts wollte man nicht augenblicklichem Drängen, augenblicklichen Bedürfnissen opfern. Die Reformarbeit wurde erst wieder in Angriff genommen, als ein Allerhöchster Erlaß vom 25. Februar 1863 befahl, diese wichtige Angelegenheit mit möglichster Beschleunigung zu fördern. Die Folge dieser Anweisung war die Ausarbeitung des „Entwurfs eines Gesetzes über das Hypothekenwesen und einer Hypothekenordnung für Preußen", welcher 1864 veröffentlicht wurde. Derselbe näherte sich zwar vielfach den in neueren Hypothekengesetzen niedergelegten Prinzipien, hielt aber doch noch einen zu innigen Zusammenhang mit dem bisherigen preußischen Recht fest, bekam dadurch einen Charakter der Halbheit und eines gewissen Grades von Unklarheit, in einzelnen Vorschlägen theoretisirte er zu stark gegenüber dem praktischen Bedürfniß, und empfahl sich auch nicht nach der Seite der Technik. Die zahlreichen Ausstellungen, die er in den über ihn erstatteten amtlichen Gutachten erfuhr, ließen es nicht räthlich erscheinen, ihn in die weiteren legislativen Stadien zu bringen. Von da an erlahmte wieder die Reformarbeit, es trat das Streben hervor, nur Einzelnes, besonders Dringendes zu bessern, aber prinzipielle Aenderungen abzuweisen. Noch ehe man hiermit zu einem Abschluß gelangt war, wurde es nothwendig, für den Bezirk des Appellationsgerichts zu Greifswald ein Hypothekenbuch einzuführen. Dadurch war eine erneute Gelegenheit gegeben, den Reformgedanken näher zu treten. Man lehnte eifrig die Einführung der preußischen Hypothekenordnung ab, und wünschte ebenso eifrig einen Anschluß an die Gesetzgebung des benachbarten Mecklenburg. Das im letzten Stadium der legislativen Arbeit, d. h. in den Berathungen der beiden Häuser des Landtags etwas eilig beschlossene Gesetz vom 21. März 1868 hat auch aus dem Mecklenburgischen Recht die Auflassungstheorie, die Eigenthümerhypothek und die Befreiung des Hypothekenamts von der Pflicht, die Rechtsbeständigkeit der von den Parteien vorgenommenen Handlungen zu prüfen, entlehnt. Damit verbanden sich die Vorzüge der größeren Freiheit der Hypothek von der Obligation, die Bildung besonderer Hypothekenämter, Vereinfachung der Urkunden, größere Sicherheit der Rechtsverfolgung gegen Einreden und nicht unerheblich geringere Kosten. Trotz dieser Vorzüge leidet das Gesetz doch an erheblichen Mängeln; in technischer Beziehung kann man es geradezu als mißlungen bezeichnen. Immerhin aber trat nun in Folge dieses Gesetzes die Nothwendigkeit dringend und unabweisbar hervor, auch den übrigen Provinzen die Wohlthaten einer gleichen Reform zu Theil werden zu lassen, und die Staatsregierung hat durch die Vorlagen von 1868, 1869, 1871 an den Tag gelegt, daß sie die Verpflichtung zur Reform in vollem Maße anerkannte. Die Vorlage von 1871 hat denn auch endlich nach eingreifenden Aenderungen ihren legislativen Abschluß durch das Gesetz vom 5. Mai 1872 über den Eigenthumserwerb und die dingliche Belastung der Grundstücke, Bergwerke und selbständigen Gerechtigkeiten und durch die Grundbuchordnung vom 5. Mai 1872 erhalten.

Ueber die allgemeine Tendenz, welche für die Staatsregierung bei der Ausarbeitung dieser Gesetze leitend gewesen ist, geben die Motive folgende Auskunft:

„Es ist seit lange der Charakter der Preußischen Gesetzgebung auf dem Gebiet des Privatrechts die einzelnen Materien novellenartig auszubessern, und es ist nicht zu verkennen, daß dadurch schneller momentane Abhilfe den hervorgetretenen Mängeln geschafft werden kann. Allein eine solche Novellengesetzgebung führt doch anderweitig so viel schwere Nachtheile mit sich, namentlich wenn die Rechtsänderungen prinzipieller Natur sind und in das Ganze des Systems eingreifen, sie nimmt dem Rechtszustande so sehr die einfache Uebersichtlichkeit und bietet so wenig Garantie, daß das Bedürfniß wirklich erschöpft worden, daß es schon aus diesen allgemeinen Gründen, zumal bei der Reform des Hypothekenwesens, dringend geboten erscheint, statt einer nur Einzelnes ergreifenden Novelle ein Gesetz auszuarbeiten, welches das ganze System umfaßt, den Charakter einer Kodifikation erhält. Nur auf diese Weise kann dem Hypothekenrecht die einfache und sichere Grundlage gegeben werden, welche ihm nöthig ist, wenn von der Hypothekenbehörde ein leichtes, schnelles, kontroversenfreies Abwickeln der Geschäfte verlangt werden soll. Daß das Preußische Hypothekenrecht eine äußerst kontroverse Materie ist, daß ihm zur Zeit alle Uebersichtlichkeit und seit dem Anh. § 52 auch alle Einheitlichkeit im Prinzip fehlt, ist eine nicht wegzuleugnende Thatsache, welche durch die Rechtsprechung und Literatur mehr als ausreichend erwiesen wird.

Es treten aber jetzt noch besondere und wichtige Gründe hinzu, den Weg einer Kodifikation zu betreten. Durch die Ereignisse des Jahres 1866 sind dem Preußischen Staate Provinzen gewonnen, in denen der Rechtszustand des Grundeigenthums und des Hypothekenrechts ein sehr verschiedener, zum großen Theil ein ganz veralteter und nur hier und da durch neuere Gesetze im Einzelnen gebesserter ist. Daß diese Rechtsmaterie im Interesse des öffentlichen Verkehrs im ganzen Staate einheitlich normirt werden muß, bedarf keines weiteren Beweises. Der gegenwärtige Rechtszustand im Gebiete des Allgemeinen Landrechts und der Hypothekenordnung von 1783 ist aber durchaus ungeeignet, eine befriedigende Grundlage für eine solche einheitliche Gesetzgebung darzubieten ...... Wenn also nunmehr eine Reform des Immobiliarsachenrechts in Preußen unternommen wird, so kann und darf man sich nicht wie bisher auf den engeren Standpunkt stellen, nur die Preußischen Gesetzbücher, das Allgemeine Landrecht und die Hypothekenordnung aus sich heraus zu bessern und dadurch den unmittelbaren praktischen Bedürfnissen in dem Geltungsbereich dieser Gesetzbücher abzuhelfen; es muß vielmehr der Gesichtspunkt wesentlich erweitert, es muß danach gestrebt werden, eine Reform zu erreichen, welche eine Grundlage für ein einheitliches Recht zunächst wenigstens für den ganzen Preußischen Staat gewähren kann. Von dieser Auffassung ist bei der Ausarbeitung dieses Entwurfs ausgegangen worden, der also über das nächste praktische Interesse für die altpreußischen Provinzen hinausgreift."

Zweierlei geht hieraus hervor: das Immobiliarsachenrecht sollte kodifizirt werden und dies sollte in der Weise geschehen, daß das neue Recht eine geeignete Grundlage darbieten könnte, um auch in den nicht landrechtlichen Provinzen des Staates eingeführt zn werden. Diese erweiterte Tendenz gegenüber den früheren Reformarbeiten bewirkte, daß von den letzteren als Grundlage für die neue Bearbeitung vollständig abgesehen werden mußte, die älteren Entwürfe konnten nur als einfache Vorarbeiten beachtet werden, die letzte Bearbeitung ist eine ganz neue, die die Spuren der älteren nur spärlich an sich trägt. *)

Weder die Berechtigung noch die Schwierigkeiten einer solchen Aufgabe lassen sich verkennen.

Die Berechtigung nicht, denn es ist auch für den Realkredit ein jetzt mehr wie früher hervortretendes Bedürfniß, durch ein einheitliches Recht geschützt zu werden, nicht in jeder Provinz des Staates anderen Rechtssätzen zu begegnen und anderen Formen unterworfen zu sein. Mag auch für kleine Grundstücke der Kredit nur ein eng

---

*) Worte des Justizministers in der Sitzung des Hauses der Abgeordneten vom 30. Novbr. 1868.

umgrenzter, provinzieller, selbst nur lokaler sein: der große Grundbesitz verlangt unzweifelhaft ein größeres Gebiet, in welchem er das Kapital zu suchen hat, und das ausländische Kapital wird sich nicht finden lassen, wenn erst nach provinziellen Rechtszuständen, die der Natur der Sache nach sich einer allgemeineren Kenntniß entziehen, mühsam geforscht werden muß. Die Berechtigung zu jener allgemeinen Tendenz ist aber um so gewisser, als gerade der Zustand des Immobiliarsachenrechts in den Provinzen des gemeinen deutschen und des rheinisch-französischen Rechts in keiner Weise ein befriedigender ist. Dem gemeinen Recht, soweit es auf den Grundsätzen des römischen Rechts beruht, die nur partikularrechtlich und zwar in der buntesten Weise modifizirt sind, fehlt jede erkennbare, kreditsichernde Oeffentlichkeit und die Einfachheit der Rangordnung, sowie die Erkennbarkeit des Eigenthumsüberganges; das System der Personalfolien, wie es noch viel verbreitet gilt, ist in der That nicht geeignet, diesen Uebelständen entgegenzuwirken. Daß auch das rheinische Recht mit seinem werthlosen Transskriptions- und Inskriptionswesen, mit seinen Privilegien und gesetzlichen Hypotheken dem Realkredit nicht förderlich ist, beweisen die auf diesem Gebiet seit Jahren aufgewendeten Bemühungen, eine Reform zu erreichen.

Aber die Schwierigkeiten einer solchen allgemeiner gefaßten Aufgabe dürfen auch nicht übersehen werden. Sie liegen wesentlich darin, daß die Kodifikation des Immobiliarsachenrechts nur eine Stückkodifikation im Verhältniß zum ganzen privatrechtlichen System sein kann, daß dadurch aus letzterem, obgleich es in allen seinen Theilen und Gliedern organisch verbunden ist, ein großes und werthvolles Stück herausgerissen und einer isolirten, legislativen Behandlung unterworfen wird, daß eine solche Operation von der Gefahr begleitet ist, in das ganze System Wunden zu reißen, die nicht gleich an dieser Stelle wieder zur Heilung gebracht werden können. Diese unleugbare Schwierigkeit ist aber relativ am geringsten in denjenigen Rechtsgebieten, in denen das Immobiliarrecht nach dem System der Realfolien oder Grundbücher bereits geregelt ist, denn durch dieses formale Institut hat es schon eine größere Abgeschlossenheit und Selbständigkeit gegenüber den anderen Theilen des Privatrechts erlangt, die jene isolirte Gesetzgebung möglich machen, ja leichter erscheinen lassen, als wenn man z. B. das Obligationenrecht aus dem ganzen System herausreißen wollte — was hoffentlich nie geschieht. Vor allen ist im Gebiet des ALR. jene Schwierigkeit am geringsten, denn in ihm ist das System der Realfolien im Wesentlichen ausgebildet, das Immobiliarrecht hat also schon jene relative Selbständigkeit. Für das Gebiet des gemeinen Recht ist zwar die Schwierigkeit größer, aber doch nicht so groß, daß sie nicht überwunden werden könnte; sie ist auch schon in Preußen selbst 1783, später in einem Theil der Provinz Sachsen, sie ist in Baiern, Sachsen, Mecklenburg und in anderen deutschen Staaten, neuestens wieder bei uns in Neuvorpommern und Rügen überwunden worden. Es bedarf nur der Regelung gewisser Voraussetzungen für die Durchführung des Grundbuchsystems, der Beseitigung der Hypothek am ganzen Vermögen, an beweglichen Sachen, der gesetzlichen und stillschweigenden Hypothek u. a. Am schwierigsten offenbar ist eine isolirte Kodifikation des Immobiliarrechts nach dem Grundbuchsystem im Gebiete des rheinischen Rechts, nicht blos aus dem faktischen Grunde, der aus der übergroßen Zersplitterung des Grundbesitzes zu entnehmen ist, — denn dieser muß auch hier, wie es schon in anderen Landstrichen, z. B. im Siegenschen, im Nassauischen u. s. w. gelungen ist, beseitigt werden können; auch nicht deshalb, weil das Legalitätsprinzip selbst in der Beschränkung, die die neue Gesetzgebung anerkennt, dem rheinischen Recht fremd sei, welches allerdings durch die Einschreibung in die Transkriptions- und Inskriptionsbücher keine Rechtsveränderungen eintreten läßt, und deshalb nicht einmal die Legitimation der Erklärenden zu prüfen ein Bedürfniß hat. Wohl aber läßt sich nicht verkennen, daß die ganze Struktur des rheinischen Civilrechts und der enge Zusammenhang desselben mit dem Prozeßrecht und den Gerichtseinrichtungen einer Vereinigung mit dem gemeinen und preußischen Recht auf dem Wege stückweiser Gesetzgebung widerstrebt. Es läßt sich nicht verkennen, daß das gemeine und das preußische Recht einander viel näher stehen, als das rheinische zu dem einen oder andern steht, trotz seiner ja vielfach nachweisbaren germanischen Bestandtheile. Handelt es sich bei einer Ausgleichung des gemeinen und preußischen Rechts auf dem Gebiet des Immobiliarsachenrechts nur um einzelne Aenderungen des materiellen

Rechts, die kaum systematisch tief greifen, so würde das rheinische Recht Aenderungen erleiden müssen, die leicht das ganze System zerrütten könnten. Es sei des Beispiels wegen nur auf Einiges hingewiesen: der Uebergang des Eigenthums durch den Vertrag, mithin die Beseitigung der Trennung von Titel und Modus, die Lehre vom Fruchterwerb, vom Besitz, das Erbrecht mit seiner disponiblen Quote, dem gesetzlichen Vorbehalt, den holographischen Testamenten, den gesetzlichen Beschränkungen der testamentarischen Verfügung zu Gunsten der Ehefrauen, der Vormünder u. a., die Bedeutung der Erbtheilung, die Lehre von der Schenkung und der Wirkung ihres Widerrufs, die Lehre von der ehelichen Gütergemeinschaft, ferner das Recht der Auflösung der Verträge, das Reinigungsverfahren, die ganze Lehre von den gesetzlichen Hypotheken und Privilegien bieten so große Abweichungen dar, daß keine derselben unverändert bleiben könnte, wenn das Grundbuchrecht nach den Prinzipien des Gesetzes vom 5. Mai 1872 in das Gebiet des rheinischen Rechts eingeführt würde; die Aenderungen würden so umfassend sein, daß die Stückkodifikation zu einer Totalkodifikation wie von selbst sich erweitern müßte. Gewiß darf das Rheinland nicht dauernd aus der Rechtsgemeinschaft mit dem übrigen Deutschland ausgeschlossen bleiben und es muß alles Ernstes danach gestrebt werden, diese Rechtstrennung zu überwinden; die Rheinlande selbst würden den größten Schaden davon haben, wenn dies nicht gelänge, denn eine weitere Fortbildung ihres Rechts durch Gesetzgebung oder Wissenschaft wird ihnen in Deutschland nicht mehr beschieden sein. Aber ebenso ist alles Ernstes dabei zu erwägen, ob die Ueberwindung des rheinischen Rechts, der Wiedereintritt der Rheinlande in die Gesammtheit des deutschen Rechts anders erreicht werden kann als durch eine Totalkodifikation des deutschen Privatrechts und diese Erwägung allein schon zeigt, wie die Gründe, die man jetzt mit und ohne eigene Ueberzeugung dagegen anzuführen pflegt, eitel Wind sind. Daß das Werk schwer ist, weiß Jedermann; daß die Schwierigkeit eine unüberwindliche sei, ist bis jetzt noch nicht festgestellt; daß die Nothwendigkeit, ein solches Werk zu unternehmen, eine unabweisbare werden wird, ist kaum von Einsichtigen zu bestreiten.

Es war vorauszusehen und ist in reichlichem Maße eingetreten, daß ein Unternehmen, durch welches neue Grundsätze und Rechtsinstitute in das bestehende Recht eingeführt werden sollen, vielfach auf Widerstand stoßen würde. Es wurde ja das erste Mal dadurch der Versuch gemacht, die Trennung des gemeinen und preußischen Rechts zu überwinden — das war nicht durchführbar ohne erhebliche Eingriffe in die Grundsätze des ALR. und man mochte bei dem daraus entsprungenen Kampf wohl die Beobachtung machen, wie tief doch ein Gesetzbuch sich in den Anschauungen derjenigen, die es anzuwenden und zu befolgen haben, einlebt, wie schwer es ist, solche Anschauungen durch neue zu ersetzen, selbst wenn die durchgreifendsten rationellen Gründe für die Aenderung angeführt werden können, selbst wenn man von den Mängeln des heimatlichen Rechts überzeugt ist.

Kamen auch anfänglich die Angriffe gegen die Regierungsvorlage von zwei entgegengesetzten Seiten, von der einen, welche festhalten wollte an dem bisherigen Rechte, und von der anderen, die noch mehr, als geboten wurde, für die Verkehrserleichterung verlangte, so traten doch die Angriffe der letzteren Art sehr bald zurück: desto hartnäckiger waren die Angriffe vom partikularistischen Standpunkt des altpreußischen Rechts, der mit dem Gewicht aller Gründe geltend gemacht wurde. Man sträubte sich lebhaft dagegen, die eigenthümliche Vermengung der Moral und des Rechts, wie sie das ALR. theilweise zeigt, und die als Kulturfortschritt hoch gepriesen wurde, die Verbindung oder vielmehr Vermengung des obligatorischen und dinglichen Rechts, wie sie im System des ALR. enthalten ist, die richterliche Prüfung der Rechtsgeschäfte der Betheiligten aufzugeben gegen ein System, von welchem man annahm, daß es das formelle Recht zu scharf hervorhebe, das materielle dadurch bedränge, den Leichtsinn der Parteien zu sehr sich selbst überlasse, indem es die Ueberwachung ihrer Interessen durch die richterliche Fürsorge ablehne, durch Alles dies aber dem Betrug den Zugang eröffne, den Verkehr schädige. Widersprechend freilich dem Vorwurf, das neue Recht sei zu streng formell, wurde dann wieder von Anderen behauptet, das neue Recht entbehre zu sehr der schützenden Form, es erleichtere dadurch zu sehr den Veräußerungsverkehr und die Verschuldungen der Grundstücke, während ein gesunder Zustand vielmehr

Stetigkeit des Besitzes und das Bewußtsein des Eigenthümers, daß das Grundstück wirklich ihm, nicht seinen Gläubigern gehöre, erheische. Weiter befürchtete man, daß durch diese Reform die altländischen Provinzen des Staates zum Versuchsfelde mißbraucht werden würden für die neuen Provinzen, daß man zu Gunsten der letzteren den ersteren ein gefährliches Experiment ansinne. Endlich aber wollte man sich zwar die im Gesetzentwurf dargebotenen Erleichterungen des Hypothekenverkehrs gefallen lassen, erachtete aber die Reform des ersten, den Eigenthumserwerb behandelnden Abschnitts für weit über das Bedürfniß hinausgehend.

Gegen diese Vorwürfe wurde von den Vertheidigern der Entwürfe der Staatsregierung geltend gemacht, daß die Vermischung von Recht und Moral überhaupt eine tadelnswerthe Eigenheit des ALR. sei, daß zwar kein Rechtssatz das Unmoralische begünstigen oder hervorrufen dürfe, daß aber das Gebiet der Moral ein viel weiteres sei, daß dem, der aufmerksam den Entwickelungsgang der preußischen Rechtswissenschaft von Bornemann bis auf die neueren Bearbeiter desselben verfolge, nicht entgehen könne, wie man sich immer kritischer gegen diese Eigenheit des ALR. verhalten habe, daß endlich auch auf anderen Gebieten der neueren privatrechtlichen Gesetzgebung gerade die Scheidung von Recht und Moral, wie sie dem Begriffe entspreche, zur Geltung gekommen sei. Die Trennung des dinglichen und obligatorischen Rechts wurde dem System des ALR. gegenüber für einen Fortschritt erklärt, weil dadurch wieder die scharfe Grenzlinie zwischen beiden gefunden sei, weil das der Sicherung und Anerkennung des dinglichen als eines absoluten Rechts nothwendige Erforderniß der Oeffentlichkeit nicht passe für die nur relativen persönlichen Rechtsbeziehungen der Betheiligten, weil jene Oeffentlichkeit des dinglichen Rechts weiter verlange, daß sie nicht mehr in ihrer Zuverlässigkeit erschüttert werden dürfe durch Verhältnisse, die sich ihr naturgemäß entziehen. Dem Einwand, daß der Immobiliarverkehr kein so strenges formelles Recht vertrage, und daß andererseits doch wieder die Formen des neuen Rechts zu sehr vereinfacht und erleichtert seien, konnte entgegengehalten werden, daß allerdings die Form erleichtert, aber ihre Wirkung verstärkt sei, daß gerade der Immobiliarverkehr nicht blos ein streng formelles Recht vertrage, sondern dessen in hervorragendem Maße bedürfe, denn für den Mobiliarverkehr giebt es der Wege und Mittel sehr viele, um die Rechtsvorgänge am Objekt selbst erkennbar zu machen, die Rechtsveränderungen aber, die ein Grundstück betreffen, sind an demselben nicht so ohne Weiteres sichtbar zu machen. Hier muß eine Form geschaffen werden, die einen Ersatz bietet, und es ist ein anerkannter Vorzug in der Entwickelung des deutschen Rechts, die zuerst eine geniale Durchführung im ALR. erfahren hat, daß eine solche Form in den mit öffentlichem Glauben ausgestatteten Grundbüchern gefunden worden ist. In der Einfachheit der Form und der Strenge ihrer Wirkung liegt vielmehr eine Sicherung als eine Gefährdung des Rechts, denn die Erfahrung lehrt, daß je mehr ein positives Recht mit schwerfälligen Formen überladen ist, desto leichter der Betrug Ecken und Winkel findet, in denen er sich einnisten kann, und je mehr das Recht auf einfache Grundsätze zurückgeführt, je mehr es in graden Linien gebaut ist, der Betrug desto weniger Gelegenheit findet, sich zu verstecken. So konnte denn auch dem so vielfach geäußerten Bedenken, daß durch das neue Recht der Betrug begünstigt werde, entgegengesetzt werden, daß es im Rechtsgebiet des ALR. und der Hypothekenordnung von 1783, trotz der großen Vorsorglichkeit seiner Formen, trotz der überwachenden richterlichen Prüfung bei dem Immobiliarverkehr an Betrug keinesweges fehle, ja daß er sogar häufiger und häßlicher sich geltend mache, als in denjenigen deutschen Rechtsgebieten, die den neueren Prinzipien schon näher stehen. Ueberhaupt heißt es zu viel von der Gesetzgebung verlangen, wenn durch sie der Betrug unmöglich gemacht werden soll, das ist unerreichbar. Gradezu unverständlich aber war die Behauptung, daß die vereinfachte Form an sich geeignet sei, die Veräußerungen und Verschuldungen der Grundstücke zu vermehren, daß nun die Grundbesitzer in ihrem Besitzthum sitzen würden, wie Vögel auf dem Dach. Eine solche Auffassung geht von der wunderbaren Annahme aus, daß die Vereinfachung der Form in irgend einer Weise den Veräußerungswillen erzeugen oder beschleunigen könne, als ob diejenigen Personen zu Dutzenden gefunden werden, die nichts Eifrigeres zu thun haben, als ihr Grundstück sobald als möglich los zu werden, es dem Ersten Besten so zu sagen an den Hals zu werfen, und als ob solche Personen jetzt ohne Vertragsabschlüsse zu Hauf in das Grundbuchamt stürmen würden, um die kurze, leicht und schnell hingesprochene Auflassung zu erklären. Der Grundbesitzer wird die Einsicht von dem Werth und der Wirkung seines Grundbesitzes auf seinen Vermögenszustand sicherlich nicht verlieren, und was hindert heute den, der leichtsinnig und unüberlegt das Seinige verschleudern will, dies durch eilfertige Verkäufe und Verschuldungen seines Grundstücks zu thun? Hat denn die Gesetzgebung die Aufgabe, den Leichtsinn zu bessern, soll sie von dem Grundgedanken ausgehen, daß die Gesetze vornehmlich gegen die wenigen Leichtsinnigen gerichtet sein müssen, oder soll sie nicht vielmehr von der Voraussetzung ausgehen, daß es gilt, den Rechtsverkehr sorgsamer Menschen zu regeln? „Die Gesetzgebung kann, äußerte der Justizminister im Hause der Abgeordneten am 25. Januar 1870, nur auf einen Geschäftsverkehr Rücksicht nehmen, wie er unter verständigen Leuten besteht, kann aber nicht in Betracht ziehen, daß in diesen Geschäftsverkehr auch einzelne leichtfertige Leute treten können. Wo man auf das wirthschaftliche Leben blickt, findet man überall freie Bewegung, mit dieser aber ist immer die Gefahr verbunden, zu Schaden zu kommen." Und gerade der Verkehr mit Grundstücken soll gebunden bleiben an eine bevormundende Fürsorge des Gerichts — obschon es sich bei ihm ja nicht nothwendig und nicht immer um größere Werthobjekte handelt, als im Mobiliarverkehr! Unter allen Vorwürfen, die gegen das bisherige Recht erhoben wurden, war keiner so allgemein und so berechtigt, als der gegen die Bedrückungen des Legalitätsprinzips, insofern dasselbe sich nicht begnügte mit der Prüfung der Freiheit und der Berechtigung des Willens, der vor dem Grundbuch erklärt wird, sondern darüber hinaus eine Prüfung des Rechtsbestandes der Geschäfte oder obligatorischer Beziehungen verlangte, welche den Grund für jene Willenserklärung enthielten. Ueberall in der neueren Gesetzgebung und überall in dem neueren Verkehr geht das Streben durch, den Einzelnen auf sich selbst, auf seine eigene Einsicht und Kraft, aber auch auf seine eigene Verantwortlichkeit hinzuweisen, und die Stützen wegzuschlagen, mit denen das bisherige Recht seinen Willen umbaut hat: es ist schon allgemeine Ueberzeugung geworden, daß das Reguliren und Verwalten der Privatrechte durch den Richter, das Stützen der Sicherheit der Privatrechte auf eine obrigkeitliche Voruntersuchung ein durchaus verfehltes Prinzip ist, um so mehr verfehlt, als es den Zweck nicht erreicht. Denn die eigentlichen Hauptangriffspunkte gegen die Verträge und Verabredungen der Parteien liegen meist außerhalb der Urkunde; sie kennt der Grundbuchrichter nicht, er kann sich nur an das geschriebene Wort halten, ganz davon abgesehen, daß es für die Rechtsbildung des Volks nachtheilig ist, es dahin zu verwöhnen, daß es nicht für seine rechtlichen Interessen selber sorgt, sondern die Sorge auf die Schultern des Richters legt, und dann glaubt, es sei gut besorgt, während der Richter doch nur eine ungenügende Prüfung vornehmen kann. Daß aber in den alten Provinzen nicht erst mit den neuen Grundsätzen experimentirt werden sollte, konnte die Staatsregierung mit dem Bemerken versichern, daß sie nicht blos durch theoretisches Nachdenken und Systematisiren, sondern durch die Erfahrung, welche diese Grundsätze in anderen deutschen Ländern gebracht haben, sich von der Richtigkeit derselben überzeugt habe. Nicht zum Versuchsfelde sollte das Rechtsgebiet des ALR. gemißbraucht werden, sondern es sollte auf diesem Rechtsgebiet ein Recht eingeführt werden, welches geeignet sei, zum Vorbilde für die weitere Reformausdehnung zu dienen. Dem oben zuletzt erwähnten Vorwurf aber, daß es unnöthig sei, die Lehre von dem Eigenthumserwerb so radikal umzugestalten und ein ganz neues Rechtsinstitut, das der Auflassung, einzuführen, mußte wohl entgegengehalten werden, daß die Verbindung der Traditionstheorie mit der Theorie der Eintragung des Eigenthumsüberganges in ein öffentliches Buch nichts Anderes sei, als das im Begriff Widersprechende zu vereinigen, daß der Rechtszustand, der sich in Folge dessen im Gebiet des ALR. entwickelt habe, ein so unklarer sei, daß er sich zur Uebertragung in andere Rechtsgebiete in keiner Weise eigene, um so weniger, als die verkehrsfreie Grundschuld noch viel mehr als die Hypothek einen zweifellos festen Boden des Eigenthums bedarf. Da kann Nichts unklar, Nichts brüchig und schwankend sein. Ueberdies verkannten die Gegner des ersten Abschnitts den innigen Zusammenhang zwischen diesem und den anderen, namentlich dem dritten Abschnitt, die in völligem Parallelismus die Konsenstheorie für das ganze Grundbuchrecht durchführten. Diesen Parallelismus beseitigen, hieß nichts anderes, als den organischen Bau des Gesetzentwurfs zertrümmern, und getrennte zusammenhanglose Fragmente schaffen.

Die drei Vorlagen der Staatsregierung aus den Jahren 1868, 1869, 1871 sind prinzipiell gleichartig, haben aber einzelne Aenderungen erfahren, namentlich die letztere von 1871 in dem wichtigen ersten Abschnitt über den Eigenthumserwerb. Viel bedeutender sind dagegen die Aenderungen, die durch die Beschlüsse der beiden Häuser des Landtags herbeigeführt und nunmehr gesetzlich festgestellt worden sind. Zwar sind die Angriffe, die insbesondere gegen den ersten Abschnitt im Herrenhause gerichtet wurden und zu einer Vernichtung der Prinzipien der Regierungsvorlage geführt hatten, durch die Beschlüsse des Hauses der Abgeordneten wieder beseitigt worden, durch welche im Wesentlichen die Regierungsvorlage hergestellt wurde. Aber der dritte Abschnitt, in welchem das Hypothekenrecht behandelt wird, unterscheidet sich jetzt sehr wesentlich von dem Entwurf der Regierung.

Alle drei Entwürfe gingen davon aus, der Hypothek des bisherigen Rechts nach dem Vorgang neuerer Gesetzgebungen ihren accessorischen Charakter zu entziehen und sie zu einem selbständigen dinglichen Recht am Grundstück zu machen, welches unabhängig sei von der Giltigkeit oder Anfechtbarkeit der Obligation, zu deren Sicherung es bewilligt worden sei. Neben dieser selbständigen Hypothek kannten die Entwürfe eine zweite Art, die unselbständige des bisherigen Rechts nicht und am wenigsten konnte man eine solche in der sog. Kautionshypothek finden, die in der That noch gar nicht die Eigenschaft einer endgiltigen Hypothek hat. Wie aber schon in den Verhandlungen im Hause der Abgeordneten in der Session 1869/70 insbesondere von dem Abgeordneten Bähr, und dann von demselben in einem Aufsatz über die Entwürfe lebhaft befürwortet worden war, zwei Arten von Hypotheken dem Verkehr zur Wahl zu stellen, so wurde insbesondere in der Kommission des Herrenhauses dies als unabweisbar bezeichnet und endlich von der Staatsregierung, zwar nicht in der Ueberzeugung, daß darin eine Verbesserung des Entwurfs enthalten sei, wohl aber aus dem Grunde nachgegeben, weil Fragen des Verkehrsbedürfnisses zunächst und vor Allem von den Vertretern des Volks beantwortet werden müßten und es dem

Verkehr ja überlassen bleiben könne, ob er sich in diese doppelte Art der Belastung zurecht finden werde, ob eine solche seinen Bedürfnissen wirklich entspreche. Es ist sehr wahrscheinlich, daß die Antwort des Verkehrs eine verneinende werden wird, denn immer hat die Erfahrung gelehrt, daß wenn das Recht zwei Arten oder Formen eines im Wesentlichen dieselben Zwecke verfolgenden Rechtsinstituts gleichberechtigt neben einander stellt, von denen die eine umständlicher und schwerfälliger, die andere leichter und zweifelloser ist, die erstere sehr bald abstirbt. Um die Scheidung der beiden jetzt im Gesetz angenommenen Arten der dinglichen Belastung auch durch den Namen zu einem bestimmten Ausdruck zu bringen, ist das Wort „Hypothek" für jene ältere unselbständige, das Wort „Grundschuld" für die selbständige, der Hypothek des Regierungsentwurfs entsprechende, neue Art der Belastung angenommen worden.

Erstes Kapitel.

Das Grundbuch.

§ 1. Die innere Einrichtung.

In sehr verschiedener Weise sind in den einzelnen Staaten oder Gebieten Deutschlands die Bücher eingerichtet, durch welche die auf Grundstücke sich beziehenden Rechtsverhältnisse festgestellt und veröffentlicht werden sollen. Für Preußen kann es seit der Hypothekenordnung von 1783 keinem Zweifel unterworfen sein, daß das noch vielfach in anderen Gebieten gebräuchliche Personalfolium, welches seine Grundeintheilung nicht von dem einzelnen bleibenden Grundstück, sondern von der wechselnden Person des Eigenthümers entnimmt und sich auch nicht selten auf das Mobiliarvermögen erstreckt, schlechthin zu verwerfen ist. Das Formular der Hypothekenordnung von 1783 ist ein reines Realfolium und bei diesem Charakter des Grundbuchs muß stehen geblieben werden. Jenes Formular hat noch eine andere Eigenthümlichkeit: es ist nicht eine registermäßige Verweisung auf Anlagen — wie solche häufig in Deutschland angetroffen wird —, sondern es enthält die Einträge selbst und veröffentlicht dadurch das einzelne Rechtsverhältniß unmittelbar. Diese Eigenschaft gewährt den großen Vortheil, daß aus dem Formular allein der Inhalt der über eine Einschreibung zu bildenden Urkunde durch bloße Abschrift genommen werden kann, daß es nicht noch des unsicheren Nachsehens und Zusammentragens aus verschiedenen Büchern oder Akten bedarf, um den Inhalt für die Urkunde festzustellen.

So hat sich denn die äußere Einrichtung der jetzigen preußischen Hypothekenbücher und ihre Eintheilung in Folien für jedes einzelne

Grundstück mit Titel und drei Rubriken im Wesentlichen durchaus bewährt. Sie ist an sich einfach und übersichtlich, auch ohne Schwierigkeit in gleicher Weise auf große und kleine, ländliche und städtische Grundstücke anwendbar. Die neue Grundbuchordnung hat daher die Einrichtung der Bücher in Titel und drei Abtheilungen, von denen die erste das Eigenthum, die zweite die dauernden, nicht durch Kündigung lösbaren, die dritte die kündbaren Belastungen darstellt, beibehalten können. Daß einzelne Benennungen jetzt verdeutscht worden sind, ist an sich unwesentlich und bedingt nicht eine Umschreibung der vorhandenen noch brauchbaren Bücher. Die Bezeichnung Grundbuch statt Hypothekenbuch findet in ihrer allgemeineren Bedeutung, da es ja nicht blos die Hypotheken ersichtlich macht, um so mehr jetzt eine Rechtfertigung, als die Verbindung des Grundbuchs mit den Steuerbüchern mehr wie früher die Identität des einzelnen Grundstücks spezialisirt, und unter den kündbaren Belastungen sich die Grundschuld der Hypothek zur Seite stellt.

Dagegen hat die in neuerer Zeit in sehr beträchtlichem Umfange vorgeschrittene Zertheilung der Grundstücke die Nothwendigkeit erzeugt, für dergleichen Parzellen, die oft von kleinster Dimension sind, ein Formular aufzustellen, welches besser die Uebersicht über den Realzustand jeder einzelnen Parzelle gewährt, als es durch das Formular von 1783 oder durch die neueren Aenderungen desselben für die sog. Wandeläcker oder walzenden Grundstücke bisher hat geschehen können.

Ein Bedürfniß, für mehrere einzelne Landungen, die sich im Besitz einer Person befinden, das System der reinen Realfolien zu verlassen und eine Kombination von Real- und Personalfolien aufzustellen, hatte sich nach Erlaß der Hypothekenordnung von 1783 schon sehr zeitig geltend gemacht. Schon ein Publikandum der Pommerschen Regierung vom 2. Oktober 1797 [1]) ordnete eine Zusammenfassung sämmtlicher, einem Eigenthümer gehörigen Landungen auf eine Tabelle an. Diese Einrichtung wurde durch Ministerialinstruktion vom 12. August 1820 [2]) auf das Herzogthum Sachsen übertragen, und weiter ausgeführt durch die Ministerialinstruktion für das Ober-

[1]) Rabe. IV. 271.

[2]) v. Kamptz, Jahrb. Bd. 16. S. 75.

landesgericht zu Naumburg vom 29. April 1834 *). Die Einrichtung konnte aber keine durchgreifende Abhilfe gewähren, weil durch Instruktionen das gesetzlich vorgeschriebene Formular nicht geändert werden durfte, vielmehr im Wesentlichen beibehalten werden mußte. Da hiernach sowohl die erste Rubrik als die dritte Rubrik nur nach der Zeitfolge hinter einander die Eigenthumsveränderungen und Belastungen aller einzelnen Landstücke ohne Unterschied angeben konnten, aber nicht die Möglichkeit gewährten, diejenigen Rechtsveränderungen, die jedes einzelne derselben angingen, übersichtlich zusammenzustellen, die Einträge also, die eine solche einzelne Parzelle betreffen, sich zerstreut vorfinden und nur mühsam aufgefunden werden können, so mußte allmählich die nöthige Uebersichtlichkeit verloren gehen. Auch bot der Titel viel zu wenig Raum, um die einzelnen, oft eine große Anzahl umfassenden Parzellen aufzuführen und steuermäßig zu individualisiren. An diesen Mängeln leiden die jetzigen Hypothekenbücher für sog. walzende Grundstücke oder Wandeläcker und die in der Provinz Westphalen mit dem Kataster in Verbindung gebrachten Blätter.

Das Formular II. der Grundbuchordnung soll gesetzlich und grundsätzlich diesen Uebelständen abhelfen. Die Aufgabe war, ein Grundbuchblatt zu konstruiren, welches einerseits sämmtliche, einem Besitzer gehörige Grundstücke auf dasselbe Blatt bringt, und zugleich das Ausscheiden und Hinzutreten einzelner Parzellen, die weiteren Theilungen derselben leicht übersichtlich macht, mithin für diese Angaben einen größeren Raum schafft, als ihn der bisherige Titel gewährt, andererseits auch die Beziehungen der dinglichen Belastungen, obschon ihre chronologische Einschreibung in den betreffenden Abtheilungen nicht geändert werden konnte, zu jeder einzelnen Parzelle leicht auffinden und erkennen läßt. Der Entwurf von 1869 hatte ein Formnlar vorgeschlagen, welches den letzteren Zweck dadurch zu erreichen suchte, daß es Alles, was den Realzustand derselben Parzelle betrifft, neben einander stellte. Die Anregung hierzu hatte das nassauische Stockbuch gewährt. Abgesehen aber von den Arbeitsschwierigkeiten, die die Führung eines solchen tabellarischen Blattes

*) v. Kamptz. Jahrb. B. 43. S. 610.

in den Fällen der Gesammthaft vieler Parzellen, welche regelmäßig vorkommt, bereitet, und die nur durch eine registermäßige Verweisung, wie dies in jenen Stockbüchern der Fall ist, vermindert werden kann, ließ das entworfene Formular, wenn es die Einträge selbst enthalten und nicht blos auf Anlagen verweisen sollte, auch das große Bedenken übrig, daß der Raum für die nöthigen Eintragungen viel zu eng erschien. Das jetzt eingeführte Formular II. bietet in der ersten Abtheilung den Raum für die Aufführung aller einzelnen Grundstücke, aller Ab- und Zuschreibungen, Zertheilungen und steuermäßigen Angaben, während der Titel nur den Namen des Eigenthümers aller dieser Grundstücke und seinen Artikel des Steuerbuchs enthält. Die beiden anderen Abtheilungen entsprechen dem Formular I., suchen aber durch eine zwischengeschobene Spalte, welche für jede Eintragung die Nummer der von ihr betroffenen Parzellen auswirft, die leichte auffindbare Uebersicht der sämmtlichen eine Parzelle betreffenden Einträge zu gewinnen.

Das Gesetz hat es vermieden, die Anwendung des einen oder anderen Formulars für bestimmte Fälle anzuordnen; es ist dem Ermessen der Grundbuchämter überlassen, welches sie nach der Beschaffenheit der Grundstücke für das Zweckmäßigere erachten. Praktisch wird sich die Sache so stellen, daß bei geschlossenen und größeren Grundstücken das Formular I., bei stark parzellirten Grundstücken das Formular II. vorgezogen werden wird, während die Vereinigung mehrerer geschlossener Güter auf demselben Blatt, weil sie denselben Eigenthümer haben, oder zusammen eine sog. Herrschaft bilden, die Anwendung des Formulars I. voraussetzt. Bewährt sich in der Praxis das Formular II., so würde zugleich die Aufgabe gelöst sein, selbst für den bis auf's Aeußerste parzellirten Grundbesitz das Grundbuchwesen in einer einfachen Weise durchzuführen und damit würde eines der wesentlichsten Hindernisse beseitigt sein, die man jetzt noch gegen die Einführung von Grundbüchern in denjenigen Provinzen geltend macht, in denen der parzellirte Besitz vorherrscht.

Eine weitere Neuerung führt die Grundbuchordnung dadurch ein, daß sie im Interesse der Feststellung der Größe und Lage jedes Grundstücks die Steuerbücher für die Unterlage der Grundbücher erklärt, beide in der Art mit einander in Verbindung setzt, daß die

Veränderungen, die die Grundstücke thatsächlich und rechtlich erleiden, in beiden Büchern ersichtlich werden. Die Lage und Größe der einzelnen Grundstücke muß aus den Steuerbüchern in die Grundbücher, aus letzteren in jene die Eigenthumsänderung übergehen. Eine Verbindung des Katasters mit den bisherigen Hypothekenbüchern hat nur in der Provinz Westphalen bestanden [4]); in den anderen Provinzen der Hypothekenordnung von 1783 fehlte sie und es war längst anerkannt, daß darin ein erheblicher Mangel läge, weil die Möglichkeit nicht gegeben war, aus dem Hypothekenbuch sich über die Größe des Grundstücks zu versichern, oder aus demselben zu ersehen, ob nicht seit Anlegung des Foliums Größenveränderungen dadurch vorgekommen sind, daß einzelne Theile durch Veräußerung und Uebergabe von dem Grundstück abgetrennt aber nicht im Buch abgeschrieben worden sind. Haftete gleichwohl das veräußerte nicht abgeschriebene Stück auch nach bisherigem Rechte dem Gläubiger des Ganzen, so bot es doch für ihn Verwickelungen und Weitläufigkeiten mancher Art, wenn er genöthigt war, sein Realrecht gegen den dritten Besitzer eines solchen Stücks, zumal bei Grenzverdunkelungen geltend zu machen, und vor allen Dingen war der Zweifel entstanden, ob nur die faktische Größe des Grundstücks zur Zeit der Bestellung der Hypothek von dieser ergriffen würde, oder ob auch die bereits vorher abgetrennten, aber noch nicht abgeschriebenen Stücke mithafteten. Im bisherigen Recht ist bekanntlich dieser Zweifel noch erheblich dadurch verschärft worden, daß man zwischen Substanztheil und Pertinenzstück unterschied — ein Unterschied, der für den Gläubiger an sich ganz inhaltlos ist und ihn doch in eine verschiedene rechtliche Lage bringen sollte. Denn „unbewegliche Pertinenzstücke, welche vor der Eintragung der Hypothek von dem Gute thatsächlich wie rechtlich getrennt worden sind, haften dem Gläubiger nicht“, aber „Substanztheile eines Gutes, welche vor der Eintragung der Hypothek in das

---

[4]) Verordn. v. 31. März 1834 für das Herzogthum Westphalen und das Fürstenthum Siegen (Ges. S. S. 75) § 5; Kab. O. v. 16 Juli 1840 (J. M. Bl. S. 250); Instruktion für die Hyp.-Behörden in den Bezirken der Oberlandesgerichte zu Münster, Paderborn, Hamm und Arnsberg v. 30. Januar 1842 (J. M. Bl. S. 67); ferner Verordn. v. 31. März 1834 (G. S. S. 47) § 27; Min. Instr. v. 7. April 1838 (v. Kamptz, Jahrb. B. 51 S. 431.).

Eigenthum eines Dritten übergegangeu und von dem Folium ihres Mutterguts zur Zeit der Eintragung noch nicht abgeschrieben waren, haften dem Gläubiger [5])." Dieser, dem Realkredit schädliche Rechtszustand ist nunmehr beseitigt durch die Verbindung des Steuerbuchs mit dem Grundbuch. Was im letzteren von den Bestandtheilen, die aus dem Steuerbuch übertragen sind, nicht abgeschrieben ist, gilt ohne Unterscheidung von Pertinenz und Substanztheil als zum Grundstück noch gehörig und wird von allen Rechtsveränderungen des letzteren in gleicher Weise mit ergriffen [6]). Das Objekt des Eigenthumsüberganges und der Belastung wird allein und sicher durch den Inhalt des Grundbuchs festgestellt.

Aber in dem Umfang der Uebertragung aus dem Steuerbuch in das Grundbuch giebt es ein Maß, welches sich nach den Bedürfnissen des Realkredits, denen das Grundbuch dienen soll, begrenzt. In der Provinz Westphalen ist das Detail jedes einzelnen Flächenabschnitts aus dem Kataster in das Hypothekenbuch übernommen: das würde bei geschlossenen Grundstücken zu weit gehen und das Grundbuch überladen. Bei ihnen genügt für den Erwerber oder Gläubiger, wenn er die Gesammtfläche und den Gesammtreinertrag aus dem Grundbuch ersieht; ohne Werth für ihn ist es, die Größe oder den Reinertrag jedes einzelnen Flächenabschnitts kennen zu lernen. Darum schreibt die Grundbuchordnung vor: „bei Gutscomplexen (d. h. bei Grundstücken, die nach dem Steuerbuch aus mehreren Flächenabschnitten bestehen), genügt die Eintragung der Gesammtfläche und des Gesammtreinertrages" [7]). Die Spezialisirung der Grundstücke durch die Angaben aus dem Steuerbuch begegnet aber bei denjenigen einer Schwierigkeit, die nur aus Gebäuden, Hofraum und Hausgarten bestehen, also besonders bei den kleinen Stellen auf dem Lande und bei allen städtischen Grundstücken. Da sie keinen Reinertrag, sondern einen auf anderen Schätzungsfaktoren beruhenden Nutzungswerth haben, so erschien ihre spezielle Vermessung im Steuerinteresse nicht geboten, die Steuerbücher in den sechs östlichen

---

[5]) Förster, Theorie und Praxis des pr. Pr. R. 2 A. B. 3 S. 446 fg.

[6]) Ges. v. 5. Mai 1872 § 30. Gr. B. O. § 4. 5.

[7]) Gr. B. O. § 4. Achilles Note 9 S. 101.

Provinzen [8]) enthalten also für diese Grundstücke keine Größenangabe. Gleichwohl ist diese für das Grundbuch im Interesse des Realkredits nicht zu entbehren. Darum muß dem Eigenthümer solcher Grundstücke, wenn er ihren Realkredit für sich benutzen will, die Pflicht auferlegt werden, für die spezielle Vermessung und deren Eintragung im Grundbuch Sorge zu tragen. Man würde jedoch die Vorschrift Gr. B. O. § 4, Absatz 2 ganz mißverstehen, wenn man jetzt alle Eigenthümer solcher Grundstücke von Amtswegen nöthigen wollte, die Vermessung zu bewirken. Vielmehr bleibt es jedem Eigenthümer überlassen, bei dem Vermessungsbeamten den Antrag zu stellen: unterbleibt dies und er erhält trotzdem Kredit, so hat ja der Gläubiger einen besseren Nachweis seiner Sicherheit nicht beansprucht und den Weiterungen sich unterworfen, die etwa später durch Veränderungen des Objekts verursacht werden. Sein Hypotheken- oder Grundschuldbrief wird dann die Größe und Beschaffenheit des Grundstücks nicht speziell angeben und deshalb vielleicht an Verkehrsfähigkeit einbüßen — aber auch das konnte ja vermieden werden, wenn die Interessenten es anders gewollt und danach gehandelt hätten.

Das Grundbuch enthält die Blätter für die Grundstücke, welche einen Gemeinde-, selbständigen Guts- oder besonderen Grundsteuererhebungsbezirk bilden. Für größere Bezirke können mehrere Bücher angelegt werden [9]).

Jedes Grundstück, welches dem Veräußerungs- und Belastungsverkehr unterliegt, muß ein Blatt erhalten. Die Ausnahmen des § 2 Gr. B. O. in Betreff derjenigen Grundstücke, welche dem Verkehr in der Regel nicht unterliegen, entspricht dem bestehenden Recht, obwohl die Hypothekenordnung von 1783 weiter ging [10]) und andere

---

[8]) In der Provinz Westphalen und in denjenigen Theilen des Regierungsbezirks Düsseldorf, in denen die Hyp.-Ordn. von 1783 gilt, ist die spezielle Vermessung solcher Grundstücke erfolgt.

[9]) Gr. B. O. § 1.

[10]) Hyp.-Ordn. v. 1783. I. § 6. 7. 8. Für Domainen sollten nach dem Reskr. v. 5. Novbr. 1777, Rabe I. 259, nicht angelegt werden. Vgl. hierzu Reskr. v. 21. April 1832 (v. Kamptz, B. 39 S. 461.) Für Staatsgüter, die nicht Domainen sind, soll der Justizminister die Schließung angelegter Folien anzuordnen befugt sein. Reskr. v. 10. Juni 1836 (v. Kamptz B. 47 S. 592). Die Grundstücke der Kämmereien, Kirchen, Schulen, Klöster erhalten erst im

neuere Gesetzgebungen, z. B. die Nassauische, weitergehen, indem sie ausnahmslos jedes Grundstück, welches als besondere Nummer in den Steuerbüchern eingetragen ist, auch besonders in das Grundbuch eintragen. Da jedoch auch jene Grundstücke dann eingetragen werden müssen, wenn sie veräußert oder belastet werden sollen, so ist die Ausnahme des § 2 abgeschwächt und dem Verkehr nicht schädlich, während sie andererseits manche Weiterungen vermeidet, die durch vorzeitiges Eintragen entstehen können. Für den nur noch vereinzelt vorkommenden Fall, daß im Bereich der Hypothekenordnung von 1783 Grundstücke noch kein Folium im Hypothekenbuch erhalten haben, geben die §§ 133 fg. Gr. B. O. die näheren Vorschriften, welche sich an das bestehende Recht, namentlich an die für einzelne Provinzen erlassenen Patente anschließen. Zu bemerken ist hierbei nur, daß die Anlegung des Blattes im Grundbuch den Antrag des Eigenthümers voraussetzt, ein Verfahren von Amtswegen also nicht stattfindet. Der Antrag wird nothwendig, sobald der Eigenthümer sein Grundstück veräußern oder belasten will.

Abgesehen von diesem Fall und der oben erwähnten Ausnahme für gewisse Grundstücke muß jedes besondere Grundstück ein Grundbuchblatt erhalten. Es wird eingetragen mit seinen Bestandtheilen, unbeweglichen Zubehörstücken und Gerechtigkeiten. Wenn das Hauptgrundstück im Auslande, das Zubehörstück im Inlande liegt, so erhält letzteres ein besonderes Blatt und wird als selbständiges Grundstück behandelt, sofern nicht Staatsverträge ein Anderes bestimmen. Wenn das Hauptgrundstück und das Zubehörstück in den Bezirken verschiedener Grundbuchämter liegen, so erhält zwar das Letztere in dem Bezirk seines Grundbuchamts ein Blatt, dasselbe wird aber für Eintragungen geschlossen durch den Vermerk auf dem Titel, zu welchem Hauptgut es als Zubehör geschlagen ist, und auf dem Titel des für das Hauptgut angelegten Blattes wird das Zubehörstück zugeschrieben, so daß alle Eintragungen, die das Hauptgut betreffen, auch von selbst das Zubehörstück ergreifen und doppelte Einschreibungen auf den Blättern der verschiedenen Aemter ver-

---

Fall der Veräußerung oder Verpfändung ein Folium. Reskr. v. 9. März 1789 und 29. Mai 1789 (Rabe I. 771. 763), Reskr. v. 24. Dezbr. 1792 (Rabe II. 377).

mieden werden.[11]) Der Titel und die drei Abtheilungen des Formular I entsprechen dem bisherigen Titel und den drei Rubriken auch in Betreff dessen was in jede Abtheilung gehört. Das Hypothekengesetz für Neuvorpommern vom 21. März 1868 §§ 11. 12. hat abweichend angeordnet, daß Renten in die dritte Abtheilung eingetragen werden sollen. Dadurch wird aber die begriffsmäßige Scheidung der zweiten und dritten Abtheilung, die darin besteht, daß in die erstere die unkündbaren, in die letztere die kündbaren Belastungen gehören, durchbrochen, es hat daher diese Vorschrift nicht angenommen werden können: Renten gehören in die zweite Abtheilung.

Das Bergrecht unterscheidet zwischen Bergwerken, bei welchen die Gewerkschaft eine juristische Person, ein Rechtssubjekt bildet und solchen, welchen ein Miteigenthum mit unbeweglichen Antheilen (Kuxen) zu Grunde liegt [12]). Die Bergwerke der ersteren Art können unbedenklich in das nach Formular I der Gr. B. O. anzulegende Grundbuch eingetragen werden, die Antheile der einzelnen Gewerke haben bei ihnen nicht die Natur der unbeweglichen Sachen. Anders verhält es sich bei Bergwerken die nach unbeweglichen Kuxen eingetheilt sind, welche sehr oft in großer Anzahl und in kleinen Bruchtheilen vorkommen. Hier muß dem Grundbuch eine solche Einrichtung gegeben werden, die es möglich macht, bei Veräußerungen und Belastungen von Kuxtheilen die nöthige Kontrole zu führen, damit nicht Antheile verpfändet oder verkauft werden, die der Disponent nicht mehr besitzt. Die früheren Berghypotheken-Instruktionen und Gesetze [13]) haben daher ein besonderes Formular vorgeschrieben, welches durch die beiden Kolonnen „laufende Nummer" und „Primordial-Nummer" die Möglichkeit der Ausübung einer solchen Kontrole gewährt [14]). Das der Gr. B. O. beigefügte Formular III ist aus den vorgedachten Instruktionen entnommen, jedoch muß bemerkt werden, daß sich in dem Formular insofern ein Irrthum einge-

---

[11]) Gr. B. O. § 5.

[12]) Berggesetz v. 24. Juni 1865 § 94—98, § 227—231.

[13]) Instruktion für Bochum und Essen v. 21. Septbr. 1832 (v. Kamptz B. 40 S. 226), Berghypothekengesetz v. 28. Febr. 1845 und Instr. v. 21. März 1845 (J. M. Bl. S. 78).

[14]) Gr. B. O. § 6.

schlichen hat, als in der dritten Abtheilung bei der laufenden Nr. 4 in der Spalte „Primordial-Nummer" die Zahlen 2. 3. gestrichen werden müssen.

Für Gerechtigkeiten sind in der Praxis nur selten besondere Folien angelegt worden, in der Verordnung vom 31. März 1834 ist es für das Herzogthum Westphalen verboten. Da jedoch in einzelnen Fällen die Anlegung solcher Grundbuchblätter erfolgt ist, hat man es dabei belassen wollen. Diese Blätter werden daher nach der Gr. B. O. fortgeführt [15]). Dagegen werden nicht neue Blätter für Gerechtigkeiten angelegt, so daß jenes für Westphalen gegebene Verbot allgemeine Anwendung erhalten hat.

Statt der sog. Anlagen, welche in verschiedenen Gegenden Deutschlands neben den öffentlichen Büchern gebräuchlich sind, und welche ohne unterscheidende Anordnung nach einzelnen Grundstücken chronologisch alle Verträge, aus denen Eintragungen erfolgt sind, sammeln, sind in Preußen für jedes Hypothekenfolium Grundakten gehalten worden, in denen die ein bestimmtes Grundstück betreffenden Schriftstücke zusammengefaßt sind. Diese durchaus bewährte Einrichtung bleibt bestehen, freilich auch eine Bequemlichkeit, die doch leicht zu Unregelmäßigkeiten führen kann und deshalb von zweifelhaftem Werth ist, nämlich die den Grundakten vorzuheftenden Tabellen, eine von dem Grundbuchführer anzufertigende und im Laufenden zu erhaltende Abschrift des Grundbuchblattes oder Artikels. Nach dem Wortlaut des § 18 soll die Tabelle eine Abschrift des Grundbuchs sein, es darf also in ihr erst nachgetragen werden, nachdem im Grundbuch eingeschrieben worden ist. Die Quelle der Kenntniß bleibt aber das Grundbuch selbst und der Satz, daß sich Niemand mit der Unwissenheit einer in das Hypothekenbuch eingetragenen Verfügung entschuldigen könne [16]), bezieht sich nur auf das Grundbuch selbst; die Einsicht der Tabelle in den Akten entschuldigt nicht, wenn deren Inhalt von dem des Grundbuchs abweicht.

Das Grundbuch ist öffentlich; darauf beruht der eben erwähnte Satz. Die Hypothekenordnung von 1783 gewährte jedoch die Einsicht des Buchs nur dem Eigenthümer, oder Demjenigen, der

[15]) Gesetz v. 5. Mai 1872. § 69. „Wenn . . . angelegt sind." Gr. B. O. § 3.
[16]) ALR. I. 4. § 19.

dessen Genehmigung oder einen gerichtlichen Befehl beibrachte [17]). Das Gesetz vom 24. Mai 1853 dehnte diese Vorschrift auch auf die Einsicht der Grundakten aus [18]); das Gesetz vom 21. März 1868 für Neuvorpommern läßt das Grundbuch von Jedem einsehen, welcher darin eingetragen ist oder nach dem Ermessen des Hypothekenamts ein Interesse dabei hat, dagegen legt es die Grundakten nur dem Eigenthümer und demjenigen vor, der dessen Erlaubniß hierzu erhalten hat [19]). Man hat andererseits vielfach dafür gesprochen, daß die Oeffentlichkeit des Grundbuchs eine unbedingte sein müsse. In einzelnen neueren Gesetzgebungen ist dies auch anerkannt. In Mecklenburg ist die Einsicht dem Eigenthümer unbedingt, Anderen nur insofern, als sie die Zustimmung des Eigenthümers oder ein rechtliches Interesse darlegen, zu gestatten [20]). Ob ein solches rechtliches Interesse vorwaltet, hat die Buchbehörde zu ermessen, ohne an Bescheinigungen oder Beweisführungen gebunden zu sein. Hieran schließt sich die Gr. B. O. in § 19 an. Uneingeschränkt jedem die Einsicht zu gestatten, empfiehlt sich nicht, weil neugieriges Eindringen in die Vermögensverhältnisse Dritter nicht berechtigt ist. Das Ermessen des Grundbuchamtes wird freilich nicht zu eng sein dürfen: wenn es einerseits z. B. gerechtfertigt erscheint, nicht ohne Weiteres einem Rechtsanwalt die Einsicht zu gestatten, wenn er beabsichtigt, Material zu einer Prozeßführung zu gewinnen, so wird andererseits ein Notar in der Regel zugelassen werden können.

Die Wiederherstellung zerstörter oder verlorener Grundbücher soll in den einzelnen Fällen auf Grund eines Gesetzes erfolgen [21]). So umständlich dies wohl sein kann, weil in der Regel die Wiederherstellung der Beschleunigung bedarf, so rechtfertigt sich doch das Verlangen eines Gesetzes, weil ein Grundbuch nicht wiederhergestellt werden kann, ohne daß Ausschlußfristen angeordnet werden, durch welche Rechte erlöschen. Ueber die Wiederherstellung verlorener Grundakten enthält die Gr. B. O. keine Vorschrift, weil eine solche anzuordnen der Justizverwaltung überlassen werden kann.

---

17) Hyp.-Ordn. v. 1783. I. § 71—74.
18) § 53 des Ges.
19) § 43. 44 des Ges.
20) v. Meibom, meckl. Hyp.-R. S. 60 f.
21) Gr. B. O. § 132.

§ 2. Die Grundbuchämter.

Während nach dem bisherigen Recht die Hypothekengeschäfte bei den Kollegialgerichten von besonderen Abtheilungen kollegialisch, bei den Kommissionen von Einzelrichtern erledigt wurden, ordnet die Gr. B. O. durchweg an, daß bei den Gerichten besondere Grundbuchämter gebildet werden sollen, welche selbständig als Einzelrichter fungiren. Die Motive lassen sich über diese Aenderung in folgender Weise aus:

„Unter den vielen Klagen über das bestehende Hypothekenrecht ist die über eine langsame und schwerfällige Erledigung der Einschreibungen durch die Gerichte eine der allgemeinsten und am stärksten hervortretende. Es kann dahingestellt bleiben, ob diese Klage gegenwärtig als Vorwurf gegen den Fleiß und die Pünktlichkeit bei den Kreisgerichten nicht sehr übertrieben und unbegründet ist; eine gewisse Wahrheit ist ihr nicht abzusprechen, und diese ist darin zu suchen, daß eine *kollegialische* Geschäftsbehandlung der Natur der Sache nach immer langsamer sein wird, als die Arbeit eines einzelnen Beamten. Die kollegialische Geschäftsbehandlung in den zweiten Abtheilungen der Kreisgerichte konnte so lange als nützlich, ja als nothwendig vertheidigt und beibehalten werden, als der Hypothekenrichter verpflichtet war, die Rechtsbeständigkeit der einzutragenden Geschäfte zu prüfen. Nach Aufhebung dieser Ausdehnung des Legalitätsprinzips fällt jeder Grund zu einer kollegialischen Berathung über Rechtsbedenken weg, und es ist somit die Möglichkeit geboten, eine einfache und schnelle *büreaumäßige* Geschäftsbehandlung an die Stelle treten zu lassen. Man geht jedoch mit den Reformwünschen bei diesem Punkte weiter; man verlangt von den Gerichten getrennte, von ihnen unabhängige Behörden für die Grundbuchsachen, indem man meint, daß diese Thätigkeit nicht eigentlich eine richterliche sei. Wenn man die richterliche Thätigkeit nur als eine rechtsprechende auffaßt, so ist diese Behauptung unzweifelhaft richtig. In Deutschland ist aber von jeher die Thätigkeit der Gerichte nicht blos auf die Rechtsprechung beschränkt gewesen, und wenn auch zugegeben werden muß, daß sie zum Theil mit Arbeiten und

Pflichten belastet sind, welche nicht entfernt eine Beziehung zum Recht haben, so kann dies doch nicht in gleicher Weise von den Arbeiten auf dem Gebiete des Grundeigenthums und Hypothekenrechts gesagt werden, denn es handelt sich bei ihnen ganz wesentlich um Feststellung von Rechten.

Daher ist man auch darin einig, daß der Vorsteher des Grundbuchamtes, dem die eigentlichen Verfügungen obliegen, eine zum richterlichen Amt befähigte Person sein solle, und man wird nicht aufhören, gerade hierin eine wesentliche Garantie für die Zuverlässigkeit der Operationen bei dem Grundbuche zu finden.

Wenn nun an sich genügend zur Erreichung des erstrebten Zweckes einer schnelleren Erledigung erscheint, die kollegialische Thätigkeit zu beseitigen und an ihre Stelle die eines selbständigen Einzelbeamten zu setzen, so fragt es sich weiter, ob es nothwendig ist, diesen Beamten und die ihm nöthigen Unterbeamten zu einer mit den Gerichten in keinem Zusammenhang stehenden Behörde zu organisiren. In dem neuen Hypothekengesetz für Neuvorpommern ist es geschehen; aber hier handelte es sich um die Einführung einer neuen Institution, und man hatte deshalb völlig freie Hand. In den altländischen Provinzen würde eine solche Einrichtung tief in die Organisation der Gerichte einschneiden; die letzteren würden stückweise zerrissen werden, denn ihre Folge wäre die Auflösung der zweiten Abtheilungen, weil denselben dann bei den meisten Gerichten kein solcher Geschäftsumfang mehr übrig bleiben würde, um sie als Kollegien aufrecht erhalten zu können, und dies würde weiter zur nothwendigen Folge haben, daß auch die Vormundschafts- und Nachlaßsachen der kollegialischen Behandlung entzogen werden müßten, was sich nicht so mittelbar und nebenbei durch die Grundbuch-Ordnung bewirken läßt, sondern mit der Gestaltung des materiellen Rechts in diesen Materien wesentlich zusammenhängt. Es erscheint daher schon aus diesem Grunde nicht räthlich, ein Stück aus der Gerichts-Organisation herauszureißen. Es kommt hinzu, daß die Errichtung selbständiger Behörden eine sehr beträchtliche Mehrbelastung des Etats erfordern würde, denn die Beamten des Grundbuchamts müßten dann aus dem Etat der Gerichte ausscheiden, und da sie damit die Möglichkeit des allmäligen Aufrückens in höhere

Gehaltsklassen verlieren würden, müßte ihnen von vornherein ein erheblich höheres Gehalt bewilligt werden, und dies um so mehr, als es im Interesse der Sache liegen würde, einem häufigen Wechsel der Beamten und dem Bestreben in besser besoldete Stellen überzugehen, möglichst vorzubeugen [1])."

Die einzelnen Bestimmungen der Gr. B. O. über die Einrichtung, Zuständigkeit und Beaufsichtigung der Grundbuchämter geben nur zu wenigen Bemerkungen Anlaß [2]). In der Regel soll bei jedem Gericht nur ein Grundbuchamt gebildet werden; wo wegen des größeren Geschäftsumfangs mehrere nöthig sind, muß eine Anordnung des Justizministers nachgesucht werden. Bei Doppelkommissionen und s. g. Deputationen ist zuweilen die Geschäftsvertheilung nicht nach örtlichen Bezirken, sondern nach Geschäftsarten angeordnet; in solchen Fällen wird es zulässig sein, einem Richter das Grundbuchwesen für den ganzen Bezirk der Doppelkommission oder der Deputation zu übertragen.

Das Grundbuchamt ist zwar ein gerichtliches Amt, aber nicht ein richterliches in dem Sinne, daß es befugt wäre, über Streitigkeiten der Interessenten zu verhandeln oder zu entscheiden, oder zur

---

[1]) Die Kommission des Herrenhauses hat eine Resolution angenommen: „Die kgl. Staatsregierung zu ersuchen, auf Anordnungen Bedacht zu nehmen, durch welche die Grundbuchämter mit den Katasterbehörden in möglichst nahe Verbindung gebracht werden." An sich ist eine solche Verbindung gewiß sehr wünschenswerth, ihre Ausführung aber sehr schwierig. Der Katasterbeamte kann natürlich nicht zugleich der Buchführer sein, weil seine Geschäfte häufige Reisen nöthig machen, während der Buchführer im Amtslokal anzutreffen sein muß. Es müßte also in jedem Grundbuchamt neben dem Buchführer ein Fortschreibungsbeamter angestellt sein, was die Zahl der letzteren sehr erheblich vermehren würde. Das kostet aber viel Geld und es ist recht fraglich, ob der Fortschreibungsbeamte im Bezirk eines Grundbuchamtes hinreichende Beschäftigung fände. Der Verbindung ist aber auch der Umstand hinderlich, daß dann die Beamten des Grundbuchamts den Ressorts verschiedener Ministerien, dem der Justiz und Finanzen, angehören würden. Bei dem Drängen nach der Errichtung selbständiger Grundbuchämter sollte man doch nicht übersehen, daß solche einen außerordentlich großen Kostenaufwand erfordern würden, und daß dann die ebenso eifrig erstrebte Billigkeit der Geschäfte bei dem Grundbuch wohl nicht befriedigt werden könnte. Vergl. übrigens Achilles S. 112 Note 1.

[2]) § 20—28. Gr. B. O. Allgemeine Verfügung vom 1. September 1872 (Beilage III).

Erzwingung von Erklärungen Rechtsnachtheile anzudrohen, oder ein Versäumnißverfahren vorzunehmen. Der Charakter des Grundbuchamts ist ein rechtspolizeilicher, wie überhaupt die Verwaltung der freiwilligen Gerichtsbarkeit, es hat daher keinen Gerichtszwang [3]). Es liegt ihm ob, die Anlegung, Aufbewahrung, Erhaltung der Grundbücher, die Besorgung der Einschreibungen aller Art in dieselben, die Ertheilung der Urkunden und Benachrichtigungen über die Einschreibungen, die Gestattung der Einsicht des Grundbuchs und der Grundakten, die Führung der letzteren und die Nachtragungen in den Tabellen derselben. In Betreff jeder Einschreibung liegt dem Grundbuchrichter, der sie anzuordnen hat, insbesondere ob, zu prüfen, ob diejenige Person oder Behörde, die eine solche beantragt oder nachsucht, dazu gesetzlich berechtigt und befähigt ist: die Legitimation, das Verfügungsrecht, die Verfügungsfähigkeit des Antragstellers, sowie die Identität des Grundstücks, auf welches sich der Antrag oder das Ersuchen bezieht, die Rechtsgiltigkeit der vollzogenen Auflassung, Eintragungs- oder Löschungsbewilligung nach Form und Inhalt [4]). Eine erhebliche Abweichung von dem bisherigen Recht liegt aber darin, daß das Rechtsgeschäft, welches der Auflassung, Eintragungs- oder Löschungsbewilligung zu Grunde liegt, von dem Grundbuchrichter nicht mehr zu prüfen ist, d. h. daß er nicht mehr die Pflicht hat, dasselbe zu prüfen und nicht mehr berechtigt ist, wegen der etwa ihm entgegentretenden Mängel desselben die beantragte Eintragung oder Löschung zu beanstanden. Dies ist die Einschränkung des Legalitätsprinzips, die man sehr mit Unrecht und mit offensichtlicher Uebertreibung eine Ausrottung genannt hat. Soweit das Legalitätsprinzip hiernach noch besteht, mußte es nothwendig deshalb erhalten bleiben, weil durch den Akt der Einschreibung Rechtsveränderungen in Betreff des Grundstücks bewirkt werden, dazu aber die Feststellung der Berechtigung und Fähigkeit dessen, der sie gegen sich und dessen, der sie für sich verlangt, gehört. Hier zeigt sich ein erheblicher Unterschied von dem rheinischen Recht, in welchem durch die Transskription und Inskription eine Rechtsveränderung überhaupt

[3]) Einzige Ausnahme in § 56 Gr. B. O.

[4]) § 46 Gr. B. O.

nicht eintritt, mithin auch eine Prüfung der Berechtigung und Fähigkeit der Antragsteller nicht erforderlich ist.

Vermindert sich durch die Einschränkung des Legalitätsprinzips der Umfang der Haftpflicht des Grundbuchrichters, so ist sie jedoch in jeder anderen Hinsicht aufrecht erhalten. Nach § 29 der Gr. B. O. haften die Beamten des Grundbuchamts für jedes Versehen bei Wahrnehmung ihrer Amtspflichten, soweit für die Beschädigten von anderer Seite her Ersatz nicht zu erlangen ist. Der Satz stimmt überein mit § 40. des Gesetzes vom 21. März 1868 für Neuvorpommern und gleicht das gemeine und preußische Recht aus. Es werden nicht Grade des Versehens unterschieden, es muß also auch geringes Versehen vertreten werden; es werden nicht Arten des Schadens nach den Grundsätzen des ALR. unterschieden, es muß also für mittelbaren und unmittelbaren Schaden Ersatz gegeben, das volle Interesse, die vollständige Genugthuung geleistet werden. Jeder Grundbuchbeamte haftet für dasjenige Versehen, welches er in dem Bereich der ihm überwiesenen Geschäftsthätigkeit begangen hat; eine solidarische Haft tritt nur da ein, wo ein amtliches Geschäft dem Grundbuchrichter und dem Buchführer gemeinsam übertragen ist, also bei allen Einschreibungen und bei der Ausfertigung der Hypotheken- und Grundschuldbriefe sowie der späteren Vermerke auf denselben. Die Haftpflicht ist subsidiär; sie setzt voraus, daß der durch das Versehen Beschädigte nicht von anderer Seite Ersatz erlangen kann, d. h. daß weder der Beschädigte selbst durch eigene Nachlässigkeit unterlassen hat, den Schaden rechtzeitig abzuwenden, noch eine andere ihm ersatzpflichtige Person vorhanden oder von dieser Ersatz erlangt werden kann. Vergleicht man den § 29. Absatz 1. der Gr. B. O. mit dem bisherigen Recht, so ergiebt sich, daß derselbe die in den §§ 409. 428. bis 435, I. 20. ALR. enthaltenen Vorschriften mit alleiniger Ausnahme des § 430 aufrecht erhält, § 430 aber ist durch die Beschränkung des Legalitätsprinzips beseitigt. Der Ersatzanspruch gegen die Grundbuchbeamten verjährt nach §§ 54. 55. I. 6. ALR. und der Deklaration vom 31. März 1838, auch gilt die Bestimmung der sechswöchentlichen Frist nach § 452. I 20. ALR. für Denjenigen, der wegen unterlassener Eintragung der Gesammthaft auf mehreren Grundbuchblättern Schadensersatzansprüche erheben kann und den Fehler nicht angezeigt hat, obschon er ihn aus der ihm zugestellten Urkunde über die Eintragung hat ersehen können, denn die Anzeige innerhalb sechs Wochen bedingt den Anspruch auf Schadenersatz, ist seine gesetzliche Voraussetzung.

Der zweite Absatz des § 29. Gr. B. O. führt in das preußische Recht ein neues Prinzip ein: die subsidiäre Haftpflicht des Staates für die Grundbuchbeamten. Es wäre hier nicht am Ort, das Für und Wider dieses Grundsatzes zu erörtern; es genügt die Bemerkung, daß derselbe bisher dem preußischen Recht unbekannt war, daß letzteres aber durch die Annahme desselben mit dem bairischen, sächsischen und mecklenburgschen Recht in Einklang gesetzt ist. Ob dadurch dem Kredit ein irgend erheblicher Nutzen zugebracht wird, steht dahin [5]). Die Haftpflicht des Staates tritt übrigens nicht ein, wenn der Beschädigte die Verfolgung seines Anspruchs gegen den Beamten hat verjähren lassen, denn in diesem Falle kann man nicht sagen, daß er „nicht im Stande ist" den Ersatz von dem Beamten zu erlangen, vielmehr hat er sich durch seine eigene Versäumniß in die Lage versetzt, daß sein Anspruch gegen den Beamten erloschen ist, mithin nicht mehr die Grundlage für die Klage gegen den Staat darbieten kann.

Das Grundbuchamt ist entweder von Amtswegen oder auf Antrag thätig. Ueberall, wo das Grundbuch als eine öffentliche Einrichtung in Betracht kommt, also, wo es sich um seine Anlegung, innere formale Gestalt, seine Führung, Aufbewahrung, um die Erhaltung seiner Uebereinstimmung mit dem Steuerbuch handelt, hat das Grundbuchamt von Amtswegen Sorge zu tragen. Ueberall dagegen, wo Rechte am Grundstück für Privatpersonen begründet, verändert oder gelöscht werden sollen, wo es sich also um Einschreibungen für Betheiligte handelt, ist das Grundbuchamt an einen Antrag gebunden — jedoch mit Ausnahme der im Gesetz bestimmten Fälle. Diese wenigen und unerheblichen Ausnahmen sind in den §§ 64. 66. 97. 118. der Gr. B. O. angegeben. Die Anträge werden entweder von der betheiligten Privatperson oder in ihrem Interesse auf Ersuchen einer zuständigen Behörde, oder von einer solchen in eigenem Interesse gestellt.

[5]) Vergl. Achilles S 118 Note 10.

§ 3. Der öffentliche Glaube des Grundbuchs.

Der Zweck der Grundbuchs-Einrichtung besteht darin, die Rechtsverhältnisse an unbeweglichen Sachen, an Grundstücken und solchen Gerechtigkeiten, welche für sich selbst bestehen und ohne den Besitz eines Grundstücks ausgeübt werden können, allen Dritten durch Veröffentlichung bekannt zu machen und dadurch zu sichern. „Könnte man, äußert Bähr [1]), auf jedes Grundstück einen Zettel kleben, auf diesem den durch obrigkeitliche Feststellung ermittelten Eigenthümer einzeichnen, auch dafür sorgen, daß eine Aenderung dieser Einzeichnung stets nur unter obrigkeitlicher Autorität zu Gunsten des festgestellten Rechtsnachfolgers vor sich gehe, so würde damit der Gedanke des Grundbuchsystems am Vollkommensten erreicht werden. So kann man nun freilich nicht verfahren. Aber man kann etwas Aehnliches schaffen dadurch, daß man öffentliche Bücher anlegt, in welchen jedes Grundstück durch ein Blatt repräsentirt wird, und auf diesem jene Einzeichnungen vollzieht." Den Zettel, den man nicht auf das Grundstück kleben kann, klebt man in ein Buch, überträgt die Führung und Aufbewahrung desselben einer Behörde und stellt den Rechtssatz auf, daß Derjenige, welcher sich in Beziehung auf ein Grundstück in Rechtsgeschäfte einlassen will, sich über die Rechtslage desselben aus dem Buch unterrichten muß und kann, daß folgeweise eine Entschuldigung, mit dem Inhalt des Buchs unbekannt gewesen zu sein, keine rechtliche Wirkung beanspruchen darf.

Soll aber der Zweck erreicht werden, so muß das Buch und sein Inhalt den Charakter der Authentizität besitzen. Derjenige, der sich auf seine Angaben verlassen soll, muß auch sicher sein, daß er sich darauf verlassen kann, daß er nicht getäuscht wird. Das Grundbuch muß daher öffentlichen Glauben haben. Diese Eigenschaft hat eine positive und eine negative Richtung. Eine positive: dasjenige, was im Buch eingeschrieben ist, muß als wahr gelten; eine negative: nur dasjenige, was im Buch eingeschrieben ist, stellt

---

[1]) A. a. O. S. 65

die das Grundstück angehenden Rechtsverhältnisse dar, außerhalb des Buchs können solche nicht bestehen. Die Angaben des Grundbuchs müssen richtig und vollständig sein.

Geschichtlich hat sich die Theorie von der Bedeutung und dem Zweck des Grundbuchs nach zwei Richtungen oder Systemen entwickelt: entweder gilt die Einschreibung in das Buch nur als ein urkundliches Zeugniß für einen Rechtsvorgang, der sich außerhalb des Buches zugetragen und abgeschlossen hat. Oder das Recht am Grundstück, das Eigenthum oder das einzelne dingliche Recht, wird durch die Einschreibung in das Buch begründet, ohne dieselbe entsteht es nicht. Dem ersteren System sind die älteren Gesetzgebungen, z. B. die baierische von 1822, die würtembergsche von 1825 gefolgt; dem letzteren unter Vorgang des österreichischen Gesetzbuchs [2]) die neueren, insbesondere die mecklenburgsche [3]), die sächsische [4]). Das ALR. folgt in Betreff des Eigenthums und der in die zweite Rubrik des Hypothekenbuchs gehörigen dinglichen Rechte dem ersten System: das Eigenthum wird durch die Uebergabe auf Grund eines Veräußerungsgeschäfts, also außerhalb des Buchs, erworben, die Einschreibung des Eigenthumsüberganges (die Besitztitelberichtigung) darf erst erfolgen, wenn das Eigenthum wirklich übergegangen ist, und sie hat nur die Bedeutung, daß der in das Hypothekenbuch eingetragene Besitzer in allen mit einem Dritten über das Grundstück geschlossenen Verhandlungen als der Eigenthümer desselben angesehen wird [5]). Auch die übrigen dinglichen Rechte entstehen durch die Einräumung des Besitzes auf Grund eines Titels, und ihre Einschreibung hat nur die Bedeutung, daß sie dadurch dritten Personen erkennbar gemacht, von diesen nicht ignorirt werden können [6]).

[2]) Oesterr. b. G. B. §§ 431. 445. Unger in der österr. Ger. Zeit. 1868. Nr. 25. Randa das. 1871. Nr. 38 fg., welcher nachweist, daß im österr. Tabularrecht zwar die negative Seite des öffentlichen Buchglaubens, d. h. daß nur durch die Eintragung ein dingliches Recht am Grundstück entstehen kann, nicht aber die positive Seite, daß die Eintragung für sich allein das Recht begründe, zum Ausdruck gelangt sei.

[3]) v. Meibom S. 82.

[4]) Sächs. Civ. G. B. §§ 276. 277. 294.

[5]) § 8—10. I. 10. ALR. § 92. II. Hyp.-Ordn. Vergl. Striethorst, Arch. B. 37 S. 216, B. 62 S. 77, B. 76 S. 262.

[6]) § 2. I. 19. §§ 2. 4. I. 21. ALR.

Bei der Hypothek aber verhält es sich anders und muß es sich anders verhalten, weil bei ihr eine Besitzeinräumuug undenkbar ist, also nach einem anderen Modus gesucht werden muß. „Nur durch die wirkliche Eintragung in die öffentlichen Grundbücher wird das Hypothekenrecht selbst erworben[7])." Hier also ist die Einschreibung der rechtsbegründende Akt.

Es leuchtet nun ein, daß durch die Einschreibung sowohl in dieser als jener Bedeutung das Grundbuchrecht selbst den Charakter eines Formalrechts annimmt, daß die Wirkung der Einschreibung zwar einerseits das Recht formell klar stellt und sichert, andererseits aber mit widersprechenden thatsächlichen Verhältnissen in Konflikt kommen kann, und daher die wichtige und ernste Frage entsteht, wie der Widerstreit zwischen formellem und materiellem Recht zu beseitigen sei, mit anderen Worten: ob ein nicht durch das Buch aufgedecktes Rechtsverhältniß stärkere Wirkung haben soll, oder ob das Buch vermöge seines öffentlichen Glaubens das materielle, seinen Angaben widersprechende Recht überwinden soll.

Von einem Widerstreit des materiellen und formellen Rechts kann insoweit nicht die Rede sein, als der Grundsatz herrscht, daß nur dasjenige Recht als dinglich gilt, welches im Buch eingetragen ist, daß ein solches nur durch Eintragung begründet wird, denn nach dieser Theorie haben die Vorgänge, die das Grundstück betreffen, vor der Eintragung nur die Bedeutung thatsächlicher Vorbereitungen für die Rechtsbegründung, es existirt vor der Einschreibung das Recht am Grundstück auch materiell noch nicht, weil es noch nicht formell existirt: materielles und formelles Recht decken sich, fallen zusammen.

Viel intensiver ist der Widerstreit, wenn ein dingliches Recht am Grundstück außerhalb des Buchs begründet werden kann, und trotzdem das ihm widersprechende, im Buch eingetragene Recht noch fortfährt Wirkungen zu äußern. Diese Betrachtung führt mit logischer Nothwendigkeit dazu, daß man der Einschreibung in das Buch, da es nun doch einmal nicht entbehrt werden kann, die stärkere Wirkung der R e c h t s b e g r ü n d u n g beilegen muß, und auf diesen

[7]) § 411. I. 20. ALR.

Standpunkt stellt sich das Gesetz vom 5. Mai 1872, wenngleich nicht ohne Ausnahmen, so doch der Regel nach.

Der Rechtszustand nach der Theorie des ALR. war unhaltbar und verworren. Zwar hatte das Gesetzbuch selbst noch durch den Zwang zur Besitztitelberichtigung dafür möglichst Sorge getragen, daß Derjenige, der nach dem materiellen Recht, durch Vertrag und Uebergabe Eigenthümer geworden war, auch Eigenthümer nach dem formellen Recht werden mußte, daß der Zwiespalt zwischen materiellem und formellem Rechte nicht aufkommen konnte. Allein dieser Zwang ist seiner Natur nach gar kein Institut des Privatrechts, er ist eine polizeiliche Einrichtung im Interesse der öffentlichen Ordnung. Wenn durch Uebergabe das Eigenthum erworben wird und nur Derjenige in das Hypothekenbuch als Eigenthümer eingetragen werden durfte, der sein erworbenes Eigenthum nachwies, so fehlte es denen, die ihr Eigenthum schon erworben hatten, an einem drängenden Antrieb, wenn nicht besondere Interessen dazu nöthigten, diese Eintragung zu bewirken: sie war für sie unter Umständen überflüssig. Daraus konnte die Gefahr entstehen, daß die Eintragung des Eigenthums unterblieb, daß mithin das Hypothekenbuch den Zweck nicht erfüllte, sichere und vollständige Auskunft über die Eigenthumsverhältnisse zu bieten. Ordnungsstrafen sollten dieser Gefahr entgegenwirken. Natürlich wurde dies Alles als schwerfällig, weitläufig und wegen der damit verbundenen Kosten als sehr lästig empfunden, die Klagen hierüber führten bekanntlich zur Suspendirung der Zwangsberichtigung des Besitztitels[6]). Dadurch ist aber jene Gefahr in vollem Umfang eingetreten. Das Hypothekenbuch gab seitdem niemals mit Sicherheit sondern nur zufällig eine richtige Auskunft über das Eigenthum; in zahlreichen Fällen war eine andere Person Eigenthümer als der Eingetragene. Der öffentliche Glaube der ersten Rubrik des Hypothekenbuchs war vernichtet. Was die zur zweiten Rubrik einzutragenden Rechte betrifft, so stand die Sache im Wesentlichen nicht anders, sie wurden außerhalb des Buchs erworben und galten auch ohne Eintragung gegen den, der sie kannte. Nur die dritte Rubrik hatte den öffentlichen Glauben bewahrt, denn sie

[6]) Trotz dieser Suspension sind aber die §§ 8. 9. I. 10 ALR. stehen geblieben. Striethorst B. 76 S. 262.

mußte alle Hypotheken angeben. Daß die Uebergänge der Hypotheken nicht nothwendig einzuschreiben waren, mithin häufig nicht eingeschrieben wurden, störte den öffentlichen Glauben der dritten Rubrik in keiner Weise, denn dieser verlangt nur, daß die Hypothek, nicht aber auch, daß die Person des jeweiligen Gläubigers durch das Buch bekannt gemacht werde.

Der Widerstreit zwischen dem materiellen Rechte außerhalb des Buchs und dem formellen Rechte im Buch war also nach der Theorie des ALR. in umfassendster Weise vorhanden. Wie sollte dieser Widerstreit gelöst werden?

Das ALR. schreibt vor: „Weiß derjenige, welcher mit dem eingetragenen Besitzer über das Grundstück Verhandlungen schließt, daß derselbe nicht wahrer Eigenthümer ist, so kann er dadurch zum Nachtheil des Letzteren kein Recht erwerben." Ferner: „Wer es weiß, daß derjenige, von welchem sein Titel sich herschreibt, nicht wahrer Eigenthümer sei, der kann weder durch Eintragung noch durch Uebergabe ein Eigenthumsrecht erlangen [9])." Hieraus ergiebt sich: die Kenntniß von einem außerhalb des Buchs bestehenden Eigenthum oder dinglichen Recht am Grundstück hindert den Erwerb des Eigenthums oder eines widerstreitenden dinglichen Rechts von dem im Buch eingetragenen Eigenthümer. Das von diesem übertragene Eigenthum gilt nicht gegenüber demjenigen, der außerhalb des Buchs Eigenthümer, „wahrer" Eigenthümer ist, d. h. dasselbe durch Vertrag und Uebergabe von einem wahren Eigenthümer erworben hat; das von dem eingetragenen aber nicht wahren Eigenthümer begründete dingliche Recht belastet nicht das Grundstück zum Nachtheil des wahren Eigenthümers, wenn der Erwerber des Rechts gewußt hat, daß sein Autor nicht der wahre Eigenthümer sei. Diese Sätze sind theoretisch richtig: nur derjenige kann sich auf den Glauben des Buchs berufen, der nicht selbst schon weiß, daß die Angabe des Buchs nicht der Wahrheit entspricht. Auf die Hypothek haben diese Sätze keine Anwendung, weil sie außerhalb des Buchs nicht existiren kann.

Aber das ALR. geht weiter: nicht blos das außerhalb des Buchs vollendete dingliche Recht soll gegen denjenigen geschützt werden, der

---

[9]) §§ 10. 24. I. 10. ALR.

Kenntniß von ihm hat, sondern auch ein älteres nur persönliches Recht, der ältere Titel zum dinglichen Recht. „Auch der, welcher zur Zeit der Eintragung den früher entstandenen Titel eines Andern weiß, kann zum Nachtheil desselben die früher erhaltene Eintragung nicht vorschützen [10])." Die Quelle dieses Satzes liegt in der Theorie von dem persönlichen Recht zur Sache (jus ad rem). Wie aber diese Theorie längst als falsch in der Rechtswissenschaft überwunden ist, weil das Objekt eines persönlichen Rechts die Natur des letzteren nicht verändern kann, so ist auch jene Folgerung falsch, weil sie dem persönlichen Recht mehr Stärke verleiht als dem dinglichen, das Relative über das Absolute stellt, weil sie das Erforderniß des guten Glaubens überspannt und die Sorgfalt für das eigene Recht zurückdrängt gegenüber der Nachlässigkeit oder Säumniß. Dem gemeinen Recht ist diese Theorie, daß das dingliche Recht von einem älteren persönlichen Recht überwunden werden könne, ganz fremd; es beschränkt den aus dem älteren persönlichen Recht Berechtigten, wenn er durch das später begründete dingliche Recht eines Anderen gehindert wird, sein persönliches Recht zum dinglichen zu erheben, auf den obligatorischen Entschädigungsanspruch gegen den, der ihm das persönliche Recht eingeräumt hat, ohne daß irgend wie die Kenntniß des dinglich Berechtigten von dem älteren persönlichen Recht in Betracht kommt. Man hat mit großer Emphase gerade diese eigenthümliche Vorschrift des ALR. als ein besonderes Zeugniß von dem sittlichen Gehalt dieses Gesetzbuchs gerühmt, und lebhaft behauptet, daß der entgegengesetzte Grundsatz eine Begünstigung des Betrugs und Schwindels enthalte: eine Entrüstnng, die dem klaren juristischen Gedanken gegenüber nicht Stand halten konnte und zunächst zu dem Versuch führte, eine ganz neue Theorie zu erfinden, nach welcher gegenüber dem eingetragenen Recht das ältere persönliche zwar nicht an sich, aber doch dann das stärkere sein sollte, wenn zu ihm die Uebergabe der Sache oder die Einräumung der Ausübung des Rechts hinzugetreten wäre, weil dadurch das Rechtsverhältniß der Sphäre des blos persönlichen bereits entrückt sei: eine Theorie, die geradezu abentheuerlich genannt werden darf, weil sie zwischen dem persön-

[10]) § 25. I. 10. ALR.

lichen Recht zur Sache und dem durch Eintragung vollendeten dinglichen Recht eine andere Art von Recht einschob, eine Art von halbem dinglichem Recht, und diesem halben dinglichen Recht stärkere Kraft gab als dem vollen. Der Versuch, diese Rechtserfindung durch das Gesetz zu befestigen, schlug fehl. Die Theorie des Gesetzes vom 5. Mai 1872 vom öffentlichen Glauben des Grundbuchs steht dem ALR. im Wesentlichen nahe, es hat jene richtigen Sätze der §§ 10. 24 I. 10 behalten, und nur den unrichtigen des § 25. I. 10 verworfen.

Wenn in § 9 des Gesetzes gesagt ist: daß nur diejenigen von dem unrichtig eingetragenen Eigenthümer abgeleiteten Rechte am Grundstück in Giltigkeit bleiben, welche „im redlichen Glauben an die Richtigkeit des Grundbuchs“ erworben worden sind, so ist durch diese wenigen Worte der Grundsatz der §§ 10. 24. I. 10. ALR. aufrecht erhalten: nur für denjenigen gelten die Angaben des Grundbuchs als richtig und beweisend, dem ihre Unrichtigkeit nicht bekannt ist, der einen redlichen Glauben an ihre Richtigkeit hat. Aber ein Unterschied gegen das bisherige Recht ist doch insofern vorhanden, als jetzt außerhalb des Buches das Eigenthum oder eine dingliche Belastung, ersteres im Fall der freiwilligen Veräußerung, letztere — mit wenigen Ausnahmen — im Fall freiwilliger Konstituirung nicht mehr entstehen oder bestehen, mithin die Unrichtigkeit des Grundbuchs nicht mehr in demselben Umfang wie bisher darin liegen kann, daß neben dem richtig Eingetragenen ein nicht eingetragener Eigenthümer oder dinglich Berechtigter vorhanden ist, dadurch verengt sich die Anwendung jenes Grundsatzes, weil die Kollisionsfälle verringert sind. Eine Konsequenz dieses Prinzips ist ferner § 118 Gr. B. O., indem eine irrthümlich erfolgte Löschung oder eine irrthümlich unterlassene Uebertragung einer Post bei Abschreibungen nicht zu Gunsten desjenigen wirkt, dem der Irrthum bekannt gewesen ist, als er ein Recht an dem Grundstück erwarb. Die bereits vor der irrthümlichen Löschung hinter der gelöschten Post eingetragenen Gläubiger müssen sich aber die Wiedereintragung gefallen lassen, sie können sich nicht auf § 62 des Gesetzes berufen, denn dieser versagt nur die Eintragung einer anderen Hypothek oder Grundschuld an Stelle der gelöschten.

Dagegen hat das Gesetz vom 5. Mai 1872 den in § 25. I. 10.

ALR. ausgedrückten Grundsatz in den §§ 4. 15 verworfen und ist dadurch zu dem gemeinen Recht zurückgekehrt. Die Kenntniß von einem älteren persönlichen Recht auf Uebertragung des Eigenthums oder auf Einräumung eines widerstreitenden dinglichen Rechts wird selbst dann nicht als böser Glauben und als Hinderniß für Erwerbung des dinglichen Rechts angesehen, wenn dem persönlich Berechtigten das Grundstück übergeben oder die Ausübung des Rechts eingeräumt ist.

Von diesem Grundsatz, daß die Kenntniß eines nicht aus dem Grundbuch ersichtlichen Rechtsverhältnisses rechtlich nicht in Betracht kommt, daß die Angaben des Grundbuchs vollständig sein müssen, enthalten die §§ 11. 12 Absatz 2 des Eigenthumsgesetzes und § 11 Nr. 1 der Gr. B. O. Ausnahmen, die zum Theil aus praktischen Gründen beliebt worden sind. Daß öffentliche und sog. gemeine Lasten auch ohne Eintragung bestehen, erstere sogar eine solche nicht zulassen, folgt schon daraus, daß es für ihre Erkennbarkeit als von Natur öffentlicher Verhältnisse der Veröffentlichung durch das Grundbuch nicht bedarf. Beschränkungen des Eigenthumsrechts, d. h. solche Beschränkungen, durch welche dem Eigenthümer die freie Verfügung über das Grundstück entzogen ist, also Veräußerungsverbote, fideicommissarische Substitutionen, Lehnseigenschaft, Familien-Fideicommisse, sollen auch ohne Eintragung gegen denjenigen wirken, der diese Beschränkungen gekannt hat. Es läßt sich diese Bestimmung allenfalls dadurch rechtfertigen, daß derjenige, der solche Beschränkungen, die dem Rechte seines Rechtsurhebers entgegenstehen, kennt, sich nicht im redlichen Glauben an die Richtigkeit des Grundbuchs befindet, denn dasselbe ist, sofern es ein unbeschränktes Eigenthumsrecht des eingetragenen Eigenthümers konstatirt, unrichtig. Die Bestimmung ist aber trotzdem eine Inkonsequenz, deren sich die Regierungsvorlage nicht schuldig gemacht hat. Denn jene Beschränkungsrechte des Eigenthums am Grundstück gehören ebenso nothwendig in das Grundbuch, wie das Eigenthumsrecht selbst, sie dürfen nicht außerhalb des Grundbuchs bestehen, weil dadurch die Vollständigkeit desselben gefährdet wird. Die Inkonsequenz ist um so greller, als nach § 73 der Gr. B. O. derselbe Grundsatz nicht in Betreff derjenigen Beschränkungen gilt, die bis zum 1. Oktoder 1873 nicht eingetragen worden sind, und ein innerer Grund zu einer verschiedenen rechtlichen Behandlung der schon jetzt bestehenden und der erst später entstehenden Beschränkungen gewiß nicht auffindbar ist. Die persönlichen Beschränkungen der Handlungsfähigkeit des Eigenthümers fallen dagegen nicht unter § 11; sie wirken immer gegen den, der von einem handlungsunfähigen Eigenthümer ein Recht am Grundstück erwerben will, und zwar auch wenn ihm die hindernde Thatsache, Minderjährigkeit, Geistes- oder Gemüthskrankheit, väterliche Gewalt, entgangen ist, denn Jeder hat die Pflicht, sich nach den persönlichen Eigenschaften seines Kontrahenten zu erkundigen, sich über dessen Handlungsfähigkeit zu vergewissern, diese persönlichen Eigenschaften gehören aber nicht in das Grundbuch, denn sie sind nicht Eigenschaften des Grundstücks [1]). Es gelten ferner ohne Eintragung als dingliche Rechte gegen jeden, und zwar ohne Rücksicht auf Kenntniß oder Unkenntniß, die gesetzlichen Vorkaufsrechte, die Grundgerechtigkeiten, die Miethe und Pacht, wenn die Sache sich im Besitz des Miethers oder Pächters befindet, das Schürfrecht und das Recht auf Abtretung von Grund und Boden

[1]) Achilles S. 28 Note 34 macht die Bemerkung: „Zu den Beschränkungen rechnen die Motive auch die gesetzlichen Beschränkungen der Dispositionsfähigkeit (Minderjährigkeit, väterliche Gewalt)." Das ist wohl nicht richtig. Die Motive sagen: „wenn der Eigenthümer persönlich allgemeinen gesetzlichen Beschränkungen unterworfen ist (Minderjährigkeit, väterliche Gewalt), so können auch diese dem dritten Erwerber eines Rechts auf das Grundstück nur dann entgegengesetzt werden, wenn sie aus dem Grundbuch ersichtlich sind; anfechtbar bleibt die Disposition des gesetzlich verfügungsunfähigen Eigenthümers nur demjenigen gegenüber, der sich unmittelbar mit ihm eingelassen, also die Verpflichtung gehabt hat, sich nach den persönlichen Eigenschaften seines Kontrahenten zu erkundigen." Das entspricht dem § 9 des Gesetzes. Es ist zu beachten, daß § 11 von Beschränkungen des Eigenthumsrechts, nicht von Beschränkungen des Eigenthümers spricht. Wer von einem Eigenthümer sein Recht am Grundstück erworben hat, der für seine Person gesetzlichen Beschränkungen nicht unterworfen ist, kann sein Recht nicht deshalb verlieren, weil der Autor seines Autors solchen Beschränkungen unterworfen gewesen ist, jedoch den redlichen Glauben an die Richtigkeit des Grundbuchs und Entgeltlichkeit des Erwerbs vorausgesetzt. Zugegeben muß aber werden, daß in der oben mitgetheilten Stelle der Motive der erste Satz den Gedanken nicht ganz genau zum Ausdruck gebracht hat, daß sie zu absolut lautet Auch Philler S. 9 Note 23 subsummirt die gesetzlichen Beschränkungen dem § 11.

zu einer bergbaulichen Anlage. Die Motive äußern sich über diese Ausnahmen folgendermaßen:

„Es ist weiter die Frage zu erörtern, ob die Auflassungs- und Eintragungs-Theorie auch für den Erwerb aller dinglichen Rechte an Grundstücken angenommen werden soll?

Die Beantwortung der Frage ist bisher eine sehr verschiedene gewesen.

In dem gedruckten Entwurf von 1864 ist sie ganz streng bejahend ausgefallen, nur Realservituten, welche den Nutzungsertrag des belasteten Grundstücks nicht schmälern, und solche dinglichen Rechte, welche auf Staats-, Gemeinde-, Kirchen-, Schul- und anderen im Interesse des Gemeinwohls errichteten öffentlichen Verbänden beruhen, sind ausgenommen (§ 2).

In den amtlichen und sonst veröffentlichten Gutachten ist namentlich hervorgehoben, daß doch nicht jedes Pacht- und Miethrecht eingetragen werden könne, um den Pächter und Miether, die sich im Besitz befinden, gegen Dritte zu schützen, daß der Begriff der Realservituten, welche den Nutzungsertrag schmälern, ein zu schwankender sei, für die Eintragung der Realservituten überhaupt ein praktisches Bedürfniß nicht vorliege.

Diese Bedenken erscheinen erheblich. Nach preußischem Recht erhalten Pacht- und Miethsverträge dingliche Wirkung durch den Besitz; der gemeinrechtliche Satz, daß Kauf Miethe bricht, ist damit beseitigt. Es ist bei dem raschen und massenhaften Wechsel der Miethwohnungen in großen Städten und den ebenfalls oft jährlich wechselnden Pachten einzelner Ackerparzellen praktisch ganz unausführbar, die dingliche Wirkung solcher Verträge an die Eintragung zu binden; sie ihnen aber bei nicht erfolgter Eintragung zu entziehen, würde die Einführung des römisch-rechtlichen Satzes bedeuten, daß Kauf Miethe bricht, und damit eine so tief in alle sozialen Verhältnisse einschneidende und so bedenkliche Neuerung sanktioniren, daß die ärgsten Störungen daraus hervorgehen könnten. Von der Eintragung dieser Rechte muß also abgesehen werden, sie behalten durch den Besitz ihre dingliche Wirkung.

Ebenso wenig kann der Satz befürwortet werden, daß Realservituten eingetragen werden müssen. Nach dem geltenden

Recht [12]) bedürfen sie der Eintragung nicht, und es hat sich niemals ein praktisches Bedürfniß herausgestellt, die Eintragung anzuordnen.

Die Unterscheidung zwischen Realservituten, welche den Nutzungsertrag schmälern oder nicht, ist so unbestimmt, daß auf sie eine Rechtsvorschrift nicht gegründet werden kann. Ueberdies ist jetzt noch viel weniger zu befürchten, daß nicht eingetragene Realservituten dem Kredit der Grundstücke schädlich werden könnten, denn gerade diejenigen, welche am ehesten eine solche schädliche Wirkung äußern müßten, Weide- und Forstservituten, sind in Folge der Gemeinheitstheilungen großentheils bereits aufgehoben, die Aufhebung derselben schreitet von Jahr zu Jahr fort und sie können durch Verjährung nicht mehr begründet werden [13]). Es haben sich daher auch gerade die landwirthschaftlichen Behörden, gegen die Eintragung der Realservituten ausgesprochen.

Gesetzliche Vorkaufsrechte kennt das preußische Recht nur noch in den Fällen des Miteigenthums und in Folge der Expropriation [14]). Sie sind für den Rechtsverkehr mit Grundstücken ohne alle Erheblichkeit, und das der Miteigenthümer ist ohnedies indirekt aus dem Grundbuche zu ersehen, aus welchem das Miteigenthumsverhältniß hervorgeht. Es ist daher ebenfalls kein Bedürfniß ihre Eintragung obligatorisch zu machen.

In Betreff der Ablösungsrenten ferner erschien es nicht zweckmäßig, das bestehende Recht für diese vorübergehenden Rechtsverhältnisse zu ändern.

Endlich müssen die im Bergrecht vorkommenden, durch Zwangsverfahren zu begründenden dinglichen Rechte von der Eintragung ausgenommen werden.

Gebrauchs- und Nutzungsrechte nämlich werden nach den Vorschriften des Allgemeinen Berggesetzes vom 24. Juni 1865 im Wege des Zwangsverfahrens erworben, einmal zum Zwecke des Schürfens, sodann für den Betrieb des Bergbaues [15]). Diese Rechte sind ding-

---

[12]) Anh. § 58 zu § 18. I. 22. ALR.

[13]) § 164 der Gem. Th. O. v. 7. Juni 1821. Deklar. v. 31. März 1841. Ges. S. S. 75.

[14]) Ges. v. 2. März 1850. § 2 Nr. 6. § 4. Ges. S. S. 77.

[15]) § 5 f. §§ 64. 135 f. § 60 Abs. 1 des Ges. v. 24. Juni 1865.

licher Natur und haben eine innere Verwandtschaft mit den aus dem Pachtvertrage hervorgehenden Gebrauchs- und Nutzungsrechten, ja es wird vielfach nichts weiter als ein Pachtverhältniß vorhanden sein, wenn die Gebrauchs- und Nutzungsrechte zu Gunsten von Schürfunternehmungen oder des Bergbaues im Wege gütlicher Einigung zwischen Grundeigenthümer und Unternehmer zu Stande gekommen sind.

Die Rechte der fraglichen Art erscheinen nach geschehener Besitzergreifung für jeden Dritten durchweg erkennbar und in die Augen fallend.

Kann schon aus diesen Gründen es nicht als erforderlich erachtet werden, im Widerspruche mit dem bestehenden Rechte und zur Erschwerung des Bergbaues die angegebenen Gebrauchs- und Nutzungsrechte der Nothwendigkeit der Eintragung zu unterwerfen, so dürfte letztere um so weniger angemessen sein, als einmal jeder Grundeigenthümer jene Rechte bei Vermeidung des Zwangsverfahrens gegen jährliche Entschädigung (§§ 6. 137.) den Bergbauunternehmern einräumen muß, andererseits aber dieselben vielfach auch im Wege des Zwangsverfahrens (§§ 8. 142.) wirklich erworben werden, so daß für den Erwerb dieser Rechte die Eintragung nicht erforderlich sein kann.

In denjenigen Fällen, in welchen zu Gunsten von selbständigen Kohlenabbaugerechtigkeiten in den vormals Königlich sächsischen Landestheilen die Erwerbung von Gebrauchs- und Nutzungsrechten nach Maßgabe der §§ 135 ff. des Allgemeinen Berggesetzes stattfindet, werden letztere zufolge der getroffenen Bestimmung der Eintragung ebenfalls nicht bedürfen."

Faßt man das Resultat der bisherigen Erörterung zusammen, so ergeben sich folgende, in den Gesetzen vom 5. Mai 1872 enthaltene Grundsätze: 1) der Inhalt des Grundbuchs gilt als richtig allen Denjenigen gegenüber, die den redlichen Glauben an die Richtigkeit des Inhalts, der Eintragungen sowohl als der Löschungen, haben; unrichtig ist das Grundbuch, wenn es rechtsungiltig oder irrthümlich erfolgte Eintragungen oder Löschungen enthält; 2) der Inhalt des Grundbuchs gilt als vollständig, d. h. außerhalb des Grundbuchs kann ein dingliches Rechtsverhältniß am Grundstück nicht begründet werden, jedoch mit folgenden Ausnahmen: a. nicht eingetragene Beschränkungen des Eigenthumsrechts wirken gegenüber Denjenigen, die ihre Existenz kennen; b. ohne Eintragung wirken ferner dinglich die gesetzlichen Vorkaufsrechte, die Grundgerechtigkeiten, die mit Besitz verbundene Miethe und Pacht, das Schürfrecht, das Recht auf Abtretung von Grund und Boden zu bergbaulichen Anlagen — und zwar ohne Rücksicht darauf, ob dem Erwerber eines Rechts an dem Grundstück die Existenz dieser Rechte bekannt oder unbekannt war; 3) die persönliche Handlungsunfähigkeit des eingetragenen Eigenthümers wirkt auch wenn sie nicht aus dem Grundbuch ersichtlich ist, gegen den, welcher mit dem Unfähigen verhandelt; 4) die Vollständigkeit des Grundbuchs erstreckt sich nicht auf die öffentlichen Abgaben und gemeinen Lasten.

Es wird an diesem Ort nicht nöthig sein, den Begriff des „redlichen Glaubens" des Weiteren zu erörtern, er weicht hier nicht von dem Begriff im Civilrecht ab: er ist die Ueberzeugung von der Richtigkeit des eigenen Rechts, d. h. der Zustand der Unkenntniß von dem Recht einer anderen Person, welches durch den eigenen Rechtserwerb verletzt würde. Wesentlich ist der Begriff ein negativer, wenngleich aus dem Negativen, der Unkenntniß, zugleich ein positiver Inhalt desselben sich ergiebt, die Ueberzeugung von dem eigenen Recht. Der redliche Glaube, identisch mit „gutem Glauben", bona fides, ist ein thatsächlicher Zustand, dessen Wirkung für den Rechtserwerb nicht davon abhängt, daß der gutgläubige Erwerber sich in einem entschuldbaren Irrthum befunden hat. Gutgläubig ist auch der unentschuldbar Irrende, der in einem Rechtsirrthum Befangene. In besonderer Beziehung auf das Grundbuchrecht ist derjenige im redlichen Glauben, der dem Inhalt des Grundbuchs glaubt, d. h. der von keiner Thatsache Ueberzeugung erlangt hat, welche die Unrichtigkeit dieses Inhalts ergiebt; im bösen Glauben ist jeder, der solche Thatsachen kennt, und obschon er von ihrer Richtigkeit überzeugt ist, sie dennoch bei seinem Rechtserwerb am Grundstück ignoriren will.

Es ist neuerdings zwischen Wächter[16]) und Bruns[17]) streitig

[16]) Die bona Fides, insbes. bei der Ersitzung des Eigenthums. 1871.

[17]) Das Wesen der bona Fides bei der Ersitzung. Ein Gutachten. 1872.

geworden, ob die bloße Thatsache der Ueberzeugung des eigenen Rechts, der Nichtkenntniß von dem entgegenstehenden Recht eines Dritten, als Erforderniß des redlichen Glaubens genügt, wie Wächter und die gemeine Meinung behauptet, oder ob außerdem nothwendig sei, daß die Ueberzeugung auf einer sorgfältigen und gewissenhaften Prüfung und Ueberlegung beruhen müsse, wie Bruns behauptet. Abgesehen von den Zeugnissen der römischen Rechtsquellen, welche wohl für Wächter sprechen, ist auch gegen Bruns anzuführen, daß er in den Begriff des guten Glaubens als des Resultates eines Seelenvorganges, als eines thatsächlichen Zustandes in der Seele des Glaubenden als Moment der Entstehung, der Hervorbringung dieses Zustandes einmischt, ein Moment, welches juristisch nicht erfaßt werden kann und daher auch für den Rechtsbegriff des guten Glaubens nicht maßgebend sein darf. Eine besondere Prüfung von Thatsachen, welche von ungefähr, ohne Glaubwürdigkeit zugetragen worden sind, kann nicht verlangt worden, zumal nicht im Gebiete des Grundbuchrechts, denn die Angaben des Grundbuchs besitzen an sich schon die Rechtsvermuthung der Wahrheit; ihnen zu glauben ist Jedermann berechtigt, und es kann sich daher nur darum handeln, ob dieser Glaube vernichtet worden ist durch die Kenntniß entgegenstehender Thatsachen [18]). Dem Glauben steht nur das Wissen des Gegentheils gegenüber, nicht das Zweifeln. So hat auch das ALR. immer das Wissen dem Glauben an das Hypothekenbuch entgegengestellt. Das Wissen ist aber lediglich eine Thatsache, und diese Thatsache allein kann entscheiden.

Das Wissen, die Kenntniß der entgegenstehenden Thatsachen muß in der Person Desjenigen, der gestützt auf das Grundbuch ein Recht erwerben will, in dem Zeitpunkt vorhanden sein, wo er dieses Recht am Grundstück durch Eintragung erwirbt. Eine später erlangte Kenntniß kann den vollendeten Erwerb nicht aufheben. Für den Beweis, daß dem Erwerber diese Kenntniß beigewohnt habe, kann aber die Eideszuschiebung nicht genügen: in dieser Beziehung sind die Ansichten, die in unserer Praxis herrschen, beizubehalten [19]). War der Erwerber des Rechts bei seinen Erwerb solchergestalt im

[18]) Vergl. Striethorst B. 76 S. 262.

[19]) Theorie u. Praxis. 2. A. B. 1 S. 125 f.

redlichen Glauben, so kann ihm sein Recht nicht dadurch entzogen werden, daß der Grundbuchrichter bei der Eintragung ein Versehen begangen hat[20]). Ebenso kann natürlich der Glaube an die Richtigkeit des Grundbuchs nur dann eintreten, wenn das Grundbuchblatt zur Zeit des Erwerbs des Rechts am Grundstück für letzteres bereits angelegt war. Wird bei der späteren Anlegung des Blatts unrichtig eingetragen, so kann der mit Unrecht durch die Einschreibung begünstigte Gläubiger der Berichtigung des Blatts nicht widersprechen, weil er sich sonst mit dem Schaden des benachtheiligten Gläubigers bereichern würde[21]).

Man wird gegen die oben angegebenen Grundsätze den Einwurf erheben, daß auch nach dem Gesetz vom 5. Mai 1872 ein nicht eingetragenes Eigenthum vorkommt, daß mithin die Angabe des Grundbuchs über die Person des Eigenthümers auch nach dem neuen Recht nicht immer richtig ist, denn durch Eintragung wird das Eigenthum nur im Fall der freiwilligen Veräußerung erworben: wo der Erwerb durch Ereignisse sich vollzieht, bleibt das bisherige Recht in Kraft. Es wird auf diesem Punkt erst später genauer eingegangen werden können. Hier sei nur bemerkt: wenn solche Ereignisse eingetreten sind, wenn ein Ehegatte ein Grundstück in die gütergemeinschaftliche Ehe gebracht hat, und das Miteigenthum des anderen Ehegatten im Grundbuch nicht vermerkt worden ist, oder wenn eine Enteignung oder ein Zuschlag im Wege der Zwangsversteigerung oder eine Landabfindung bei Gemeinheitstheilungen und Ablösungen stattgefunden hat, und die neuen Erwerber noch nicht eingetragen worden sind, so sind solche Ereignisse doch für den Veräußerungs- und Belastungsverkehr ohne schädlichen Einfluß. Denn wer mit dem noch eingetragenen Eigenthümer, der es in Folge dieser Ereignisse nicht mehr oder nicht mehr allein ist, sich einläßt, kann, wenn ihm diese Ereignisse bekannt geworden sind, nicht mehr den redlichen Glauben an die Richtigkeit des Grundbuchs haben, und wenigstens in den Fällen der Enteignung und der Zwangsversteigerung sorgt die Gesetzgebung durch vorläufige Vermerke im Grundbuch dafür, daß dem Dritten die Kenntniß von den Ereig-

[20]) Striethorst, B. 62 S. 77.
[21]) Striethorst, B. 37 S. 216, B. 65 S. 364.

nissen beigebracht werde; in dem Fall der Gütergemeinschaft aber kann dem Dritten doch der Ehestand des noch allein eingetragenen Eigenthümers nicht entgehen und damit ist seine Kenntniß von dem Bestehen und der gesetzlichen Wirkung der Gütergemeinschaft von selbst gegeben. Daß auch der Erwerb durch Erbgang den Eigenthumsübergang begründet, kann hier nicht in Betracht kommen, weil mit dem noch eingetragenen Erblasser ja nicht mehr zu verhandeln ist.

Der § 9. des Gesetzes vom 5. Mai 1872 enthält aber noch eine Bedingung, unter welcher der öffentliche Glaube des Grundbuchs eintritt: der, welcher sich auf diesen Glauben verläßt, muß nicht allein selbst redlich an die Richtigkeit des Grundbuchs glauben, sondern er muß auch das Recht am Grundstück gegen Entgelt erworben haben. Hierdurch ist Demjenigen, der sein Recht unentgeltlich erworben hat, die Berufung auf den Glauben des Grundbuchs schlechthin entzogen, wenngleich er selbst sich zur Zeit seines Erwerbs im redlichen Glauben an die Richtigkeit des Grundbuchs befunden hat. Sein Erwerb ist ungiltig, wenn die Angabe des Grundbuchs über das Recht seines Autors unrichtig ist. Dieser Satz mildert in billiger und gerechter Weise die Strenge des formalen Rechts; er war in der bisherigen Gesetzgebung nirgends direkt ausgesprochen, das neue Recht verbessert hier also das bisherige Recht. Unter unentgeltlichem Erwerb ist aber jede auf reiner Freigebigkeit beruhende Vermögensbereicherung zu verstehen, propter nullam aliam causam quam ut liberalitatem et munificentiam exerceat [22]). Auch hierüber kann auf das Civilrecht verwiesen werden.

Gewiß hat das Gesetz vom 5. Mai 1872 nicht das Moment des Formalrechts überspannt, es hat dem redlichen Glauben volle Rechnung getragen, es hat die nachtheiligen Wirkungen des Formalrechts, indem dieses dem unentgeltlichen Erwerber versagt wird, wesentlich vermindert, und ist in Alle dem treu geblieben dem Ausspruch Ciceros: fundamentum justitiae est fides (de off. I 7.).

[22]) l. 1. pr. D. XXXIX. 5. l. 28. § 2. D. II. 14.

§ 4. Die Einschreibungen.

Der Begriff der Einschreibung wird hier ganz allgemein genommen, er umfaßt die Eintragungen, und zwar sowohl die vorläufigen — Vormerkungen — welche die Erlangung des Eigenthums oder eines Realrechts an einer bestimmten Stelle des Grundbuchs sichern sollen, als die endgiltigen, welche definitiv das Eigenthum oder Realrecht begründen, so wie die Löschungen und die bloßen Vermerke, d. h. diejenigen Einschreibungen, welche nicht den Zweck haben, ein Realrecht am Grundstück zu erlangen, zu einer endgiltigen Eintragung zu führen, sondern nur Beschränkungen der Verfügung über das Grundstück oder ein Realrecht oder Widerspruchsrechte zu sichern, oder thatsächliche Angaben enthalten.

Wie früher ausgeführt wurde, hat das Grundbuchamt nur in wenigen Ausnahmefällen von Amtswegen einzuschreiben, und zwar nur in folgenden: die Löschung des zur Sicherung einer Grundstückszertheilung eingetragenen vorläufigen Vermerks (§ 64. Gr. B. O.), während die Eintragung dieses Vermerks einen Antrag voraussetzt, mithin nicht von Amtswegen erfolgt; die Uebertragung der Lasten und Schulden auf ein abgeschriebenes Trennstück, wenn dieses nicht aus der Mithaft des Hauptgutes ausscheidet (§ 66. Gr. B. O.); die Löschungen nach § 3. des Gesetzes vom 28. März 1840, nach der Kabinetsordre vom 22. Oktober 1843 und der Verordnung vom 29. Dezember 1843 (§ 97. Gr. B. O.); die Wiedereintragung einer aus Versehen des Grundbuchamts gelöschten Post, so wie die nachträgliche Uebertragung einer Post, die bei einer Ab- und Umschreibung auf ein anderes Grundbuchblatt aus Versehen unterblieben ist (§ 118. Gr. B. O.)

In allen anderen Fällen setzt die Einschreibung einen Antrag voraus, der im Gesetz als Ersuchen bezeichnet wird, wenn er von einer Behörde ausgeht. Es gilt der Grundsatz daß bei Eintragungen des Eigenthums oder einer dinglichen Belastung sowie bei Löschungen der Antrag des eingetragenen Eigenthümers nothwendig ist, daß ohne dessen Wissen und Willen Nichts in das Buch hinein und Nichts aus demselben heraus kommen darf, bei Umschreibungen bereits eingetragener Posten aber der Antrag dessen erfordert wird, gegen den die Umschreibung wirken soll. Dies ist das Konsensprinzip. Wo bereits eine Verpflichtung vorliegt, eine endgiltige Eintragung oder Umschreibung zu bewilligen, wird die Bewilligung und der Antrag des Eigenthümers oder des zur Post eingetragenen Berechtigten ersetzt durch ein rechtskräftiges Erkenntniß, welches ihn zur Bewilligung verurtheilt; wo gesetzlich eine Behörde berechtigt ist, gegen den Eigenthümer eine Eintragung zu verlangen, genügt deren einseitiges Ersuchen; wo die Verpflichtung zu einer endgiltigen Eintragung noch nicht durch ein rechtskräftiges Urtheil festgestellt ist, kann eine vorläufige Eintragung zur Sicherung des Realrechts (Vormerkung) oder ein Vermerk zur Sicherung eines persönlichen Anspruchs oder zur Abwehr nachtheiliger Verfügungen über das Eigenthum oder ein eingetragenes Recht gegen den Willen des Eigenthümers oder dinglich Berechtigten nur auf Grund eines Ersuchens des Prozeßrichters erfolgen. Also entweder ein Antrag des Eigenthümers oder dinglich Berechtigten, oder auf Grund eines rechtskräftigen Urtheils ein Antrag dessen, der das Eigenthum oder ein dingliches Recht durch Eintragung erlangen will, oder das Ersuchen einer zuständigen Behörde. Das Grundbuchamt selbst kann den fehlenden Willen niemals ergänzen.

Formell ist zu bemerken, daß die Anträge entweder mündlich vor dem Grundbuchamt angebracht oder schriftlich eingereicht werden können; nur in einem Fall, wenn auf Grund der Auflassung die Eintragung eines neuen Eigenthümers verlangt wird, muß der Antrag mündlich vor dem Amte erklärt werden, entweder persönlich von den Betheiligten oder deren gesetzlichen Vertretern, oder von ihren Bevollmächtigten. Wenn der mündliche Antrag eine Eintragung oder Löschung betrifft, so soll ihn der Grundbuchrichter aufnehmen, d. h. der Antrag soll in seiner Gegenwart und unter seiner Mitwirkung niedergeschrieben werden; daß er ihn selbst niederschreibe, ist natürlich nicht erforderlich. Schriftlich eingereichte Anträge und Urkunden müssen gerichtlich oder notariell entweder aufgenommen oder wenigstens beglaubigt sein; diese erschwerte Form ist nur solchen Anträgen erlassen, die von Urkunden begleitet werden, in denen die Betheiligten die beantragte Eintragung oder Löschung bereits bewilligt haben. Die Beglaubigungen sind formell insofern erleichtert, als der Notar nicht nöthig hat, Zeugen zuzuziehen und ein besonderes Protokoll über den vor ihm stattgefundenen Akt der Unterschrift oder der Anerkennung der Unterschrift aufzunehmen. Es ist von vielen Seiten gewünscht worden, das Erforderniß der gerichtlichen oder notariellen Beglaubigung fallen zu lassen [1]) und ähnlich, wie dies in § 46. des Gesetzes vom 21. März 1868 gestattet ist, auch andere Personen, die entweder vermöge ihres Amts oder vermöge einer besonders ihnen ertheilten Ermächtigung Seitens des Appellationsgerichts einen öffentlichen Glauben genießen, damit zu betrauen. Man ist aus guten Gründen auf diese Wünsche nicht eingegangen. Ob sich die Vorschrift des § 46 des Gesetzes vom 21. März 1868 auch dann bewähren wird, wenn der hypothekarische Verkehr in Neuvorpommern die lokalen Grenzen, in denen er sich jetzt hauptsächlich bewegt, überwunden haben wird, steht sehr dahin. Die große Wichtigkeit der Beglaubigungen wird aber gewiß erheblich beeinträchtigt, wenn sie Personen überlassen werden, denen das amtliche Pflichtbewußtsein grade für solche Akte nicht beiwohnt, die dafür nur civilrechtlich, nicht auch amtlich verantwortlich gemacht werden können; überdieß ist es für einen weiteren Verkehr, dem die Kenntniß persönlicher Beziehungen abgeht, unmöglich, durch die Urkunde selbst mit Sicherheit festzustellen, daß die beglaubigende Person auch wirklich dazu berechtigt gewesen ist, wenn nicht schon ihr Amt an und für sich dafür den Beweis liefert. Die Berechtigung ausländischer Behörden zur Aufnahme oder Beglaubigung von Anträgen und Urkunden muß, wenn sie dem Grundbuchamt nicht bekannt sind, auf gesandtschaftlichem Wege festgestellt werden. Die Anträge und Urkunden inländischer Behörden — zu denen auch die Konsuln des Deutschen Reichs gehören — bedürfen keiner besonderen Beglaubigung, sondern nur der geordneten Unterschrift und Beifügung des Amtssiegels. Daß auch die Vollmachten der gerichtlichen oder notariellen Beglaubigung bedürfen und hiervon nur die Notare ausgenommen sind, welche ohne Vollmacht Anträge stellen können, wenn die von ihnen überreichte Urkunde die Bewilligung oder den Antrag

[1]) Nach Meckl. R. werden unbeglaubigte Anträge zugelassen. v. Meibom S. 79.

der Betheiligten auf Eintragung oder Löschung enthalten, entspricht dem bisherigen Recht. Dagegen weicht die Gr. B. O. in § 36. 37. insofern von letzterem ab, als sie nicht auch Rechtsanwalte von der Beibringung einer Vollmacht entbindet, was freilich nicht von großer praktischer Bedeutung ist, weil die Anwalte regelmäßig auch Notare sind.

Die Grundbuchbeamten sind verpflichtet, auf den ihnen zugehenden Anträgen und Urkunden genau den Zeitpunkt des Eingangs, nicht bloß das Tagesdatum, sondern auch die Stunde — zu vermerken, weil dieser Zeitpunkt maßgebend ist für die Reihenfolge der Eintragungen.

Ehe der Grundbuchrichter die Einschreibungen anordnet, hat er die Berechtigung und Handlungsfähigkeit der Antragsteller, die Lage des Grundbuchblattes über das betreffende Grundstück, den vorgelegten Antrag nach Form und Inhalt zu prüfen. Dagegen hat der Grundbuchrichter das aus der beiliegenden Urkunde oder aus den Erklärungen der Parteien sich ergebende Rechtsgeschäft auf dessen Grund die Einschreibung verlangt wird, einer Prüfung nach seiner Rechtsbeständigkeit nicht zu unterwerfen[1]). Daß ihm dieses Rechtsgeschäft überhaupt vorgelegt und bekannt gemacht wird, ist etwas Zufälliges. Selbst wenn bei nachgesuchter Eintragung einer Hypothek die Schuldurkunde ihm nothwendig vorzulegen ist, hat er ihren Inhalt nicht zu prüfen, die Vorlegung geschieht nur zu dem Zweck, um sie mit dem Hypothekenbrief zu verbinden. Mit alle dem ist aber nicht gesagt, daß es dem Grundbuchrichter verboten ist, sich mit den Betheiligten in Erörterungen über das ihm aufgedeckte Rechtsgeschäft einzulassen und ihnen, wenn es ihm ziemlich oder nützlich erscheint, mit einem Rath beizustehen, oder Bedenken, die sich ihm aufdrängen, auszusprechen: nur verpflichtet ist er zu alle dem nicht mehr, und er darf wegen solcher Bedenken die verlangte Eintragung oder Löschung nicht mehr bearstanden.

Man sieht hieraus, daß das s. g. Legalitätsprinzip keineswegs ganz aufgehoben, sondern nur beschränkt worden ist, und zwar dahin, daß zwar eine Prüfung der obligatorischen Beziehungen derjenigen Betheiligten, welche eine Einschreibung verlangen, nicht mehr statt-

---

[1]) § 46 Gr. B. O.

findet, daß aber die Prüfung des Willens nach Seiten seiner Berechtigung und Fähigkeit, über das betreffende Grundstück oder Realrecht zu verfügen, das Eigenthum an dem Grundstück zu übertragen und zu erwerben, oder ein dingliches Recht an demselben zu begründen, unerläßlich bleibt. Das dingliche Recht also, welches durch die Einschreibung begründet, verändert oder aufgehoben werden soll, nicht das zum Grunde liegende persönliche Rechtsverhältniß, ist der Gegenstand der amtlichen Prüfungspflicht. Diese Prüfung ist aber nothwendig, weil die Einschreibung eine Rechtsveränderung bewirkt. Die neue preußische Gesetzgebung schließt sich dem mecklenburgischen Recht an[3]).

Geht von den Betheiligten selbst ein Antrag auf Einschreibung aus, so hat der Grundbuchrichter zu prüfen, ob sie die Willenserklärung mit rechtlicher Wirkung abgeben können, d. h. ob sie im Allgemeinen fähig sind zu dieser Willensäußerung, ob ihr Wille ein ernster und gewisser ist, ob das Grundstück, auf welches sich derselbe bezieht, ihrer Verfügung unterworfen ist, ob sie ihnen nicht durch Verbote der Veräußerung oder Belastung, z. B. durch ein Fideicommiß, durch eine fideicommissarische Substitution entzogen oder beschränkt ist. Diese Prüfung stützt sich auf den Inhalt des Grundbuchs. Was insbesondere die Urkunden betrifft, aus welchen die Legitimation der Antragsteller hervorgehen soll, so ist zu bemerken, daß die Gr. B. O. § 39. 40. bei Eintragungen und Löschungen auf Grund von Erbverträgen, letztwilligen Verfügungen und Erbtheilungsurkunden die erleichternde Vorschrift des § 11 des Gesetzes vom 24. Mai 1853 beibehalten und dieselbe auch auf getheilte Nachlaßforderungen ausgedehnt hat. Der Nachlaßrichter, vor welchem die Theilung erfolgt, befindet sich, wie die Motive bemerken, vollständig in der Lage, ein nach § 127. I. 10. AGO. (nicht ALR., wie im Text der Motive steht) beweisendes Attest darüber zu ertheilen, daß und welche Forderungen den Miterben bei der Theilung überwiesen worden sind, da er bei der Nachlaßregulirung die Legitimation der Erben prüfen und feststellen muß. Intestaterben müssen die Erbbescheinigung vorlegen. Beantragen Ver-

[3]) v. Meibom S. 72 f.

mächtnißnehmer auf Grund des Testaments eine Einschreibung für sich, so müssen sie auch die Einwilligung des Erben beibringen, Lehns- und Fideicommißfolger haben ihr Nachfolgerecht durch eine Bescheinigung der Lehns- oder Fideicommißbehörde; Vertreter einer Handelsgesellschaft oder einer Erwerbs- oder Wirthschaftsgenossenschaft, welche eine Einschreibung bewilligen oder beantragen, ihre Legitimation durch ein Attest des Gerichts, welches das Handelsregister oder Genossenschaftsregister führt, zu beweisen.

Geht das Ersuchen einer Behörde ein, so beschränkt sich die Prüfung des Grundbuchrichters auf die Zuständigkeit der Behörde für den gestellten Antrag und auf die gesetzlichen Erfordernisse des Ersuchens nach Inhalt und Form [4]).

Ergeben sich bei der Prüfung Bedenken, so hat der Grundbuchrichter diese den Antragstellern bekannt zu machen und die Einschreibung abzulehnen [5]). Die Beseitigung der Bedenken bleibt den Betheiligten überlassen. Gegen die Ablehnung findet die Beschwerde statt.

Erscheint die Einschreibung zulässig, so ordnet sie der Grundbuchrichter durch eine Verfügung an, welche die Formel der Einschreibung dem Antrage gemäß wörtlich so angeben muß, wie sie in das Grundbuch aufgenommen werden soll [6]). Abweichend von § 29 des Gesetzes vom 24. Mai 1853 sind nunmehr auch die Nebenbestimmungen, insbesondere über Kündigung und Zahlung des Kapitals in der beantragten Art in die Formel aufzunehmen. Diese Abweichung war nothwendig, weil der Inhalt solcher Verabredungen bei den Grundschulden nicht mehr aus beiliegenden und angehefteten Schuldurkunden entnommen werden kann, und, obschon mit dem Hypothekenbrief die Schuldurkunde verbunden wird, doch auch in diesem Falle Zweifel und Streitigkeiten über den Inhalt der Nebenbestimmungen entstehen können, die dem Verkehr mit Hypothekenbriefen schädlich sind.

Daß die Formel möglichst kurz und knapp gefaßt werden muß, bedarf nicht der besonderen Hervorhebung.

---

[4]) Gr. B. O. § 41.

[5]) Gr. B. O. §§ 41. 46.

[6]) Gr. B. O. § 43.

Die Einschreibungen im Grundbuch führt der Buchführer aus; in der zweiten und dritten Abtheilung erfolgen sie unter fortlaufenden Nummern. Neu ist, daß jede Einschreibung im Buch mit dem Datum zu versehen und von dem Richter und Buchführer zu unterschreiben ist [7]). Erst nach erfolgter Einschreibung hat der Buchführer die den Grundakten vorgeheftete Tabelle zu berichtigen [8]). Die Einschreibungs-Verfügung des Richters kommt in die Akten, sie darf nicht dadurch ersetzt werden, daß der Richter die Formel in die Tabelle schreibt, und aus dieser der Buchführer sie in das Grundbuch überträgt.

Liegen mehrere Eintragungsgesuche in Betreff desselben Grundstücks vor, so muß bei der Eintragung, wenn die Anträge zu derselben Abtheilung gehören, die Reihenfolge von der die Rangordnung der dinglichen Rechte abhängt, nach dem Zeitpunkt der Vorlegung des Antrags beachtet werden. Die Reihenfolge entscheidet, auch wenn die Eintragung unter demselben Datum erfolgt ist. Sollen die unter demselben Datum eingetragenen Posten ein gleiches Recht haben, so muß dies besonders im Grundbuch vermerkt werden [9]). Gehören dagegen die unter demselben Datum vorgelegten Eintragungsanträge theils der zweiten theils der dritten Abtheilung an, so kann die Reihenfolge der Eintragung nicht über ihre gegenseitige Rangordnung entscheiden, weil jede Abtheilung ihre besondere Reihenfolge hat. Deshalb stehen hier umgekehrt die Eintragungen in beiden Abtheilungen unter demselben Datum zu gleichem Rechte, wenn nicht eine andere Rangordnung besonders vermerkt worden ist [10]).

Die rechtliche Wirkung einer Einschreibung ist entweder rechtsbegründend bei dem Eigenthumsübergang durch Auflassung, bei der Hypothek und Grundschuld und den anderen dinglichen Rechten, die der Eintragung bedürfen, oder nur bezeugend bei den Angaben, durch welche die Identität und Individualität des Grundstücks festgestellt wird, so wie bei dem Eigenthumsübergang außerhalb der Fälle der freiwilligen Veräußerung; rechterhaltend,

[7]) Gr. B. O. § 44.
[8]) Gr. B. O. § 18.
[9]) Gesetz §§ 17. 34.
[10]) Gesetz § 36.

insofern kein dem eingetragenen Recht widersprechendes Recht außerhalb des Grundbuchs entstehen und jenes aufheben kann; rechtsverändernd bei den Umschreibungen einzelner eingetragener Rechte auf andere Personen oder Eintragungen von Veränderungen an diesen Rechten selbst; rechtsichernd und zwar ein Recht auf Eigenthumsübergang oder auf Eintragung eines dinglichen Rechts durch Vormerkung, oder einen persönlichen Anspruch sichernd durch einen Vermerk, der eine dem persönlichen Gläubiger nachtheilige Verfügung über das Grundstück oder ein dingliches Recht verhindern soll (Sperrvermerke, Arreste, Widersprüche); oder endlich rechtvernichtend durch Löschung des Eintrags.

Alle diese Wirkungen treten in dem Moment ein, wo die Einschreibung vollendet ist. Deshalb ist die Beifügung des Datums nothwendig. Durch die „wirkliche Eintragung" wird die Hypothek erworben, sagt das ALR. I. 20. § 411. Es ist aber in der Praxis zweifelhaft geworden, was darunter eigentlich zu verstehen sei, und man hat angenommen, daß die wirkliche Eintragung nicht die Einschreibung allein, sondern die mit der Präsentation des Antrags beginnende gesammte Thätigkeit des Gerichts zum Zweck der Eintragung bedeute, so daß die Hypothek mit dem Moment der Präsentation des begründeten Eintragungsgesuchs beginnt [11]). Diese nur durch äußere Zufälligkeiten gestützte Annahme kann jetzt nicht mehr beibehalten werden: der Akt der Einschreibung selbst ist der Anfang ihrer Rechtswirkung.

Da für die Richtigkeit der Einschreibungen im Grundbuch eine Rechtsvermuthung spricht, so müssen Einschreibungen, die nach Form oder Inhalt ungiltig sind, durch eine Anfechtungsklage beseitigt werden. So lange sie im Grundbuch stehen, wirken auch die ungiltigen Einschreibungen für jeden, der im redlichen Glauben an ihre Richtigkeit sich auf die Angaben des Grundbuchs verlassen hat. Die Anfechtungsklage hat aber je nach dem verschiedenen Grunde eine verschiedene Natur. Darüber wird später ausführlich zu handeln sein.

Aus den Vorschriften der Gr. B. O. über Einschreibungen, die

[11]) Theorie u. Prax 2. A. B. 3 S. 435 Note 16.

im Wesentlichen dem bisherigen Rechte entsprechen, und von denen Einzelnes noch später Erwähnung finden muß, ist hier nur noch hervorzuheben, daß von jeder Einschreibung dem Eigenthümer des Grundstücks besondere Nachricht gegeben werden muß, und zwar auch wenn er sie selbst beantragt hat. Diese Maßregel soll möglichen Verwechselungen der Person des Eigenthümers vorbeugen, indem sie sichert, daß die wahre Person desselben nicht ohne Kenntniß der Vorgänge bei dem sein Grundstück betreffenden Grundbuchblatt bleibe [12]).

§ 5. Die Vormerkungen.

Die Theorie der Vormerkung ist durch die Schicksale, welche die Regierungsvorlage bei den Berathungen in den beiden Häusern des Landtags erfahren hat, einigermaßen in Verwirrung gerathen und es ist deßhalb nöthig, durch ein näheres Eingehen ihren Begriff klarzustellen.

Es ist bekannt, daß das ALR. nur eine sog. Protestation zur Erhaltung eines Rechts am Grundstück und der Rangordnung (protestatio pro conservando jure et loco) erwähnt [1]), daß aber die Praxis auch die zur Sicherung persönlicher Ansprüche gegen den eingetragenen Eigenthümer oder gegen einen eingetragenen Gläubiger in das Hypothekenbuch eingeschriebenen Vermerke als Protestationen (protestatio de non amplius disponendo v. intabulando) auffaßte und durch diese gleiche Bezeichnung ganz verschiedener Vorgänge eine Verdunkelung der Begriffe verursacht hat [2]). Es mußte die Aufgabe der reformirenden Gesetzgebung sein, diese Verdunkelung wieder zu beseitigen. Im Anschluß an die Rechtssprache in anderen deutschen Gesetzgebungen ist nach den Gesetzen vom 5. Mai 1872 durch die Bezeichnung der Vormerkung jene protestatio pro conservando jure et loco getroffen, während die Dispositionspro-

[12]) Gr. B. O. §§ 57. 121. 122.

[1]) ALR. § 417 fg. I. 20.

[2]) Theorie u. Prax. B. 3 S. 438 fg.

[3]) Vergl. Dernburg § 204. S. 407.

testation nicht darunter begriffen wird. [4]) Der § 88 der Gr. B. O. giebt das Wesen der Vormerkung dahin an: durch dieselbe wird das Recht eines Erwerbers auf Auflassung oder auf Eintragung des Eigenthumsüberganges, oder Eintragung eines Rechts in die zweite Abtheilung des Grundbuchs, oder auf Eintragung einer Hypothek oder Grundschuld gesichert. Hiernach ist Vormerkung diejenige Einschreibung, durch welche die Eintragung eines Realrechts (des Eigenthums oder eines dinglichen Rechts am Grundstück) vorbereitet werden soll, welche den Zweck hat, eine endgiltige Eintragung des Eigenthums oder dinglichen Rechts vorläufig zu sichern. Sie setzt voraus, daß bereits ein Rechtsgrund für die Eintragung vorliegt. So erwähnt das Gesetz über den Eigenthumserwerb in § 8 einer Vormerkung zur Erhaltung des Rechts auf Auflassung oder auf Eintragung des Eigenthumsüberganges, in § 9 einer Vormerkung zur Erhaltung des Rechts auf Wiedereintragung des Eigenthums, in § 16 einer Vormerkung zur Erhaltung des Rechts auf Eintragung eines dinglichen Rechts, welche für die endgiltige Eintragung die Stelle in der Reihenfolge der Eintragungen sichert, in § 22 eine Vormerkung, welche die endgiltige Eintragung einer Hypothek oder Grundschuld in der Reihenfolge sichert, wobei den gegen den Willen des Eigenthümers durch eine zuständige Behörde nachgesuchten Einschreibungen das Vormerkungsrecht nur für Hypotheken, nicht auch für Grundschulden beigelegt worden ist. Aus allen diesen Bestimmungen geht unzweifelhaft hervor, daß der Begriff der Vormerkung ein durchaus technischer ist, daß sie nur zur Sicherung des Erwerbs eines Realrechts, nicht aber zur Sicherung eines persönlichen Anspruchs oder als Arrest dient. Das neue Recht unterscheidet sich ferner von dem alten in Betreff der Vormerkung dadurch, daß nicht mehr der Grundbuchrichter darüber zu befinden hat, ob einer Partei das Recht auf Einschreibung einer Vormerkung zusteht, daß vielmehr eine solche Einschreibung nur erfolgen kann, wenn entweder derjenige sie bewilligt, gegen den sie wirken soll,

[4]) Dernburg a. a. O. nennt die Arrestprotestation „unächte Vormerkung." Achilles S. 26 Note 26, S. 40 Note 11 sieht in dem Worte „Vormerkung" nur die Uebersetzung von Protestation in der bisherigen Bedeutung und faßt daher auch den Arrest als Vormerkung auf.

also der Eigenthümer oder der eingetragene Gläubiger, oder wenn der Prozeßrichter oder eine andere Behörde, die gesetzlich berechtigt ist, die Eintragung einer Hypothek zu verlangen, darum nachsucht. Der Grundbuchrichter hat nichts weiter zu prüfen, als die Bewilligung der Partei oder die Zuständigkeit der Behörde. Dem Prozeßrichter insbesondere ist in § 70 des Gesetzes noch die Vorschrift gegeben, daß er die Einschreibung einer Vormerkung zu Gunsten einer Partei dann nachzusuchen berechtigt sei, wenn ihm der Anspruch, der durch die Vormerkung gesichert werden soll, glaubhaft gemacht ist. Durch diese Bestimmung ist er von positiven formalen Beweisregeln entbunden, es bleibt ihm überlassen zu entscheiden, ob und wodurch in ihm die Ueberzeugung des Glaubhaften hervorgerufen worden ist. Die Vormerkungen werden im Grundbuch da eingeschrieben, wo die endgiltige Eintragung ihre Stelle finden müßte.

Im Widerspruch mit diesem Begriff der Vormerkung stehen zwei andere Bestimmungen, die ihre Entstehung den Aenderungen in den Häusern des Landtags verdanken. In § 70 des Gesetzes über den Eigenthumserwerb wird auch ein bloßes Widerspruchsrecht als Vormerkung bezeichnet, d. h. das in § 60 desselben Gesetzes erwähnte Recht, im Fall verweigerter Löschungsbewilligung bei der betreffenden Post einen Widerspruch gegen weitere Verfügung des Gläubigers vermerken zu lassen. Hierdurch ist dem Begriff der Vormerkung wieder eine sog. protestatio de non amplius disponendo subsumirt, obschon in § 60 ausdrücklich nur von einem „Vermerken" die Rede ist. Der Zusatz in § 70 gründet sich auf einen Beschluß der Kommission des Herrenhauses. Weiter ist § 88 Absatz 2 der Gr. B. O., der durch einen Beschluß der Kommission des Abgeordnetenhauses eingeschoben worden ist, von einer Vormerkung zur Sicherung der Löschung eingetragener Rechte die Rede, worunter wieder das Widerspruchsrecht aus § 60 des Gesetzes über den Eigenthumserwerb gemeint ist. Dieser zweite Absatz des §. 88 der Gr. B. O. enthält überdieß noch eine Unrichtigkeit, indem er den Vermerk dieses Widerspruchs in die ersten Hauptspalten der zweiten oder dritten Abtheilung einschreiben läßt, während nach § 60 des Eigenthumsgesetzes der Vermerk bei, d. h. neben der Post, also in der zweiten Hauptspalte seine Stelle findet, und dies auch in

§ 91 der Gr. B. O. ausdrücklich angeordnet ist, da jenes Widerspruchsrecht unter die „Beschränkungen des Verfügungsrechts über ein eingetragenes Recht" gehört. Eine richtige Auslegung und Anwendung der Gesetze wird sich daher weder von dem oben entwickelten Begriff der Vormerkung noch davon abbringen lassen dürfen, daß für die Einschreibung jenes Widerspruchsrechts § 91 der Gr. B. O. maßgebend sein muß, d. h. daß sie neben der Post in der zweiten Hauptspalte erfolgen muß, wie dies auch dem bisherigen Recht entspricht [5]).

Die Vormerkung wird in das definitive Recht umgeschrieben entweder mit Bewilligung dessen, gegen den sie eingetragen worden ist, oder auf Ersuchen des Prozeßrichters; gelöscht entweder mit Bewilligung dessen, für den sie eingetragen ist, oder auf Ersuchen des Prozeßrichters.

Es werden einige Anführungen darüber, wie das Institut der Vormerkung in neueren Gesetzen behandelt worden ist, nicht ohne Interesse sein. Dem mecklenburgschen Grundbuchrecht ist das Institut unbekannt, das Bedürfniß wird durch arrestatorische Vermerke gedeckt [6]). Die sächsische Hypothekenordnung vom 6. Novbr. 1843 § 51 gestattet eine Vormerkung der mit einem Rechtstitel zur Erlangung einer Hypothek versehenen Forderung, wenn sie durch unverdächtige Urkunden bescheinigt ist, die förmliche Eintragung in das Grund- und Hypothekenbuch aber wegen eines noch zu beseitigenden, das Wesen der Handlung nicht betreffenden Mangels nicht sogleich erfolgen kann. Die Vormerkung sichert der Forderung die künftige Stelle als Hypothek. Unterschieden wird zwar von ihr die Protestation, welche nur Nachtheile abwenden soll, wenn die Eintragung des erworbenen Rechts noch nicht erfolgen kann (§ 24), dies scheint aber doch vorauszusetzen, daß ein Recht in Bezug auf das Grundstück schon erworben ist und dann würde der Unterschied von der Vormerkung nicht scharf sein. Das sächsische Civilgesetzbuch

[5]) Zwischen Achilles und Bahlmann hat sich eine Kontroverse darüber entwickelt, wo jetzt Arreste wegen Geldansprüche einzutragen sind. Achilles (S. 39. 40) will sie nach dem bisherigen Verfahren in der 3. Abtheilung, Bahlmann (S. 64 Note 25. e. S. XI.) in der 2. Abth. eingetragen. § 11 Nr. 2 und § 91 Gr. B. O. sprechen für die Meinung des Letzteren.

[6]) v. Meibom S. 95.

§§ 404. 405 wiederholt den oben angegebenen Begriff der Vormerkung. Ausführlich ist die Vormerkung in der österreichischen Grundbuchordnung vom 25. Juli 1871 in den §§ 8. 35 bis 51 behandelt. Die Vormerkung wird unterschieden von der „Anmerkung." Letztere dient unter Anderem zur Ersichtlichmachung persönlicher Verhältnisse, insbesondere von Beschränkungen der Vermögensverwaltung (§ 20); die Vormerkung begreift Einschreibungen, welche nur unter der Bedingung ihrer nachfolgenden Rechtfertigung die Erwerbung, Uebertragung, Beschränkung oder Erlöschung bücherlicher Rechte bewirken. Die Vormerkung bewirkt ein bedingtes Recht, sie erfolgt auf Grund von Urkunden, welche in der zu ihrer Giltigkeit vorgeschriebenen Form ausgefertigt sind, nicht an einem ihre Glaubwürdigkeit schwächenden sichtbaren Mangel leiden, aber noch nicht allen Erfordernissen für eine definitive Einverleibung entsprechen. Man sieht, daß diese Auffassung des Begriffs der Vormerkung, wonach zwar schon das Realrecht begründet sein muß, aber in einer noch nicht tadellosen Urkunde, der das ALR. in I. 20. § 418 nahe steht: der Titel zum Realrecht muß da sein, nur die formelle Beurkundung desselben bedarf noch einer Verbesserung oder Ergänzung. Wo es an einem Titel zu dem Realrecht fehlt, nur ein Anspruch an die Person des Eigenthümers oder eines eingetragenen Gläubigers existirt, wird eine Vormerkung nicht gestattet. Prinzipiell ist das österreichische Recht daher auch mit dem neuen preußischen übereinstimmend in dem Begriff der Vormerkung, es weicht aber darin ab, daß es die Prüfung des Titels zum Realrecht dem Grundbuchbeamten auferlegt, vor dem auch das besonders regulirte Rechtfertigungsverfahren geführt wird, welches die Umwandelung der Vormerkung in die Einverleibung bewirken soll. Als der Titel des Realrechts kann nicht der Veräußerungs- oder der Schuldvertrag für sich angesehen werden, sondern die Bewilligung des Realrechts selbst, für welche jene Verträge nur die Veranlassung bieten [7]). — Der bayerische Entwurf eines bürgerlichen Gesetzbuchs von 1864 (Fortsetzung) unterscheidet in den Artikeln 82. 83 und 84—87 Verwahrung und Vormerkung. Die erstere wirkt nur negativ, daß bis zu ihrer

[7]) Das geht aus §§ 31. 32b hervor.

Löschung nichts zum Nachtheil des verwahrten Rechtsverhältnisses erfolgen kann; letztere hat den Zweck, in einen Eintrag umgewandelt zu werden, sobald das anfängliche Hinderniß beseitigt ist, sie setzt voraus, daß bereits ein Rechtsgrund für die Eintragung des Realrechts selbst vorhanden ist und diese nur deshalb noch nicht erfolgen kann, weil der Rechtsgrund erst bescheinigt oder auf ein noch nicht rechtskräftiges Urtheil gegründet ist.

Zweites Kapitel.

Der Eigenthumserwerb.

§ 1. Die Auflassung.

Der erste Abschnitt des Gesetzes vom 5. Mai 1872, welcher den Erwerb des Eigenthums an Grundstücken normirt, ist mehr als die übrigen Gegenstand literarischer Erörteruug und, besonders in den parlamentarischen Verhandlungen, lebhafter Angriffe gewesen. Seine Bedeutung für das ganze privatrechtliche System ist auch nicht zu verkennen, da er ein Rechtsinstitut neu einführt, welches dem gemeinen Recht seit der Reception verloren gegangen und in Folge dessen auch dem ALR. trotz seiner deutschen Einrichtung des Grundbuchs unbekannt geblieben, aber durchaus deutscher Natur ist, die Auflassung. Freilich sollte nicht ein Leichnam galvanisirt, nicht die künstliche Erweckung symbolischer Vorgänge, die im heutigen Recht keinen Platz mehr finden, versucht, wohl aber der Kerngedanke der alten deutschen Auflassung wieder belebt werden: Eigenthumsübertragung vermöge einer vor Gericht abgegebenen und durch dasselbe beurkundeten Willenserklärung. Bei der Wichtigkeit, die diese Neuerung hat, ist es nothwendig, den wesentlichen Inhalt der Motive der Regierungsvorlage mitzutheilen.

„Die Veräußernng und Belastung der Grundstücke hat bekanntlich nach der Theorie des deutschen Rechts von jeher als charakteristisches Merkmal das der Oeffentlichkeit gehabt, welche diese Rechtsakte begleiten mußte, um ihnen gegen jeden Dritten die volle Rechtswirkung zu geben. Weder der Veräußerungs- oder Belastungs-Vertrag allein, noch die hinzugekommene Uebergabe des Grundstücks oder die Ausübung des Belastungsrechts konstituirte das neue Eigenthum und die neue Last. Erst durch den öffentlichen Akt, der in der späteren Zeit durch Einschreibuug in öffentliche Bücher vollendet wurde, und zwar durch ihn allein, wurde der Erwerber des Grundstücks Eigenthümer. Der Theorie des römischen Rechts von der Entstehung und Wirkung der dinglichen Rechte war das Erforderniß der Oeffentlichkeit fremd, auf Grund einer causa, d. h. eines zur Uebertragung geeigneten Rechtsgrundes, vollendete die traditio den Eigenthumserwerb wie an beweglichen, so an unbeweglichen Sachen. Seit der Rezeption des römischen Rechts treten diese beiden entgegengesetzten Theorien, die der Auflassung und der Uebergabe, in Kampf, und wie auf anderen Gebieten des Privatrechts, so auch auf diesem war zunächst der Ausgang dieses Kampfes, daß die Theorie des römischen Rechts die gemeinrechtliche, die des deutschen Rechts aber vielfach verkümmert in lokale Geltungsbereiche zurückgedrängt wurde. Während die gemeinrechtliche Doktrin in Anknüpfung an die causa und traditio des römischen Rechts die Lehre von titulus und modus acquirendi entwickelte, erhielt sich namentlich in Stadtrechten die alte Auflassungstheorie, nach welcher das Eigenthum eines Grundstücks nur durch die Einschreibung in das öffentliche Buch, nicht durch die auf Grund desselben erfolgte Tradition entstand. Seit dem Ausgang des vorigen Jahrhunderts gewann aber die Ueberzeugung, daß die Theorie des römischen Rechts ungenügend sei, weil sie keine erkennbare Sicherheit für die Rechtsveränderungen an einem Grundstück darbot, mehr und mehr Raum, und wo die Gesetzgebung ändernd einschritt, wandte sie sich zu der Theorie des deutschen Rechts zurück, deren Geltungsbereich wieder vorrückte. Das Institut der öffentlichen Bücher wurde verallgemeinert, die Wirkung der Einschreibung näher, wenn auch in verschiedener Weise bestimmt.

In Preußen war nach einem mißglückten ersten Versuche[1]) durch die allgemeine Hypotheken- und Konkurs-Ordnung vom 4. Februar 1782[2]) die Einrichtung der Grund- und Hypothekenbücher

[1]) Edikt vom 20. September 1704, zurückgenommen durch Patent vom vom 22. September 1704 C. C. M. II. Abth. 2. Sp. 39—42.

[2]) C. C. M. II. 2. Sp. 103 Nr. XXXIX.

befohlen worden, welche dann in der Hypothekenordnung vom 20. December 1783 erhebliche Umänderungen und den Abschluß ihrer Ausbildung erhalten haben. Auf Grund dieser Ordnung, welche die Bestimmung hatte, die Eigenthumsrechte und den Kredit der Grundbesitzer festzustellen und das Publikum bei den auf Grundstücke gemachten Anlehen zu sichern, ist das materielle Recht des Eigenthumserwerbs, der Konstituirung dinglicher Rechte und der Verpfändung der Immobilien im Allgemeinen Landrecht abgefaßt.

Das Allgemeine Landrecht geht in der Lehre vom Eigenthumserwerb von der damaligen Theorie des gemeinen Rechts aus. Es erfordert den titulus und modus acquirendi, und verlangt, wenige Ausnahmen abgerechnet, für den Erwerb beweglicher und unbeweglicher Sachen die Besitzergreifung (§ 3. I. 9.), welche bei den sogenannten mittelbaren Erwerbsarten durch die Uebergabe vermittelt wird (§ 1. I. 10.). Da aber für Grundstücke Hypothekenbücher angelegt waren oder werden sollten, welche unzweifelhaft die Bestimmung hatten, nicht blos Pfand-, sondern auch wirkliche Grundbücher zu sein, d. h. durch sie die Eigenthumsverhältnisse an den Grundstücken klar zu stellen, so trat nothwendig das Bedürfniß für eine Bestimmung darüber hervor, welche Bedeutung die Eintragung des Eigenthümers für den Eigenthumserwerb selbst haben, in welches Verhältniß sie zu der Uebergabe als dem eigentlichen modus acquirendi treten sollte. Wäre man bei der Redaktion der Hypothekenordnung und des Allgemeinen Landrechts ausschließlich den Grundsätzen des deutschen Rechts von der Auflassung gefolgt, so hätte man in die Eintragung, und nur in diese die Wirkung des Erwerbs legen und der Uebergabe auf Grund des Titels dieselbe entziehen müssen, d. h. es hätte § 1. I. 10. nicht mehr als allgemeiner Grundsatz für den mittelbaren Erwerb bestehen bleiben, sondern seine Beziehung nur auf den Erwerb beweglicher Sachen erhalten können. Wollte man dagegen bei der römisch-rechtlichen Theorie, wie sie als die gemeinrechtliche bei der Redaktion vorgefunden wurde, stehen bleiben, mithin den Schwerpunkt in die Uebergabe legen, so konnte wiederum der Eintragung nicht mehr die Bedeutung des Erwerbsaktes gegeben werden, sie mußte die geringere Bedeutung der Beurkundung des anderweitig schon eingetretenen und vollendeten Erwerbs oder einer bloßen Steigerung der schon an sich in ihm liegenden Wirkungen erhalten.

Aus den Materialien zum Allgemeinen Landrecht[3]) geht hervor, daß man bei der Redaktion der beiden Gesetzbücher in diesem Punkt sich nicht hinreichend klar darüber gewesen ist, daß die deutsche Auflassungs- und die römische Traditions-Theorie wirkliche Gegensätze bilden, und daß man, festhaltend an der letzteren, einen Mittelweg hat einschlagen wollen, wonach das durch die Tradition geschaffene natürliche Eigenthum durch die Eintragung zum bürgerlichen Eigenthum gesteigert werden sollte. Das beide unterscheidende Merkmal wurde darin gefunden, daß nur der eingetragene Eigenthümer zu allen Dispositionen über das Grundstück mit dritten Personen befugt, d. h. daß der Dritte, der mit ihm verhandelt, gegen alle Anfechtung von Seiten nicht als Eigenthümer eingetragener Personen gesichert sein sollte. Aber der nicht eingetragene natürliche Eigenthümer war doch der wirkliche, er wird im Allgemeinen Landrecht selbst als der wahre Eigenthümer bezeichnet (§ 10. I. 10.). Der eingetragene Eigenthümer war also, wenn neben ihm ein natürlicher oder wahrer Eigenthümer für dasselbe Grundstück existirte, nur ein fingirter, d. h. ein solcher, der dritten Personen gegenüber als Eigenthümer gelten sollte, selbst wenn er es in Wirklichkeit nicht geworden war. So lag die Gefahr nahe, daß zwei Eigenthümer desselben Grundstücks einander entgegentraten, und um diesen Zwiespalt zu vermeiden, ordnet das Allgemeine Landrecht ganz konsequent von seinem Standpunkt die Zwangspflicht zur Eintragung an. Von Amtswegen, unter Strafe, sollte jeder Eigenthümer angehalten werden, seinen Besitztitel berichtigen zu lassen (§§ 12—14. I. 10.).

Diese Zwangspflicht aber hat nichts gemein mit der deutschen Auflassungstheorie und bringt die Traditionstheorie derselben nicht näher. Wenn das deutsche Recht den Rechtssatz aufstellt, daß nur Derjenige Eigenthümer ist, der als solcher eingetragen worden, so ordnet es allgemein die Bedingungen an, unter denen nach dem positiven Recht sich der Eigenthumserwerb vollendet. Wer sich dieser Bedingung nicht unterwirft, wird nicht Eigenthümer; ob er es wer-

[3]) Bd. 28 S. 226; vergl. Bornemann in der Preußischen Gerichtszeitung 1860 S. 86.

den will, bleibt ihm überlassen. Eine Duplizität des Eigenthums, d. h. die Möglichkeit, daß es neben dem natürlichen noch einen sogenannten bürgerlichen Eigenthümer an demselben Grundstück geben könne, war dem deutschen Recht gänzlich fremd; sie trat erst hervor, als man unter dem Einfluß des römischen Rechts die Tradition als modus acquirendi auffaßte. Jene Zwangspflicht aber trifft den, der bereits durch die Uebergabe der wirkliche, wahre Eigenthümer geworden, und nöthigt ihn, sich eine Dispositionsbefugniß zu verschaffen, die er vielleicht nicht will, weil er von ihr keinen Gebrauch machen wird. Die Zwangspflicht wurde darum auch sehr bald als eine lästige Bevormundung empfunden, um so mehr, als sie natürlich Kostenpflicht zur Folge hatte, und die Gesetzgebung sah sich den dringend laut gewordenen Klagen gegenüber genöthigt, von derselben zurückzutreten. Jetzt ist diese Zwangspflicht nach mancherlei Schwankungen suspendirt [4]) und es ist hiernach geltendes Recht, daß der natürliche oder wahre oder wirkliche Eigenthümer nicht mehr genöthigt ist, sein Recht zum bürgerlichen Eigenthum zu steigern, so lange er nicht will oder nicht ein sonst Berechtigter (z. B. die General-Kommission oder der Subhastationsrichter) dazu nöthigt. Die Gefahr des Zwiespalts zweier Eigenthümer ist also wieder in vollem Maße da, die Theorie des Allgemeinen Landrechts eine durchbrochene, inkonsequente [5]). Das hat sich denn auch in der Praxis geltend gemacht. Zwar in den ältesten Reskripten vom 24. August 1784 [6]) und vom 26. Mai 1804 [7]) ist noch davon ausgegangen, daß die Uebergabe nicht nothwendig der Besitztitelberichtigung vorausgehen und zum Zweck derselben nachgewiesen werden müsse, daß vielmehr die Einwilligung des Verkäufers genüge, den titulus possessionis für den neuen Erwerber mit der Wirkung einzutragen, daß derselbe als vollständiger Eigenthümer anzunehmen sei. Man stand damals also der Auflassungstheorie ganz nahe und legte der Tradition nur die Bedeutung der Vertragserfüllung bei, worüber sich die Parteien vor

---

[4]) Kabinetsordre vom 31. Oktober 1831, Ges.-Samml. S. 251.

[5]) Vergl. die Ausführungen des Gesetzrevisors. Pens. III. S. 38–45.

[6]) Edikten-Samml. 1784. Kol. 2909, 2914.

[7]) Neues Archiv Bd. 3 S. 466, Rabe Bd. 8 S. 69.

oder nach der Berichtigung des Besitztitels unter einander zu arrangiren hätten.

Später wurde jedoch diese Auffassung fallen gelassen und dagegen behauptet, daß nur durch die Tradition das Eigenthum an Immobilien erworben werde[8])

Die Judikatur des Ober-Tribunals, die schon in älteren Rechtsprüchen dieselbe Ansicht vertreten hatte[9]), hat letztere, nachdem sie in einem Senat verneint worden war[10]), zunächst durch den Plenarbeschluß vom 7. Juli 1851[11]) in Beziehung auf den Eigenthumsübergang bei Bergwerksantheilen, sodann durch den Plenarbeschluß vom 6. März 1854[12]) allgemein befestigt.

Der jetzt im Gebiete des Allgemeinen Landrechts und der Hypotheken-Ordnung von 1783 in der Praxis und zwar, wie die Berichte der Appellationsgerichte beweisen, ausnahmslos geltende Rechtszustand ist also folgender:

Nicht durch die Eintragung, sondern durch die Uebergabe wird das Eigenthum an Grundstücken erworben; nur der im Naturalbesitz befindliche Eigenthümer kann das Grundstück weiter veräußern, weil nur er es auch dem Erwerber übergeben kann; der eingetragene Eigenthümer dagegen, welchem das Grundstück nicht übergeben worden, kann mit dem gutgläubigen Dritten alle anderen Rechtshandlungen unanfechtbar vornehmen, welche das Grundstück belasten, soweit dazu nicht der Besitz nöthig ist.

Die im Plenarbeschluß vom 6. März 1854 aufgestellten Grundsätze sind weiter, selbst auf den Fall der nothwendigen Subhastation angewendet worden. Der Adjudikatar erwirbt nicht durch den Zuschlag das Eigenthum, wenn der Subhastat nur der eingetragene Eigenthümer gewesen und neben ihm ein im Besitz befindlicher wahrer

---

[8]) Reskripte vom 19. Juni 1816, vom 27. Mai 1819, vom 26. März 1834. v. Kamptz Jahrbücher Bd. 8 S. 53, Bd. 13 S. 303, Bd. 43 S. 203.

[9]) Arnsb. Arch. Bd. 11 S. 440, Bd. 12 S. 285, Striethorst Bd. 3 S. 225 ff., besonders S. 227, Bd. 8 S. 226.

[10]) Striethorst Bd. 3 S. 223.

[11]) Entsch. Bd. 21 S. 10.

[12]) Entsch. Bd. 27 S. 287, Striethorst Bd. 12 S. 360, Just.-Minist.-Bl. 1854 S. 171. Vergl. Striethorst Bd. 14 S. 234.

Eigenthümer vorhanden gewesen, welcher bei der Subhastation nicht zugezogen und nicht rechtskräftig ausgeschlossen worden [13]).

Die Ansicht des Ober-Tribunals hat in der Literatur lebhaften Widerspruch erfahren. Man wird aber trotzdem, in Berücksichtigung des Umstandes, daß zur Zeit die Besitztitelberichtigung suspendirt, mithin die Nothwendigkeit der Eintragung für den Eigenthumserwerb gesetzlich verneint ist, sie nicht als mit der Lage der Gesetzgebung unvereinbar erklären dürfen, vielmehr als nach derselben berechtigt anerkennen müssen, weil man auf die betreffenden Paragraphen der Hypothekenordnung II. §§ 53. 92. und des Allgemeinen Landrechts I. 10. §§ 6. 7. 8. wegen ihres nicht hinlänglich klaren Charakters und gegenüber der allgemeinen, eine Unterscheidung zwischen dem Erwerb beweglicher und unbeweglicher Sachen nicht enthaltenden Regel des § 1. I. 10. Allgemeinen Landrechts ein entscheidendes Gewicht nicht legen kann. Das scheinbar bedeutendste Argument gegen die jetzt in der Praxis herrschende Meinung ist das aus den §§ 18—20. I. 10. Allgemeinen Landrechts hergeleitete, sofern in denselben der Titel allein, nicht auch die Uebergabe, als genügend für den Anspruch auf Eintragung hingestellt wird. Allein auch dieses Argument dürfte nicht ausreichen, um die entgegengesetzte Ansicht zu beweisen; denn der Umstand, daß in den §§ 18—20. I. 10. die Uebergabe nicht erwähnt ist, hat einen nur negativen Charakter und ist deshalb für sich allein zu schwach, um die anderen Aussprüche der Gesetze, daß zum mittelbaren Erwerb die Uebergabe erforderlich sei, zu beseitigen.

Darin aber haben die Angriffe gegen die Traditionstheorie unzweifelhaft Recht, daß sie unvereinbar ist mit der Existenz eines öffentlichen Grundbuchs, mit dem unbedingten Glauben, den ein solches in Anspruch nehmen muß und soll, daß die Theorie von dem Nebeneinander eines wahren und eines fingirten Eigenthümers, von denen der Erstere veräußern, aber nicht verpfänden, der Letztere verpfänden, aber nicht veräußern darf, einen durchaus unhaltbaren und ungesunden Rechtszustand darlegt. Zwar tritt der Schaden im Leben nicht häufig fühlbar hervor; das findet aber nur in dem zu-

[13]) Striethorst Bd. 32 S. 72, Bd. 42 S. 249, Entsch. Bd. 44 S. 77.

fälligen thatsächlichen Umstand seine Erklärung, daß die große Mehrheit der Erwerber von Grundstücken dafür Sorge trägt, in den Besitz zu kommen und ihren Besitztitel berichtigen zu lassen. Wenn es nach dem bestehenden Recht und der Auslegung, die es in der Praxis erfahren, möglich und zulässig ist, daß der eingetragene nicht der wahre Eigenthümer ist, so ist der Vortheil verloren, die Eigenthumsrechte an Grundstücken durch Oeffentlichkeit klar zu stellen und zu befestigen. Die Eintragung verliert durch die größere Bedeutung welche der Tradition beigelegt war, ihren Werth, und in demselben Verhältniß wird sie als lästig, kostspielig, weitläufig empfunden werden. Wenn aber unleugbar eine der nothwendigen Voraussetzungen für einen gesicherten Immobiliarkredit die jederzeit klar erkennbare Feststellung der Eigenthumsverhältnisse an dem Grundstück ist, so folgt aus dem jetzigen Rechtszustand, daß eine im Interesse dieses Kredits vorzunehmende Revision der Gesetze bei der Theorie des Eigenthumserwerbs nicht vorbeigehen kann, diese vielmehr unabweisbar in das Bereich ihrer Prüfung ziehen muß. Eine solche Prüfung führt aber dazu, daß die Traditionstheorie aufzugeben und durch die der Eintragung zu ersetzen ist. Die Tradition nämlich genügt nicht dem Erforderniß der Oeffentlichkeit. Abgesehen von der ganz gewöhnlichen Erfahrung, daß in den meisten Fällen die Versicherung der Interessenten über die erfolgte Uebergabe nur eine werthlose Redensart ist, welche der Wirklichkeit nicht entspricht, giebt die Tradition, wenn sie auch wirklich erfolgt ist, doch nur den Besitz; sie erzeugt eine äußere thatsächliche Erscheinung, welche durch sich selbst den inneren Grund nicht erkennen läßt, und bei dem vollständigen wie bei dem unvollständigen, bei dem Eigenthums- wie bei dem sogenannten abgeleiteten, bei dem fehlerhaften und bei fehlerlosem Besitz ein und dieselbe ist. Die Bemühungen der Praxis, streng daran festzuhalten, daß die bloße Erklärung der erfolgten Uebergabe den Erwerb nicht beweise, wenn ihr die Wirklichkeit nicht entspreche, sind, wie die tägliche Erfahrung lehrt, erfolglos. Anders verhält sich dies bei dem Erwerb beweglicher Sachen, welche nach der Tradition in der Regel eine räumliche Veränderung in der Art erfahren, daß es Jedermann klar wird, daß sie in die Gewalt, in das Herrschaftsbereich des Erwerbers wirklich gelangt sind; hier kann wirklich die Tradition der entscheidende Akt sein. Da nun die Tradition nur den Besitz giebt, die Wirkung des Eigenthumserwerbs aber aus der ihr zu Grunde liegenden causa erst gefolgert werden muß, so ist es jedenfalls ein besserer Zustand, wenn sie durch einen modus acquirendi verwirklicht wird, welcher auf unzweifelhafte Weise, ohne künstliche Folgerung durch sich selbst erkennbar macht, daß gerade das Eigenthum selbst übergegangen, der es nicht noch zweifelhaft läßt, ob nicht blos Besitz übertragen worden ist.

Diese Eigenschaft der Unzweifelhaftigkeit besitzt nur die Eintragung in das diesem Zweck gewidmete öffentliche Buch; sie ist bei Grundstücken der einzig denkbare modus acquirendi, welcher den Uebergang des Eigenthums Allen zu jeder Zeit erkennbar macht. Denn während die Tradition selbst den auf Uebertragung des Eigenthums gerichteten Willen nicht hinreichend erkennbar macht, wird er bei der Eintragung durch die mit ihr verbundene Auflassungserklärung unmittelbar erkennbar. Einfacher wird insbesondere das System des Eigenthumserwerbs, wenn er an die Eintragung gebunden ist. Es giebt dann nicht neben dem bürgerlichen noch einen natürlichen Eigenthümer; die Tradition, zu der der Veräußerer vertragsmäßig verpflichtet ist, soll nun nicht mehr leisten, als was sie leisten kann; sie verschafft nur das, was sie durch sich selbst verschaffen kann: die faktische Beherrschung der Sache. Es wird ein leicht erkennbarer Akt des Eigenthumsüberganges gewonnen, den die Tradition oder die oft der Wirklichkeit widersprechende Versicherung der geschehenen Uebergabe, welche, wie die gerichtliche Praxis lehrt, häufig dem Geschäftsunerfahrenen gegenüber von der Arglist ausgebeutet wird, nicht gewährt, zumal es an sich auch oft eine schwierige Frage ist, ob und wann im einzelnen Fall ein Grundstück übergeben, durch welche Handlung der Besitz übergegangen ist.

„Während ferner die Tradition und die Eintragung des Eigenthumsüberganges in das Grundbuch zeitlich auseinanderfallen, ist bei der Auflassung ein solcher zeitlicher Zwischenraum, in welchem von dem Veräußerer noch Verfügungen bei dem Grundbuch getroffen werden können, die dem noch nicht eingetragenen Erwerber zum Nachtheil gereichen, nicht vorhanden; denn die Auflassung und Eintragung sind zusammen ein ungetrennter, ein einheitlicher Rechtsakt der an Stelle der Tradition den Eigenthumsübergang bewirkt. Die Auflassung ist die Willenserklärung der Parteien über den Eigenthumsübergang und die Eintragung ist die befestigende gerichtliche Form für diese Erklärung. Wie eine Auflassung ohne Eintragung den Eigenthumserwerb nicht vollendet, weil dem Inhalt die Form fehlt, so giebt auch eine Eintragung ohne vorangehende Auflassung kein Eigenthum, weil der Form der Inhalt fehlt. Um scharf und bestimmt diesen innigen Zusammenhang der Auflassung und Eintragung zum Ausdruck zu bringen und dem Mißverständniß vorzubeugen, als ob beide Akte zeitlich auseinander fallen könnten oder dürften, und als ob die Auflassung für sich oder die Eintragung für sich der eigentliche Akt des Eigenthumsüberganges sei, ist in der jetzigen Vorlage (1871) dem § 1. und 2. eine von der früheren Vorlage abweichende Fassung gegeben und bestimmt hervorgehoben worden, daß die Auflassung von dem Veräußerer und Erwerber gleichzeitig vor dem Grundbuchamt erklärt werden und daß sich unmittelbar daran die Eintragung anschließen muß. Damit steht § 49. (jetzt 48.) der Grundbuchordnung in Verbindung, welcher hervorhebt, daß das Grundbuchamt die Auflassungserklärung nicht eher entgegennehmen darf, als bis es vorher geprüft hat, daß auf Grund derselben sofort, in unmittelbarem Anschluß die Eintragung erfolgen kann. Es ist daher nicht dieser Theorie entsprechend, daß die beiden Parteien, vielleicht zu verschiedenen Zeiten, die Auflassung und den Antrag auf Eintragung schriftlich einsenden, und daß dann erst der Grundbuchrichter die erforderlichen Prüfungen vornimmt, ehe er einträgt. Wenn diese Momente der Gleichzeitigkeit der beiderseitigen Erklärungen und des unmittelbaren Anschlusses der Eintragung aufgegeben werden, so entsteht die Gefahr, daß in der Zwischenzeit zwischen der eingereichten ersten Auflassung und der Eintragung auch noch eine fernere Auflassung für eine andere Person oder Anträge auf hypothekarische Eintragungen seitens des noch eingetragenen Eigenthümers eingehen können, und daß dadurch Betrügereien aller Art möglich werden. Indem diese Momente bei den früheren Berathungen des Entwurfs wohl erwogen wurden, man sich aber nicht zu jener Gleichzeitigkeit entschließen wollte, wurde man zu Hilfssätzen gedrängt (§ 48. Absatz 2. §§ 50. 55. der früheren Vorlage der Grundbuchordnung), welche jetzt völlig entbehrlich sind, weil dergleichen Fälle nicht vorkommen können.

Die Vorzüge der Auflassungs- und Eintragungstheorie haben in der neueren Gesetzgebung in Deutschland auch entschiedene Anerkennung gefunden. Schon das bürgerliche Gesetzbuch für Oesterreich von 1811, §§ 321. 350. 431. 432., hat dieselbe angenommen. Ebenso das bürgerliche Gesetzbuch für Sachsen von 1863, § 276., im Anschluß an die ältere Verordnung vom 6. November 1843. In dem Entwurf eines bürgerlichen Gesetzbuchs für das Königreich Bayern (Fortsetzung 1864), Art. 56. 149. 150., wird ein Gleiches beabsichtigt.

„Diese Theorie gilt in den einzelnen thüringischen Staaten, für die Stadt- und Domanialgrundstücke in Mecklenburg, in Lübeck, Hamburg, Bremen[14]."

Gegen diese Ausführungen, durch welche die Motive das neue Rechtsinstitut der Auflassung und den leitenden Grundgedanken der Regierungsvorlage, daß nur Derjenige, welcher auf Grund der Eigenthumsauflassung des eingetragenen Eigenthümers als neuer Eigenthümer eingetragen ist, das Eigenthum erworben habe, zu rechtfertigen suchten, wurden vielfache Bedenken geltend gemacht.

Man glaubte zunächst, daß die Zwischenzeit zwischen dem Vertragsabschluß und der Auflassung leicht zu Betrügereien ausgebeutet werden könne; übersah dabei aber ganz, daß dasselbe nach dem bisherigen Recht zwischen dem Vertragsabschluß und der Uebergabe sich ereignen konnte, und daß, wenn eine solche gefährliche Zwischenzeit überhaupt vermieden werden müßte, der Eigenthumsübergang in den Vertragsabschluß, wie nach rheinischem Rechte, zu legen sei, daß man damit aber auf jede Oeffentlichkeit des Grunderwerbs Verzicht leiste.

Man hat ferner getadelt, daß durch die an die Stelle der Uebergabe tretende Auflassung die Theorie von dem Erwerb des Grundeigenthums von der des Erwerbs beweglicher Sachen getrennt, das

[14]) Vergl. die näheren Nachweisungen in dem gedruckten Entwurf von 1864, Motive S. 31; Gruchot, Beiträge zur Erläuterung des preußischen Rechts, Bd. 8 S. 562 ff.

System des Sachenrechts auseinandergerissen werde. Allein, wie in dem Bericht der Kommission des Herrenhauses zutreffend bemerkt worden ist, ist diese Folge in der Verschiedenheit des Verkehrs beider Kategorien von Sachen völlig begründet, und es ist bereits oben aus den Motiven hervorgehoben, daß die Tradition bei beweglichen Sachen eine viel eingreifendere, viel leichter erkennbare Bedeutung für den Eigenthumsübergang hat[15]).

Ebenso hat der Angriff gegen die neue Theorie zu Gunsten der Tradition als des natürlichsten Erwerbsaktes in dem Kommissionsbericht des Herrenhauses seine Widerlegung erfahren. Man kann freilich nicht behaupten, wie es in diesem Bericht geschieht, daß in Deutschland die Traditionstheorie einen tausendjährigen geschichtlichen Boden hat, denn als Erwerbsakt gilt sie erst seit der Reception des römischen Rechts, die an die alte Auflassung sich oft anschließende Besitzeinweisung oder Friedewirkung erfolgte erst nach vollendetem Erwerb, diente aber nicht zur Vollendung desselben, war also nicht der Erwerbsakt. Man kann auch ferner nicht sagen, daß „der Begriff der Uebergabe noch in seiner vollen Wirkung und Klarheit im Rechtsbewußtsein des Volkes, insbesondere auch hinsichts des Verkehrs mit Grundstücken, lebendig sei." Im Gegentheil, die Traditionstheorie ist so wenig in das Bewußtsein des Volks übergegangen, daß alle neuen Gesetzgebungen, die sich mit dem Eigenthumserwerb an Grundstücken beschäftigt haben, die römische Theorie verlassen und auf andere Art Surrogate sich verschafft haben; sie ist sowenig in das Bewußtsein des Volkes übergegangen, daß sie in der Regel höchst nachlässig genommen, in vielen Fällen geradezu simulirt wird.

Einigte man sich auch leicht darüber, daß die Traditionstheorie aufgegeben werden müsse, zumal sie am wenigsten geeignet erscheine, zur Basis eines einheitlichen Rechts für die verschiedenen Rechtssysteme gemacht zu werden, so wurde doch der Ersatz derselben durch die Auflassung selbst in der Art, wie sie die Regierungsvorlage konstruirt hatte, sehr lebhaft bekämpft. Die Angriffe richteten sich insbesondere gegen die sog. Beseitigung des Titels, insofern die Auf-

[15]) Vergl. auch Bähr a. a. O. S. 61 fg.

deckung des Veräußerungsgeschäfts dem Grundbuchrichter gegenüber nicht mehr obligatorisch sein solle, und gegen die beiderseitige, gleichzeitige, mündliche Erklärung vor dem Grundbuchamt, die, obwohl man im Allgemeinen gegen jede Erleichterung des Eigenthumswechsels bei Grundstücken sehr eiferte, doch wieder als eine viel zu schwere Form erachtet wurde. Die Auflassung, wie sie in der Regierungsvorlage gestaltet worden, sei eine völlig neue Erfindung, ohne Anknüpfung an die alte deutsche Auflassung, ohne Vorgang in den neueren Gesetzgebungen, die doch immer noch daran festgehalten haben, daß der Titel, der Veräußerungsvertrag, vorgelegt und richterlich geprüft werden müsse. In dem Sinne freilich knüpfte die Auflassung nicht an das alte deutsche Recht an, daß der Veräußerer und Erwerber mit den Symbolen in das Gericht gehen soll, wohl aber ist die Oeffentlichkeit, die persönliche Manifestation des Willens der Kontrahenten vor dem Richter und die richterliche Mitwirkung durch die Eintragung des Eigenthums in das öffentliche Buch bewahrt; das aber war allein das Wesentliche und darum konnte mit gutem Rechte dieser Erklärung vor dem Grundbuchrichter der Name der Auflassung beigelegt werden. Es ist zwar behauptet worden, im altdeutschen Rechte sei mit der Auflassung immer eine Art von causae cognitio verbunden gewesen [16]), die sich sogar zuweilen in prozessualischen Formen bewegt habe. Das mag hier und da geschehen sein, wie ja überhaupt jedes Institut des deutschen Rechts sehr verschiedene partikulare Gestaltungen erhalten hat; es mag auch, wie urkundlich nachgewiesen werden kann, vielfach die charta, die Urkunde über das Veräußerungsgeschäft vorgelegt worden sein; das Alles entscheidet aber nicht dafür, daß die Prüfung des Veräußerungsgeschäfts allgemein nothwendig gewesen ist. Soll diese Prüfung wegfallen, soll die Ordnung der obligatorischen Beziehungen den Betheiligten selbst überlassen werden, die doch die Geschäfte für sich, nicht für den Richter abschließen, soll nur derjenige Akt öffentlich vorgenommen, öffentlich beurkundet werden, welcher der entscheidende für den Erwerb des dinglichen Rechts, des Eigenthums ist, so verliert die Aufdeckung des Veräußerungsgeschäfts, die Vorlegung der Urkunde

[16]) Dies behauptet ohne geschichtlichen Nachweis ganz allgemein Dernburg S. 513.

über dasselbe, allen reellen Boden. Darum ist auch das Argument ganz unerheblich, daß doch in den anderen Gesetzgebungen diese Vorlegung gefordert werde, wenn nicht zugleich nachgewiesen wird, aus welchem erheblichen Grunde sie vorgeschrieben ist. Das gemeine Recht kennt eine Prüfung der Verträge nicht; partikularrechtlich ist sie, z. B. in Sachsen, vorgeschrieben, aber auch hier keineswegs so weit gehend, wie bisher nach preußischem Recht, daß eine verlangte Einschreibung wegen Mängel des Rechtsgeschäfts amtlich abgelehnt werden darf. Nach § 20 der sächsischen Hypotheken-Ordnung vom 6. November 1843 ist dem Hypothekenrichter nur das Recht zu einer „Befragung" der Interessenten, zu „Erinnerungen" eingeräumt. Wo aber der Eigenthumserwerb sich nicht an ein Grundbuch anlehnen konnte, da mußte freilich, um dem Rechtsübergang irgend eine öffentliche Erkennbarkeit zu verleihen, wenigstens die Aufnahme oder Bestätigung oder Vorzeigung oder Anmeldung der Verträge vor dem Richter angeordnet werden. Ueberhaupt aber ist zu erwägen, daß die Wiedereinführung des Instituts der Auflassung ein allmälig fortschreitendes Heraustreten aus der Theorie des römischen Rechts ist, daß daher natürlich die ersten Anfänge dieser neueren Entwickelung noch vielfach die Spuren des alten Rechts festhielten, daß aber bei weiterem Vorgehen in dieser Richtung solche Spuren immer mehr abgestoßen werden müssen. Zudem hatte das Herrenhaus selbst schon früher nach dieser Richtung entschiedene Schritte gethan. „Es muß genügen, heißt es in den Motiven zu dem fünften der von Meding'schen Anträge [17]), den Hypothekenbuchführer zu verpflichten, dem Antrage des legitimirten Mannes Folge zu geben, und nicht durch ein Eindringen in die Geschäfte der Leute diese in ihrem Verkehr mit einander aufzuhalten. Der jetzigen Auffassung und Behandlung der Sache liegt eine klare Verwechselung der Giltigkeit der Handlung der Eintragung mit der Haltbarkeit des Fundaments zum Grunde, aus dem sich die Parteien zu ihren Anträgen haben bestimmen lassen." Und diese Ansicht bezog sich nicht blos auf die Bestellung der Hypotheken, sondern sie wurde ausdrücklich auch für den Eigenthumsübergang geltend gemacht. Es sind auch noch andere

[17]) Just.-Min.-Bl. 1857 S. 185 a. E.

minder gewichtige Gründe für die Vorlegung der Verträge angeführt worden: sie sei wünschenswerth, um bei den Grundakten die Schicksale der Grundstücke geschichtlich verfolgen zu können, sie sei nützlich, um die Beweisstücke für etwa künftig entstehende Prozesse zu sichern. Aber die Gerichte sind nicht Familienarchive, und haben nicht die Aufgabe, den Parteien für künftige Prozesse die Beweise zu sammeln. Das Archiv des Grundstücks gehört auf das Grundstück, die Beweise mögen die Parteien sich selber sichern. Viel wichtiger als diese Einwendungen war dagegen die vielfach vertheidigte Behauptung, daß durch die Neuerung die Gefahr entstehen würde, daß das Eigenthum ganz titellos auf einen Andern übergehen könne. Ob eine solche Gefahr wirklich, oder nur in nennenswerthem Umfange hervortreten würde, konnte billig bezweifelt werden, auch gab die Regierungsvorlage selbst nicht die entfernteste Veranlassung zu dem wunderlichen Verdacht, daß sie die Titel beseitigen wolle, da sie nur die Vorlegung der Urkunde über das Veränßerungsgeschäft nicht mehr als nothwendig verlangte. Vom juristischen Standpunkt aber muß gegen diesen Angriff bemerkt werden, daß er von der wissenschaftlich unrichtigen Theorie von Titel und Modus, von der wissenschaftlich unrichtigen Theorie der Identifizirung von Titel und causa traditionis ausgeht. In welchem Verhältniß die traditio zur causa steht, ob letztere in der Tradition liege und dieser selbst deshalb ein Vertragselement beiwohne, oder ob die causa in dem Veräußerungsgeschäft enthalten und die Uebergabe nur die formelle Erfüllungshandlung sei, ist in der neueren Rechtswissenschaft Gegenstand vielfacher Erörterung geworden [18]). Daß die Theorie des ALR. von Titel und Modus auf einem Mißverständniß des römischen Rechts beruht, und daß dieses Mißverständniß wesentlich darin besteht, daß der Titel, d. h. der konkrete Veräußerungsvertrag selbst, als die causa traditionis aufgefaßt wird, ist wohl nicht mehr bestreitbar. Man braucht nicht die Ansicht derer zu billigen, welche die causa in die Tradition allein legen und diese in Folge dessen als einen sog. dinglichen Vertrag auffassen, ein Begriff, der Widersprechendes verbinden will; ebenso wenig aber ist Titel und causa

---

[18]) Theorie und Praxis, 2. A. IV. S. 222 fg.

identisch. Die causa für die Tradition, damit diese den Eigenthumsübergang bewirke, ist lediglich und allein der auf Eigenthumsübertragung gerichtete Wille. Dieser Wille wird erläutert (wie sich Bähr bezeichnend ausdrückt) [19]) durch den Kauf, weil man ein solches Geschäft nur zu dem Zweck abschließt, um Eigenthum zu übertragen, aber die Uebertragung des Eigenthums, hervorgegangen aus dem Willen, dies zu thun, ist auch wirksam, wenn man sich über die Existenz oder Individualität des Titels irrt, wenn der Titel nur ein putativer ist. Die Kondiktionenlehre beruht ja gerade darauf, daß kein Titel der Uebergabe zu Grunde liegt: man muß kondiziren, wenn man nicht vindiziren kann. Daraus folgt, daß zwar sowohl der Veräußerungsvertrag als die Tradition eine Manifestation des auf Eigenthumsübertragung gerichteten Willens sind, daß aber die Wirkung der mit diesem Willen erfolgten Tradition unabhängig ist von der Manifestation dieses Willens durch das bestimmte Veräußerungsgeschäft. An die Stelle der Tradition tritt jetzt die Auflassung, sie trägt, wie jene, ihre causa in sich, und zwar zweifelloser als jene, weil durch die Auflassung ohne weitere Erläuterung der auf Eigenthumsübertragung gerichtete Wille klar wird, während bei der Tradition, die nach ihrer äußeren Erscheinung nur den Besitz überträgt, es noch einer weiteren Erläuterung für das Dasein jenes Willens bedarf. Aus der Thatsache der Tradition kann nicht ohne Weiteres auf den Eigenthumsübertragungs-Willen geschlossen werden, wohl aber aus der Thatsache der Auflassungserklärung, die gerade diesen Willen unmittelbar ausdrückt. So wenig nun zur Giltigkeit des Traditionsakts die Vorlegung der Urkunde über das Veräußerungsgeschäft nothwendig ist, so wenig ist sie zur Giltigkeit der Auflassung nothwendig, aber auch ebenso wenig wie die Tradition beseitigt die Auflassung den Titel. Der Veräußerungsvertrag behält die ihm eigene obligatorische Wirkung, die Auflassung hat eine dingliche Wirkung. Die Auflassung ist nicht der Titel für die Eintragung, beide stehen überhaupt nicht in dem Verhältniß von Titel und Modus. Den Eigenthumsübergang bewirkt die Auflassungserklärung, die sich erst formell durch die Eintragung vollendet.

[19]) A. a. O. S. 58.

In den Motiven der Regierungsvorlagen von 1868 und 1869 war die Auflassung ein Vertrag genannt, diese Bezeichnung ist in den Motiven der Vorlage von 1871 gestrichen worden, um die nicht zu billigende Vorstellung von einem dinglichen Vertrage abzuweisen. Geht man aber von der Auffassung aus, daß Auflassung und Eintragung ein Akt sind, so mußte man nothwendig zu der Folgerung kommen, die jetzt in § 2 des Gesetzes vom 5. Mai 1872 und § 48 der Gr. B. O. ausgedrückt worden ist, daß einerseits die Erklärungen der Parteien gleichzeitige sein müssen — und daraus ergiebt sich die Mündlichkeit der Erklärung vor dem Grundbuchamt —, und daß die Eintragung des Eigenthumsüberganges sich unmittelbar anschließen muß. Die Auflassung muß vor dem offenen Grundbuch erfolgen. Man hat bezweifelt, daß dieser unmittelbare Anschluß der Eintragung an die Auflassung ausführbar sein würde, vielfach würden thatsächliche Hindernisse entgegentreten. Allein es ist zu erwägen, daß die Prüfung der Sache, welche der Grundbuchrichter vorzunehmen hat, der Auflassungserklärung immer voran gehen muß, daß die letztere nach § 48 Gr. B. O. erst zulässig wird, wenn jene Prüfung beendigt ist und das Resultat gehabt hat, daß für die Auflassung kein Hinderniß mehr vorhanden ist. Mögen also noch so weitläufige Legitimationsprüfungen, wie das bei Erbfällen sehr leicht vorkommen kann, nöthig sein, sie müssen alle beendigt und zu einem klaren, zweifellosen Resultat gebracht sein, ehe die Auflassung erklärt werden darf. Daß sich die Prüfung der Sache übrigens nicht auf ein Erforschen der Rechtsgeschäfte zu erstrecken hat, in deren Veranlassung die Auflassung erklärt werden soll; folgt aus § 46 Gr. B. O. sie erstreckt sich auf die Legitimation der Betheiligten, auf ihre Handlungsfähigkeit, auf die Ernstlichkeit und Gewißheit ihres Willens, auf die Identität des Grundstücks und auf die Lage des Grundbuchs in Betreff dieses Grundstücks. Läßt sich diese Prüfung nicht ohne Zeitaufwand vollenden, so steht es dem Grundbuchrichter frei, die Parteien zu einem späteren Termin zu bestellen, um die nöthige Zwischenzeit für die ihm obliegende Prüfung zu gewinnen, wie andererseits auch den Parteien freizustellen ist, ihre Legitimationspapiere vorher einzureichen und bei dem Grundbuchrichter die Ansetzung eines Termins zur Abgabe der Auflassungserklärung zu beantragen. Daß der Richter in strepitu fori schwierige und verwickelte Prüfungen der Legitimation vornehmen und in Gegenwart der Parteien gleich vollenden soll, schreibt das Gesetz nirgends vor. Sollte ausnahmsweise die Einschreibung des neuen Eigenthümers sich nicht sofort nach der erklärten Auflassung bewerkstelligen lassen, was z. B. bei verwickelteren Parzellirungen vorkommen kann, weil bei diesen zugleich die Ab- und Zuschreibung oder die Anlegung eines neuen Blattes nothwendig ist, so hat doch auch in einem solchen Falle der „unmittelbare Anschluß" den Sinn, daß zwischen der Auflassung und der Eintragung des neuen Eigenthümers keine andere Eintragung auf dasselbe Grundstück stattfinden darf. Wer die Auflassung einmal ertheilt hat, darf nicht nochmals auflassen oder belasten, wenngleich er noch als Eigenthümer eingetragen ist.

Die schwache Bedeutung der Besitztitelberichtigung nach der Theorie des ALR. zeigte sich insbesondere auch darin, daß sie nicht gegen die Ersitzung des Eigenthums schützte, während doch in Betreff der dinglichen Rechte der Gedanke des Grundbuchsystems seinen consequenten Ausdruck gefunden hat: „Rechte auf unbewegliche Sachen, die in das Hypothekenbuch eingetragen sind, erlöschen weder durch den bloßen Nichtgebrauch noch kann ein denselben entgegenstehendes Recht mittelst der Verjährung durch Besitz erworben werden [20])." Die Praxis [21]) beschränkte diesen Satz auf die dinglichen Rechte an fremden Grundstücken, subsummirte ihm also das Eigenthum nicht, theils weil dies schon aus den Worten des Gesetzes [22]) hervorgehe, theils weil ausdrücklich bestimmt sei, daß das Recht des Eigenthums nur dann nicht durch Verjährung erlöschen könne, wenn der Eigenthümer sich im Besitz erhalten hat. „Nur bei dinglichen Rechten vertritt die Eintragung im Hypothekenbuche die Stelle der Uebergabe. Diese (d. h. die Uebergabe) ist bei dem Eigenthumserwerbe, abgesehen von gesetzlichen Ausnahmen, wesentlich. Die Eintragung im Hypothekenbuch allein ist für Erwerb oder

---

[20]) § 511. I. 9. ALR.

[21]) Entscheidungen Bd. 27 S. 287 (Pl.-Beschl.) Bd. 34 S. 132. Striethorst Bd. 37 S. 232. Heydemann, Einl. Bd. 2 S. 129 fg.

[22]) § 504. I. 9. ALR.

Verlust des Eigenthums ohne Einfluß [23]).“ Es konnte also nach bisherigem Recht gegen den nicht besitzenden eingetragenen Eigenthümer das Eigenthum am Grundstück von dem Besitzer ersessen werden. Daß ein solcher Grundsatz mit der Bedeutung des Grundbuchs in Widerspruch steht, wenn der Eintragung des Eigenthums eine rechtsbegründende und rechtserhaltende Wirkung beigelegt ist, leuchtet ein. Deshalb haben auch andere Gesetzgebungen z. B. die neue sächsische die Ersitzung gegen den eingetragenen Eigenthümer ausgeschlossen. Derselbe Satz ist in § 6 des Gesetzes vom 5. Mai 1872 ausgedrückt und dadurch das System des Grundbuchs in Verbindung mit § 511 I. 9. ALR. jetzt zu einem konsequenten Abschluß gebracht, die Vorschrift des § 504 I. 9. aber in Betreff der Grundstücke modifizirt [24]).

Da die Auflassung eine Willenserklärung des eingetragenen Eigenthümers erfordert, so folgt daraus von selbst, daß sie nur ihren Platz hat bei sog. freiwilligen Veräußerungen und daß die Willenserklärung des Veräußerers nur dann nicht erforderlich ist, wenn er durch ein rechtskräftiges Erkenntniß zur Ertheilung der Auflassung verurtheilt worden ist (§ 3). Ein solches Erkenntniß e r s e t z t seine Auflassungserklärung; der Erwerber ist berechtigt, auf Grund des Erkenntnisses vor dem Grundbuchamt mündlich seine Eintragung als Eigenthümer zu beantragen. Der Gefahr, daß die Eintragung beantragt wird, wenn die Vollstreckbarkeit des Urtheils bereits, sei es durch Ablauf der Zeit, sei es durch neuere Verhandlungen mit dem Gegner beseitigt worden ist, muß und kann der letztere, der es ja

---

[23]) Entsch. Bd. 34 S. 133.

[24]) U n g e r will nach österr. Recht auch gegen den Tabularbesitzer, d. h. gegen den eingetragenen Eigenthümer dem außerbücherlichen Eigenthümer, der sein Eigenthumsrecht von jenem ableitet, das Recht geben, durch dreißigjährigen Besitz den obligatorischen Anspruch auf Eintragung des Eigenthums zu erwerben. Er beruft sich auf §§ 1470. 1498 des bürgerlichen Gesetzbuchs. (Oesterr. allgem. Ger.-Zeit. 1868 S. 106 Sp. 1.) Diese höchst eigenthümliche Rechtsgestaltung, wonach ein obligatorischer Anspruch durch Ersitzung erworben werden kann, und zwar mit der Wirkung, daß dieser obligatorische Anspruch auch gegen einen anderen Singularsuccessor desselben Tabularautors geltend gemacht werden kann, ist legislativ völlig verwerflich, auch keinem anderen Rechtssystem bekannt. Vergl. noch K r a i n z, das. S. 391.

weiß, daß gegen ihn das rechtskräftige Erkenntniß vorhanden ist, vorbeugen.

Es leuchtet ein, daß durch diese Theorie die im neunten Titel, Theil 1 des ALR. enthaltenen allgemeinen Vorschriften über den Eigenthumserwerb (§ 1—6) und die Vorschriften des zehnten Titels „von der mittelbaren Erwerbung des Eigenthums" wesentlich geändert sind. Um diese Aenderungen zu verdeutlichen, soll hier versucht werden, die einleitenden §§ des 9. und den 10. Titel im Einklang mit dem neuen Recht zu redigiren.

Neunter Titel.

Von der Erwerbung des Eigenthums überhaupt und den unmittelbaren Arten derselben insonderheit.

§ 1 u. 2 bleiben unverändert.

§ 3. Zur Erwerbung des Eigenthums an einer beweglichen Sache und an einer unbeweglichen Sache außerhalb des Falles einer freiwilligen Veräußerung wird die Besitznehmung erfordert, (Tit. 7, § 43fg.).

§ 4. Hiervon sind allein die Fälle ausgenommen, wo die Gesetze die Erwerbung des Eigenthums schon mit einer gewissen Begebenheit oder Willensäußerung allein ausdrücklich verbinden.

§ 5. Zur Erwerbung des Eigenthums an einer unbeweglichen Sache im Falle einer freiwilligen Veräußerung wird die Eintragung des Eigenthumsüberganges im Grundbuch auf Grund der Auflassung erfordert. (Tit. 10, § 11fg.)

§ 6 wie § 5. I. 9.

§ 7. Geht aber das Eigenthum erst durch die Erledigung des Besitzes von Seiten des vorigen und durch die Ergreifung desselben von Seiten des neuen Eigenthümers, oder bei unbeweglichen Sachen durch Eintragung auf Grund der Auflassung über, so heißt die Erwerbungsart mittelbar.

Zehnter Titel.

Von der mittelbaren Erwerbung des Eigenthums.

I. Von der mittelbaren Erwerbung an beweglichen Sachen.

§ 1. Die mittelbare Erwerbung des Eigenthums an einer beweglichen Sache erfordert außer dem dazu nöthigen Titel auch die wirkliche Uebergabe derselben.

§ 2. Der Titel zur mittelbaren Erwerbung des Eigenthums kann durch Willenserklärungen, Gesetze und rechtliches Erkenntniß begründet werden.

§ 3. Auch der mit einem solchen Titel versehene neue Besitzer erlangt das Eigenthum der beweglichen Sache durch die Uebergabe der Regel nach nur alsdann, wenn der vorige, von welchem der Besitz auf ihn erledigt worden ist, selbst Eigenthümer gewesen ist. (Tit. 15, § 42fg.)

§ 4 wie § 4. I. 10.

§ 5. Außer diesem Fall wird die gerichtliche Uebergabe zur Erlangung des Eigenthums an einer beweglichen Sache niemals erfordert.

§ 6 wie § 21. I. 10.

§ 7 wie § 22. I. 10.

§ 8 wie § 23. I. 10.

§ 9. Wer es weiß, daß derjenige, von welchem sein Titel sich herschreibt, nicht wahrer Eigenthümer sei, der kann durch Uebergabe ein Eigenthumsrecht an einer beweglichen Sache nicht erlangen. (§ 24. I. 10.)

§ 10. Auch der, welcher zur Zeit der Uebergabe den früher entstandenen Titel eines Andern weiß, kann zum Nachtheil desselben die früher erhaltene Uebergabe nicht vorschützen (§ 25. I. 10).

II. Von der mittelbaren Erwerbung an unbeweglichen Sachen.

Die §§ 6—20 und die §§ 24. 25. I. 10. soweit sich letztere auf unbewegliche Sachen beziehen, werden ersetzt durch die §§ 1. 2.

3. 4. 5, Abs. 2, §§ 8. 9. 10. 11 des Gesetzes vom 5. Mai 1872, während die §§ 6. 7 dieses Gesetzes, sofern sie sich auch auf die unmittelbare Erwerbung beziehen, den entsprechenden andern Titeln im System des ALR. eingereiht werden müssen: § 6 gehört in den 9., § 7 in den 15. Titel. Der erste Absatz des § 5 aber, der in dem Gesetz vom 5. Mai 1872 nur eine Verweisung auf das bisher geltende Recht enthält, müßte bei einer anderen Redaktion des 10. Titels etwa so gefaßt werden:

„Außerhalb der Fälle einer freiwilligen Veräußerung erfordert der Erwerb des Eigenthums an einer unbeweglichen Sache die Besitznehmung, sofern nicht die Gesetze die Erwerbung mit einer gewissen Begebenheit oder Willenserklärung allein ausdrücklich verbinden (§ 4. I. 9.).

„Das Recht der Auflassung und Belastung des Grundstücks erlangt aber der Erwerber erst durch seine Eintragung im Grundbuch."

Auch auf mehrere Bestimmungen des 11. Titels Thl. I. ALR. ist das Gesetz vom 5. Mai 1872 nicht ohne erheblichen Einfluß.

Die aus dem Veräußerungsvertrage folgende Verbindlichkeit des Veräußerers, das Grundstück dem Erwerber zu übergeben[25]), hat jetzt nur die Bedeutung, daß durch die Uebergabe der Erwerber in den Besitz, daß er in den Zustand gelangt, über das ihm veräußerte Grundstück thatsächlich zu verfügen. Durch die Uebergabe und Besitzergreifung wird aber nicht mehr das Eigenthum übertragen. Das Eigenthum kann vor oder nach der Uebergabe erworben werden, je nachdem die Auflassung vor oder nach der Uebergabe erklärt und auf Grund derselben die Eintragung erfolgt ist. Das ALR. erklärt die Uebergabe für den Zeitpunkt, in welchem die Gefahr der Sache auf den Erwerber übergeht[26]). Die Gefahr trägt der Eigenthümer, sie mußte daher, weil durch die Uebergabe das Eigenthum erworben wurde, auch in diesem Moment dem Erwerber zufallen. Obschon nun das Gesetz vom 5. Mai 1872 den Eigenthumsübergang an eine andere Thatsache knüpft, die zeitlich nicht

---

[25]) § 76. I. 11. ALR.

[26]) § 95. I. 11.

mit der Uebergabe zusammenfällt, ihr vielmehr vorangehen oder nachfolgen kann, so hat es doch eine Bestimmung wegen Ueberganges der Gefahr auf den Erwerber nicht getroffen. Man ist von der Ansicht ausgegangen, daß es der obligatorischen Seite des Veräußerungsgeschäfts, lediglich den persönlichen Beziehungen der beiden Kontrahenten unter einander anheimfällt, darüber Bestimmung zu treffen, in welchem Zeitpunkt, ob in dem der Auflassung oder der Uebergabe der Uebergang der Gefahr eintreten soll. Die Parteien haben daher in dem Vertrage darüber Bestimmung zu treffen — aber das wird nicht immer geschehen, und für solche Fälle muß das Gesetz die Norm geben. Da nun das neue Gesetz die Vorschrift des ALR. I. 11. § 95. nicht aufgehoben hat, in dieser aber der Uebergang der Gefahr an die körperliche Uebergabe geknüpft ist, so muß bei mangelnder Festsetzung der Parteien die Vorschrift des ALR. als fortbestehend angesehen werden. Man kann nicht dagegen sagen, daß dadurch das jener Vorschrift zu Grunde liegende Prinzip casum sentit dominus insofern verletzt werde, als nunmehr der Fall eintreten kann, daß der Käufer, der schon die Uebergabe aber noch nicht die Auflassung erhalten hat, die Gefahr trägt, obwohl er noch nicht Eigenthümer ist, und der Käufer, dem bereits aufgelassen aber noch nicht übergeben ist, die Gefahr nicht trägt, obwohl er bereits Eigenthümer ist, — denn jener Grundsatz, daß der Eigenthümer die Gefahr zu tragen habe, ist in Bezug auf Verträge, durch welche ein Wechsel im Eigenthum bewirkt wird, nirgends im ALR. ausgesprochen, er kann nur durch Deduktion als darin liegend erkannt werden[27]). Man wird jetzt freilich den § 95. I. 11. anders begründen müssen, seitdem die Uebergabe die Bedeutung des Eigenthumsüberganges verloren hat, das reicht aber nicht dazu aus, den § 95 als dahin geändert anzusehen, daß fortan die Gefahr bei dem Veräußerer bis zur Auflassung und Eintragung verbleibe, ohne Rücksicht auf die bereits oder die noch nicht erfolgte Uebergabe. Wohl aber folgt aus der veränderten Rechtslage eine andere Wirkung des § 100. I. 11. in dem Fall, wenn die Auflassung der Uebergabe vorangegangen ist. Der Satz bleibt stehen: „wird die verkaufte Sache

---

[27]) Theorie und Praxis 2. A. Bd. 1 S. 725.

noch vor der Uebergabe durch einen Zufall gänzlich zerstört oder vernichtet, dergestalt daß gar keine Uebergabe erfolgen kann, so wird der Kontrakt für aufgehoben erachtet;" aber im Fall bereits erfolgter Auflassung und Eintragung genügt nicht bloß die Aufhebung des Vertrags, sondern es muß auch der Rückübergang des bereits erworbenen Eigenthums auf den Veräußerer hinzukommen: der neu eingetragene Eigenthümer wird nicht bloß frei von seiner Verbindlichkeit, den Kaufpreis zu zahlen oder berechtigt, den bereits gezahlten Preis zu kondiziren, sondern er wird jetzt auch verpflichtet, das Eigenthum an dem Grundstück seinem Veräußerer wieder zu übertragen, ihm dasselbe zurückaufzulassen. In gleicher Weise wirkt das neue Recht auf § 120. I. 11. Wird bei einer Veräußerung in Pausch und Bogen das Grundstück vor der Uebergabe durch Zufall oder Schuld des Verkäufers dergestalt vernichtet, daß gar keine Uebergabe mehr erfolgen kann, so trifft dieser Verlust den Verkäufer, d. h. er verliert den Anspruch auf den Preis und wird verpflichtet, den erhaltenen Preis zurückzuzahlen, aber er bleibt Eigenthümer des vernichteten Grundstücks, mithin muß der Käufer, wenn er bereits auf Grund der Auflassung eingetragen worden ist, das Eigenthum dem Verkäufer wieder abtreten.

Der § 125. I. 11. drückt den Gedanken aus, daß die gerichtliche Zuschreibung des Eigenthums die Uebergabe nicht ersetzt, d. h. daß jene das Eigenthum nicht giebt, wenn diese nicht erfolgt ist. Nach jetzigem Recht ist dieser Satz beseitigt. Aber § 126. I. 11. bleibt in dem Sinn giltig, daß der Veräußerer durch den Veräußerungsvertrag verpflichtet wird, Alles zu thun, was von seiner Seite erforderlich ist, um die gerichtliche Zuschreibung an den Käufer zu bewirken, d. h. daß er zur Erklärung der Auflassung verpflichtet wird.

Das ALR. gestattet dem Käufer einen Rücktritt von dem Vertrage, wenn gewisse ihm nachtheilige rechtliche Veränderungen in Beziehung auf das Grundstück in der Zwischenzeit zwischen Vertragsabschluß und Uebergabe eingetreten sind; es verpflichtet den Verkäufer noch zu einzelnen Leistungen, obgleich dieselben erst nach der Uebergabe zu entrichten sind; es mißt im Falle des Rücktritts die etwaigen Entschädigungsansprüche nach dem Zustand des Grundstücks zur Zeit der Uebergabe [28]).

In allen diesen Bestimmungen wird durch das neue Gesetz nichts geändert: die Auflassung tritt hier nicht an die Stelle der Uebergabe. Man hat hiernach das Resultat zu ziehen: die Auflassung tritt nur in Betreff des Eigenthumsüberganges an die Stelle der Uebergabe, nicht aber in den Fällen, wo die Uebergabe für gegenseitige obligatorische Leistungen normirend ist.

§ 2. Andere Erwerbsarten.

Außerhalb der Fälle einer freiwilligen Veräußerung, in denen also eine Auflassungserklärung nicht möglich ist, theils weil der eingetragene Eigenthümer nicht mehr lebt (Erwerb im Erbgang), theils weil sich der Erwerb durch Ereignisse vollzieht, die von dem Willen des eingetragenen Eigenthümers unabhängig sind, oder gegen dessen Willen den Erwerb bewirken (Abschluß einer gütergemeinschaftlichen Ehe, Enteignung, Zwangsversteigerung), hat § 5. des Gesetzes vom 5. Mai 1872 das bisher geltende Recht aufrecht erhalten. Das Eigenthum wird also im Falle des Erbganges durch den Erbanfall, bei Gütergemeinschaft durch den Abschluß der Ehe, bei der Enteignung durch die Besitzeinweisung, bei der Zwangsversteigerung durch die Verkündung des Zuschlags erworben. Es treten hinzu die Landabfindungen bei Ablösungen von Reallasten, die gutsherrlich-bäuerlichen Eigenthumsregulirungen, die Gemeinheitstheilungen: in diesen Fällen wird das Eigenthum durch die Bestätigung des Rezesses erworben. Es läßt sich nicht verkennen, daß der Erwerb durch Eintragung auch bei der Gütergemeinschaft, der Enteignung, der Zwangsversteigerung und bei den Landabfindungen sehr wohl hätte festgehalten werden können, und daß deßhalb die Vorschrift des § 5. eine Unvollkommenheit enthält. Nur bei dem Erwerb durch Erbgang verhält sich dies anders. Der Erbfall giebt nach ALR. nicht einen Erwerbsanspruch gegenüber einem bisherigen Eigenthümer, sondern bewirkt eine unveränderte Fortsetzung des

---

[28]) §§ 164. 165. 178. 180 f. 188. 250 u. a. Tit. I. 11. ALR.

Eigenthums des letzteren; in der Person des Erblassers ist gewissermaßen der Erbe mit eingetragen [1]). Auch der Vermächtnißnehmer erwirbt nach preußischem Recht unmitttelbar aus dem Testament das Eigenthum an dem vermachten Grundstück: die testamentarische Anordnung ist gewissermaßen die Auflassungserklärung des eingetragenen Eigenthümers, des Erblassers. Das Recht des Erben gegen den Vermächtnißnehmer wird dadurch geschützt, daß der letztere nur mit Einwilligung des ersteren als Eigenthümer eingetragen werden darf [2]). Gleichwohl ist Dritten gegenüber auch in allen diesen Fällen, damit sie sich auf die Richtigkeit und Vollständigkeit des Grundbuchs verlassen können, nothwendig, daß der Eigenthumsübergang ihnen ersichtlich gemacht werde. Deßhalb ordnet § 5. an: „das Recht der Auflassung und Belastung des Grundstücks erlangt aber der Erwerber erst durch seine Eintragung im Grundbuch." Der neue Eigenthümer wird erst durch seine Eintragung zur Vornahme solcher Rechtsakte legitimirt. Hierdurch ist der Grundsatz als ein allgemeiner gewahrt, daß nur der eingetragene Eigenthümer auflassen und belasten kann.

Von dieser Regel sind in Absatz 2. des § 5. die Miterben ausgenommen: sie können, auch wenn sie nicht als Eigenthümer eingetragen sind, das Grundstück auflassen. Es entsteht die Frage, warum dem Alleinerben nicht ein gleicher Vorzug eingeräumt ist? Die Ausnahme, welche sich schon in dem Gesetz für Neuvorpommern vom 21. März 1868 vorfindet, hat ihre Erklärung zunächst nur in äußeren Nützlichkeitsgründen: man will den oft weitläufigen Eintragungen aller Miterben im Interesse der Raumersparung im Grundbuch und zur Vermeidung der Beschwerlichkeit, die damit verbunden sein kann, ausweichen. Derselbe Zweckmäßigkeitsgrund würde für einen Alleinerben nicht geltend zu machen sein, und ohne genügende Veranlassung darf von der Regel nicht abgewichen werden. Es tritt aber noch ein innerer Rechtfertigungsgrund hinzu. Der Alleinerbe erwirbt durch den Erbanfall das zum Nachlaß gehörige Grundstück in der Art, daß es sofort ein reeller Bestandtheil seines

[1]) Vergl. Siegmann in den Annalen des O. A. G. Dresden. N. F. B. 8 S. 193 f.

[2]) Gr. B. O. § 53.

eigenen Vermögens wird, der Nachlaß confundirt sich in dem Moment des Erwerbs mit dem Vermögen des Erben und hört dadurch auf, Nachlaß zu sein. Anders steht dies bei Miterben, so lange sie noch nicht den Nachlaß getheilt haben; sie erwerben zwar auch sofort das im Nachlaß befindliche Grundstück, aber jeder nur zu einem idealen Antheil, nicht zu einem realen Theil. Dadurch wird die Confusion mit dem eigenen Vermögen noch gehindert, die Miterben repräsentiren bis zur Theilung noch den eingetragenen Erblasser; wenn sie das Grundstück auflassen, so thun sie es noch als Repräsentanten des Erblassers, es bedarf daher nicht erst ihrer Eintragung, weil ja der letztere noch eingetragen ist.

Es kommen ferner Erwerbungen in Betracht, bei denen die Willenserklärung eines Veräußerers und Erwerbers, eine Eigenthumsübertragung nicht stattfindet, die s. g. unmittelbaren Erwerbsarten [3]). Die ursprüngliche Besitznehmung (Occupation) scheidet nach preußischem Recht aus, weil nur der Staat herrenlose Grundstücke occupiren kann. Anspülungen fremder Erdtheile an das eigene Grundstück, anwachsende Erdzungen und Halbinseln sind nur Vergrößerungen oder Erweiterungen des Grundstücks; sie erwirbt der eingetragene Eigenthümer des letztern nicht erst dadurch, daß die Erweiterung in dem Grundbuch auf dem Titel des Blatts zugeschrieben wird, sondern von selbst. Abgerissenes Land kommt als Grundstück nicht mehr in Betracht, es ist eine bewegliche Masse Erde, legt es sich an ein anderes Grundstück an, so ist es eine Anspülung. Das natürlich zugelandete oder verlassene Flußbett erwirbt nach ALR. der angrenzende Uferbesitzer von selbst, ohne Besitzergreifung; der Erwerb hängt auch später nicht von der Zuschreibung des gewonnenen Landstücks im Grundbuch ab. Die neu entstandene Insel wird auch ferner, wie nach ALR. durch Besitzergreifung erworben. Die Insel ist ein neu erworbenes Grundstück; der Erwerber kann über dieselbe durch Auflassung oder Belastung erst verfügen, wenn sie ein Grundbuchblatt erhalten und der Erwerber als Eigenthümer eingetragen ist. Dagegen treten die Anspülungen und Zulandungen von selbst in die Rechtsverhältnisse

---

[3]) Theorie u. Prax. 2. A. B. 3 § 173 S. 173 fg.

des durch sie vergrößerten Grundstücks ein und werden von dessen Belastungen ergriffen. Jede Verfügung des eingetragenen Eigenthümers über das letztere ergreift auch jene Erweiterungen, selbst wenn sie noch nicht im Grundbuch zugeschrieben sind. Man kann hiergegen kaum einwenden, daß dadurch das Spezialitätsprinzip durchbrochen wird, wenn Grundstückstheile, die nicht in der Größenangabe des Grundbuchs enthalten sind, gleichwohl mit dem Hauptgrundstück aufgelassen und belastet werden. Die Durchbrechung, wenn man eine solche hier annehmen will, würde jedenfalls nicht zum Nachtheil des Realkredits gereichen und ist bei ihrer praktischen Unerheblichkeit überhaupt legislativ nicht beachtenswerth, sie ist auch nur eine vorübergehende, weil durch die nächste Fortschreibung im Steuerbuch und demnächst im Grundbuch die Vergrößerung ersichtlich gemacht wird.

Wenn durch einen Bau an der Grenze, nachdem zwischen den Nachbarn eine Einigung über die Baulinie erfolgt ist, trotzdem zufällig oder durch geringes oder mäßiges Versehen die Grenze überschritten wird, so erwirbt der Bauende das überschrittene Stück, gegen Entschädigung an den Nachbar, als Eigenthum; das Stück tritt dem Grundstück hinzu, auf welches der Bau beschränkt bleiben sollte. Bei der Geringfügigkeit solcher Ueberschreitungen bedarf es nicht der Eintragung im Grundbuch, jedenfalls kann von ihr nicht der Eigenthumserwerb abhängig gemacht werden.

§ 3. Das Bergwerkseigenthum.

Wie die Motive zu dem Allgemeinen Berggesetz vom 24. Juni 1865 ergeben, ist den herrschenden Sprachgebrauch bewahrend die Bergbauberechtigung, obgleich sie nicht als Eigenthum an einer körperlichen Sache aufgefaßt werden kann, Bergwerkseigenthum genannt und in vielfacher Beziehung dem Grundstückseigenthum genähert worden, insbesondere sollen die Vorschriften über Veräußerung, Verpfändung, Zwangsversteigerung der Grundstücke auch auf Bergwerke Anwendung finden [1]). Darum konnte § 68 des Gesetzes

[1]) Achenbach, gem. deutsches Bergrecht. B. 1. 1871. § 80 S. 261 fg. Ges. vom 24. Juni 1865. §§ 52. 53.

über den Eigenthumserwerb sagen: „verliehene Bergwerke, unbewegliche Bergwerksantheile und die selbständigen Kohlenabbaugerechtigkeiten unterliegen den Vorschriften dieses Gesetzes", d. h. das Eigenthum an ihnen wird im Falle der freiwilligen Veräußerung durch Auflassung erworben, sie können mit Hypotheken und Grundschulden belastet werden, das für sie angelegte Grundbuchblatt hat dieselbe rechtliche Bedeutung für Erwerb, Erhaltung, Verlust der dinglichen Rechte an ihnen. Allein eine große Verschiedenheit des sog. Bergwerkseigenthums von dem Grundstückseigenthum liegt darin, daß das erstere, da es nicht eine körperliche Sache, sondern eine Gerechtigkeit ist, als Rechtsobjekt erst geschaffen, konstituirt werden muß. Abweichend ferner von dem Recht der Grundstücke ist für Bergwerke die Zwangspflicht zur Berichtigung des Besitztitels bisher nicht suspendirt gewesen, die Vorschrift des ALR. also in Geltung geblieben. Diese beiden besonderen Momente und der Umstand, daß das allgemeine Berggesetz die Bestimmung hat, innerhalb verschiedener civilrechtlicher Systeme ein einheitliches Recht herzustellen, diese Einheit aber nicht dadurch gefährdet werden darf, daß nur das eine oder andere jener Systeme legislativen Aenderungen unterworfen wird, führte mit Nothwendigkeit zu den zusätzlichen Vorschriften, die der § 68 des Gesetzes vom 5. Mai 1872 unter Nr. 1, 2, 3 enthält. Die Motive äußern sich hierüber in folgender Weise:

„Nr. 1. hält das bestehende Recht aufrecht und entspricht Art. VI. der Allerhöchsten Verordnung vom 1. Juni 1867 über die Einführung des Allgemeinen Berggesetzes in das vormalige Kurfürstenthum Hessen [2]).

Das Allgemeine Berggesetz hat bekanntlich das Bergregal beseitigt und mit einem eigentlichen Berghoheitsrechte vertauscht. Die Verleihung eines Bergwerkes, durch welche das Eigenthum an demselben begründet wird (§ 50 des Allg. Bergges.), ist daher kein Veräußerungsakt, sondern charakterisirt sich als die Ausübung eines staatlichen Hoheitsrechtes. Dasselbe ist der Fall, wenn nach § 49 des Allgemeinen Berggesetzes das Ober-Bergamt eine Konsolidation bestätigt oder nach § 51 die reale Theilung eines Feldes oder den

[2]) Ges.-Samml. S. 770, Motive des Art. VI. in der Zeitschrift für Bergrecht, Jahrg. VIII. S. 220.

Austausch von Feldestheilen genehmigt. Die rechtlichen Wirkungen dieser hoheitsrechtlichen Akte können nicht von der Eintragung in das Grundbuch abhängig gemacht werden, zumal dieselben nicht einen translativen, sondern einen konstitutiven Charakter haben. Die Verleihungs-Urkunde veräußert nicht das Bergwerkseigenthum, sondern schafft dasselbe. Durch die genehmigte Konsolidation oder die reale Theilung eines Feldes wird gleichfalls ein neues Eigenthum geschaffen, wie denn auch bei Berathung des Allgemeinen Berggesetzes auf dem Landtage anerkannt worden ist, daß die Bestätigung einer Konsolidation u. s. w. in dieser Rücksicht gleich der Verleihung aufgefaßt werden müsse.

Dagegen empfiehlt es sich, bei Begründung des Bergwerkseigenthums die Eintragung desselben in bisheriger Weise auf Grund amtlicher Veranlassung beizubehalten. Dies ist bei Konsolidationen und dem Austausch von Feldestheilen schon deshalb nahezu nothwendig, als offenbar mit Rücksicht auf die Vorschriften der §§ 48 und 51 am Schluß des Allgemeinen Berggesetzes das Grundbuch mit dem in Folge der Konsolidation u. s. w. eingetretenen Rechtszustande sofort in Uebereinstimmung gebracht werden muß, und andererseits alle durch die Konsolidation u. s. w. eingetretenen Veränderungen zusammen und in einem Male im Grundbuche vermerkt werden müssen und daher nicht von den zu verschiedenen Zeiten möglicher Weise erhobenen Anträgen der Interessenten abhängig gemacht werden dürfen.

Nr. 2 schließt die Anwendung des § 33 bei Bergwerken aus. Bei Kohlenabbaugerechtigkeiten kommt derselbe gemäß dem Gesetze vom 22. Februar 1869 § 6 zur Anwendung. Diese stehen rücksichtlich der Erwerbung, Veräußerung und Verpfändung den Bergwerken gleich.

Nr. 3 erscheint als eine Ergänzung des § 12.

Werden Hülfsbaue zu Gunsten von Kohlenabbaugerechtigkeiten nach § 60 ff. des Allgemeinen Berggesetzes errichtet, so gilt auch bezüglich dieser die vorgesehene Bestimmung."

Zu bemerken ist nur noch, daß nach dem allgemeinen Berggesetz die Bergwerksantheile nicht mehr die Natur der Unbeweglichkeit haben, daß mithin nur noch die älteren Kuxe als unbewegliche

Sachen den Grundstücken gleich zu erachten sind und daß man neuerdings nach einem in der Session 1871/72 im Hause der Abgeordneten gestellten, aber noch nicht in dem Herrenhause diskutirten Antrag bezweckt, die alten unbeweglichen Kuxe in bewegliche Antheile nach neuerem Rechte umzuwandeln*).

§ 4. Die Eintragung des Eigenthümers.

Die Bestimmungen der §§ 49 bis 57 der Gr. B. O. enthalten Wenig, was einer besonderen Erörterung bedürfte. Gegenüber dem bisherigen Recht ist neu die Vorschrift des § 54: Nebenbestimmungen aus Verträgen oder letztwilligen Verordnungen, welche das Eigenthum oder die Befugnisse des Eigenthümers, über das Grundstück zu verfügen, beschränken, werden nur auf Antrag eingetragen." Die Existenz solcher Beschränkungen wirkt auch ohne Eintragung gegen den, der sie kennt (§ 11 des Ges. über den Eigenthumserwerb). — Ein Zwang zur Eintragung des Eigenthums (§ 55 und 56 der Gr. B. O.) kann ferner in den Fällen der Auflassung nicht stattfinden, denn wer die Auflassung erhalten hat, der wird auch in unmittelbarem Anschlusse daran eingetragen — es kann aber grundsätzlich Niemand gezwungen werden, ein Grundstück durch Auflassung zu erwerben: dies wäre nicht eine erzwungene Berichtigung des Besitztitels, wie nach bisherigem Rechte, sondern ein erzwungener Eigenthumserwerb. Es giebt jedoch noch Fälle, wo nicht die Eintragung der Erwerbsakt ist, dieser sich vielmehr anderweitig vollzieht; insbesondere bei dem Erbgang. Auch sind die Fälle noch zu beachten, wo nach dem bisherigen Rechte Jemand durch Vertrag und Uebergabe Eigenthümer geworden ist, sich aber nicht hat eintragen lassen. § 49 der Gr. B. O. ordnet für diese Fälle keinen Uebergangs-Zwang an, sie können sich daher noch eine Zeitlang erhalten und es kann nothwendig erscheinen, im Interesse Dritter den nicht eingetragenen Eigenthümer zu zwingen, sich eintragen zu lassen, um die durch die Eintragung bedingten Handlungen bei dem Grund-

*) Drucksachen des Abg. Hauses Session 1871/72. Nr. 190.

buchamt gegen den Eigenthümer vornehmen zu können. Das Zwangsverfahren selbst entspricht dem bisherigen Rechte und ist der einzige Fall, in welchem dem Grundbuchamt ein Gerichtszwang zusteht.

Die Benachrichtigung des bisherigen Eigenthümers von der Eintragung des neuen Eigenthümers ordnet § 57 ausnahmslos an, sie muß also auch dann erfolgen, wenn der eingetragene Veräußerer in eigener Person vor dem Grundbuchamt die Auflassung erklärt und in seiner Gegenwart die Umschreibung auf den Erwerber im Grundbuch stattgefunden hat. Es wird in dieser Benachrichtigung eine verstärkte Sicherheit gegen Personenverwechselungen vor dem Grundbuchamt gegeben.

Die §§ 58—71 der Gr. B. O. regeln die wichtige Materie von der Zertheilung der Grundstücke. Auch diese steht jetzt unter der Theorie der Auflassung und es hat deßhalb durch ein besonderes Gesetz Vorsorge getroffen werden müssen, die bisherige Bestimmung über die Form der Zertheilungsverträge zu beseitigen, damit nicht der Widerspruch zwischen einer giltigen Auflassung und einem nichtigen Vertrage eintrete [1]). Im Ganzen schließen sich die §§ 58—71 dem alten Recht an, die einzelnen Bestimmungen über die Uebertragung der Belastungen auf die abgetrennten Stücke bedürfen keiner weiteren Erläuterung. Daß bei Zertheilungen ein beglaubigter Auszug aus dem Steuerbuch und eine von dem Fortschreibungsbeamten beglaubigte Karte, aus welcher die Größe des abgezweigten Stückes hervorgeht, vorgelegt werden muß, ist zur speziellen Individualisirung des Trennstücks nothwendig.

Eine Hervorhebung verlangt aber noch § 59 der Gr. B. O. Der Regierungsentwurf ging davon aus, daß alle Grundstücke — auch wenn sie dem Verkehr entzogen sind — ein Grundbuchblatt oder einen Artikel erhalten müßten. Es bedurfte daher keiner Vorschrift für die Fälle, wo ein solches, dem Verkehr bisher entzogenes Grundstück veräußert und belastet werden sollte: das schon vorhandene Grundbuchblatt bot die Möglichkeit, dies in den gesetzlichen

---

[1]) Gesetz über die Form der Verträge, durch welche Grundstücke zertheilt werden, vom 5. Mai 1872. Es hebt nur die §§ 2. 3. 4 des Ges. vom 24. Mai 1853 auf.

Formen zu thun. Diese Sachlage ist dadurch geändert, daß nach § 2 der Gr. B. O. noch eine ganze Kategorie von Grundstücken außerhalb des Grundbuchs bleibt. Sollen solche Grundstücke veräußert oder belastet werden, so muß für sie vorher ein Grundbuchblatt angelegt werden. Soll von ihnen ein Theil abgetrennt werden, so muß ein Gleiches geschehen, weil es sonst an dem eingetragenen Eigenthümer für die Auflassung fehlen würde. Das Alles ergiebt sich aus § 2. Erwirbt der Fiskus, eine Kirche, Gemeinde ein ganzes Grundstück, so ist ja der Veräußerer auf dem Blatt desselben eingetragen, das Eigenthum wird auf diesem Blatt für den Fiskus u. s. w. umgeschrieben und demnächst bleibt dasselbe — ohne daß es einer formellen Schließung bedarf — in der Verwahrung des Grundbuchamts. Aber für einen Fall mußte besondere Vorsorge getroffen werden. Wenn der Fiskus, eine Stadt u. s. w. ein Theilstück erwerben wollen, so kann zwar die Abschreibung von dem Blatt des Stammgrundstücks, nicht aber die Zuschreibung zu einem neuen schon im Eigenthum des Fiskus befindlichen Hauptgrundstück erfolgen, weil für letzteres ein Grundbuchblatt nicht existirt, es kann aber auch nicht die Eintragung des Eigenthumsüberganges auf ein neues Grundbuchblatt für das Trennstück eingeschrieben werden, weil ein solches nicht angelegt wird. § 59 der Gr. B. O. regelt diesen Fall: auf dem Grundbuchblatt des Stammgrundstücks, auf welchem die Abschreibung erfolgen muß, wird in Folge der Auflassungserklärung des eingetragenen Eigenthümers bei der Abschreibung das Sachverhältniß angegeben, d. h. es wird vermerkt, daß das Trennstück in das Eigenthum des Fiskus u. s. w. übergegangen ist. Dieser Vermerk ersetzt die Zuschreibung zu dem neuen Muttergrundstück oder die Anlegung eines besonderen Grundbuchblatts für das Trennstück und es ist ihm deßhalb die Wirkung der Eintragung des Eigenthumsüberganges beigelegt[1]). Praktisch wird dies z. B. in Fällen werden, wo anliegendes Land zur Verbreiterung von öffentlichen Straßen erworben werden soll. Aber die Anwendung dieser Vorschrift setzt voraus, daß das Trennstück unbelastet auf

---

[1]) Vergl. unten in der Anlage II die Note zu § 1 Nr. 5 des Kostentarifs.

den Erwerber übergeht, daß es aus allen Realverbindlichkeiten seines bisherigen Stammgrundstückes ausscheidet. Soll es ganz oder antheilsweise in der Mithaft verbleiben, so muß es durch die Anlegung eines neuen Grundbuchblattes seine Individualisirung erhalten.

Drittes Kapitel.

Die dinglichen Belastungen.

§ 1. Vorbemerkung.

Der zweite und dritte Abschnitt des Gesetzes über den Eigenthumserwerb beschäftigt sich mit den dinglichen Rechten an fremden Grundstücken und zwar der zweite mit den dinglichen Rechten, die in die zweite Abtheilung des Grundbuchs eingetragen werden müssen, der dritte mit denjenigen, welche in die dritte Abtheilung des Grundbuchs gehören. Der prinzipielle Unterschied zwischen diesen beiden Arten dinglicher Belastung liegt darin, daß die einen ihrem Begriff nach unkündbar, die anderen ihrem Begriff nach kündbar sind. Auf diesem Unterschied beruht die im neuen Grundbuch beibehaltene Eintheilung des bisherigen preußischen Hypothekenbuchs in die zwei Rubriken: **onera perpetua** und Schulden. Jedoch ist in Folge einer Eigenthümlichkeit des preußischen Privatrechts diese Eintheilung nicht ganz consequent durchgeführt. Es giebt ein obligatorisches Recht, welches durch den Besitz des Objects, auf welches es sich bezieht, oder durch Eintragung die Wirkung eines dinglichen Rechts gegen Dritte erhält, die dieses Objekt selbst oder Rechte an demselben erwerben: Miethe und Pacht. Soll ein Mieths- oder Pachtverhältniß durch Eintragung dingliche Wirkung erhalten, so wird es — obschon seinem Begriff nach aufkündbar — in der zweiten Abtheilung des Grundbuchs eingetragen. Die Beibehaltung dieses Grundsatzes des älteren Rechts erklärt und rechtfertigt sich dadurch, daß die Eintragung einer Miethe oder Pacht nicht sowohl den Zweck hat, diesen Rechten den Charakter der Dinglichkeit zwischen den

Contrahenten beizulegen, als vielmehr ihre Existenz und die durch sie bewirkte Beschränkung des Umfangs des Verfügungsrechts des Grundeigenthümers erkennbar zu machen.

Ueber den Begriff des dinglichen Rechts an einer fremden Sache kann auf das Civilrecht verwiesen werden. Das Gesetz vom 5. Mai 1872 bereichert das System der dinglichen Rechte durch ein neues Rechtsinstitut, das der Grundschuld. Insofern alle diese Rechte das fremde Grundstück unmittelbar ergreifen, auf demselben liegen, darf man sie zusammenfassen unter der Bezeichnung „dingliche Belastung", und dadurch dieselbe zu einem technischen Ausdruck der Rechtssprache machen. Sie sind in Wahrheit Belastungen der Sache selbst, welche nicht an die Stelle des Eigenthums treten, dasselbe nicht theilweise vernichten, sondern es nur in seiner Ausübung hemmen.

§ 2. I. Die unkündbaren Belastungen.

In die zweite Abtheilung des Grundbuchs gehören außer den Beschränkungen des Eigenthumsrechts selbst, wie z. B. Fideikommißeigenschaft des Grundstücks, und den Beschränkungen des Verfügungsrechts des Eigenthümers, Veräußerungsverbote, Vorkaufsrechte, Sperrvermerke, die selbständigen Rechte an einem fremden Grundstück, welche ein Gebrauchs- oder Nutzungsrecht (Dienstbarkeit, Reallast, Rente) gewähren. Nach der Theorie des ALR. erlangt das Recht, ein fremdes Grundstück zu gebrauchen oder zu nutzen, die Eigenschaft eines dinglichen Rechts nur entweder durch Besitz der zu gebrauchenden oder zu benutzenden Sache, oder durch Eintragung des Rechts in dem Hypothekenbuch. Sofern weder das eine noch andere der Fall ist, bewirkt das Recht nur persönliche Verpflichtungen, und diese erlöschen, wenn das Eigenthum des belasteten Grundstücks auf eine nicht persönlich verpflichtete Person, also durch Singularsuccession übergeht. Jedoch haben auch ohne Besitz oder Eintragung die Eigenschaft der Dinglichkeit solche Rechte am Grundstück, welche unmittelbar durch das Gesetz begründet sind, sofern dem späteren Erwerber des Grundstücks bekannt war oder ohne eigenes mäßiges Versehen bekannt sein konnte, daß der bisherige Eigenthümer des Grundstücks gegen den Berechtigten in einem solchen persönlichen Verhältnisse sich befinde, woraus vermöge des Gesetzes ein Nutzungsrecht entspringt [1]), und zweitens Grundgerechtigkeiten (Realservituten) selbst wenn sie nicht durch in die Augen fallende Kennzeichen oder Anstalten angedeutet werden, oder wenn sie den Nutzungsertrag des belasteten Grundstücks nicht schmälern [2]). Abgesehen nun von denjenigen Grundgerechtigkeiten, welche auch ferner dinglich bleiben ohne Eintragung, kommen hier der Nießbrauch und die Reallast in Betracht. Der Satz, daß die Eigenschaft der Dinglichkeit, die diesen Rechtsinstituten schon an sich, ihrem Begriff nach beiwohnt, entweder durch den Besitz der Sache oder durch Eintragung begründet wird, konnte nicht beibehalten werden. In der Konsequenz der für den Eigenthumserwerb angenommenen Theorie mußte vielmehr die Eintragung die ausschließliche Begründungsart werden. Ebensowenig konnte auch der andere Satz aufrecht bleiben, daß die nicht eingetragene Reallast von Hypothekengläubigern oder Erwerbern des Grundstücks anerkannt werden muß, wenn ihnen ihre Existenz bekannt geworden ist. Der Inhalt des Grundbuchs mußte hier wie bei dem Eigenthum die alleinige Erkenntnißquelle sein. In Folge dessen enthielt die Regierungsvorlage die Bestimmung: „Dingliche Rechte an einem Grundstück, welche auf einem privatrechtlichen Titel beruhen, können nur durch Eintragung begründet werden." Mit diesem Gedanken war man auch bei den Kommissionsberathungen einverstanden: zweifellos konnte man die Eintragung als Begründungs- oder Erwerbsakt hinstellen für den auf Vertrag beruhenden Nießbrauch und für die Reallast; zugleich beseitigte jener Satz die Ersitzung als Erwerbsgrund, da der Besitz nicht mehr Erwerbsakt sein konnte. Ein Bedenken entstand aber in Betreff des gesetzlichen Nießbrauchs des Vaters und Ehemannes. Das Gesetz ist ein privatrechtlicher Titel, an sich fiel also dieser Nießbrauch unter jene Vorschrift der Regierungsvorlage: konnte man hier aber die Eintragung als die Begründung des Rechtsverhältnisses hinstellen, während es in Wirklichkeit doch durch die väterliche Gewalt und durch die Ehe begründet wird, und sollte man dem

[1]) § 6. I. 21. ALR.

[2]) §§ 16–18. Anh. § 58. I. 22. ALR.

Vater gegenüber seinem Hauskinde, dem Ehemanne gegenüber seiner Ehefrau den ihm gesetzlich gebührenden Nießbrauch entziehen, weil er nicht eingetragen worden ist? In der That konnte es sich in diesem Falle nur darum handeln, seine dingliche Wirkung gegen Dritte an die Eintragung zu knüpfen. Diesen Gesichtspunkt deuten die Regierungsmotive auch bereits an, indem sie ausführen: „wenn der gesetzliche Nießbrauch auch nicht durch die Eintragung begründet werden kann, so muß doch auch hier, wie bei dem Erwerb durch Erbgang oder bei dem Miterwerb in der ehelichen Gütergemeinschaft daran festgehalten werden, daß ein solcher gesetzlicher Nießbrauch gegen Dritte nur durch die Eintragung wirken kann." Allerdings hatte dieser richtige Gedanke in der Fassung des § 12 der Regierungsvorlage nicht seinen ganz adäquaten Ausdruck erhalten, da hiernach auch bei dem gesetzlichen Nießbrauch nur die Eintragung als der Begründungsakt erschien. Wenn aber, um diesem Mangel abzuhelfen, nunmehr das Gesetz lautet: „Dingliche Rechte an Grundstücken, welche auf einem privatrechtlichen Titel beruhen, erlangen gegen Dritte nur durch Eintragung Wirksamkeit", so ist durch diese Fassung nichts gebessert, vielmehr der Fehler nur in eine andere Stelle gerückt; denn jetzt gilt der Satz, der eigentlich nur für den gesetzlichen Nießbrauch paßt, auch von allen anderen dinglichen Rechten, die also nicht durch die Eintragung dinglich werden, nicht durch sie begründet werden, sondern nur ihre Wirkung gegen Dritte erhalten. Wodurch werden sie nun aber als dingliche Rechte begründet? Man muß trotz der jetzigen Fassung des § 12 daran festhalten, daß die dinglichen Rechte an einem Grundstück, soweit sie nicht auf Gesetz beruhen, oder von der Eintragung ausdrücklich befreit sind, ebenso wie das Eigenthum nur durch Eintragung erworben werden können, daß weder der Vertragsabschluß allein, noch der Besitz des Grundstücks, oder die Ausübung des Rechts, noch Ersitzung diesen Erwerb vollenden, und daß der gesetzliche Nießbrauch auch ferner zwar begründet wird durch die Existenz des persönlichen Verhältnisses, an welchen ihn das Gesetz anknüpft, durch die Eintragung aber nur seine unbedingte Wirksamkeit gegen Dritte erlangt. Insofern ist § 6. I. 21. ALR. geändert, als dem Dritten nicht mehr die eigene Kenntniß von dem Vorhandensein des persönlichen Verhältnisses entgegengesetzt werden kann. Das Konsensprinzip beherrscht auch den Erwerb der dinglichen Rechte, wie dies aus §§ 13, 14 des Gesetzes hervorgeht, und auch insofern ist der Parallelismus mit der Theorie des Eigenthumserwerbs aufrecht erhalten, als das durch Eintragung erworbene dingliche Recht unter allen Umständen stärker ist, als der wenngleich ältere Titel eines Andern, oder der Rechtsbesitz desselben, ohne Rücksicht darauf, daß dem eingetragenen Berechtigten dies Verhältniß bekannt gewesen ist (§ 15). Da es in der Natur solcher dinglichen Rechte liegen kann, daß sie an demselben Grundstück ohne Störung auch nebeneinander bestehen, so war hier die Kollision zwischen einem eingetragenen und einem nicht eingetragenen aber ausgeübten Recht nur für den Fall zu beseitigen, daß beide Berechtigungen nicht nebeneinander bestehen können, z. B. Nießbrauch gegen Nießbrauch, während eine Wegegerechtigkeit auch von verschiedenen Berechtigten ausgeübt werden kann.

Wenn die Eintragung ausschließlich das dingliche Recht begründet, oder ausschließlich wenigstens ihm die Wirksamkeit gegen Dritte giebt, so kann es auf die Kenntniß von der Existenz solcher Rechte außerhalb des Grundbuchs nicht mehr ankommen. Nicht eingetragene Reallasten haben also fortan dingliche Eigenschaft oder Wirkung nicht mehr, auch das bereits durch Ersitzung erworbene Recht verliert seine Dinglichkeit durch das Gesetz, weil es nicht eingetragen ist. Um solchen Verlust gegenüber der bisherigen Rechtspflege nicht plötzlich mit dem Tage eintreten zu lassen, an welchem das neue Gesetz in Kraft tritt (1. Oktbr. 1872), hat § 73 Gr. B. O. eine Ausschlußfrist bis zum 1. Oktober 1873 angeordnet, bis wohin die nach bisherigem Recht ohne Eintragung wirksamen dinglichen Rechte eingetragen werden müssen, „widrigenfalls sie dritten Personen gegenüber nicht geltend gemacht werden können“, und zwar auch dann nicht, wenn diese von ihnen Kenntniß besitzen. Es versteht sich von selbst, daß wenn z. B. wegen prozessualischer Weiterungen die definitive Eintragung des Rechts bis zum 1. Oktober 1873 nicht bewirkt werden kann, eine bis dahin eingetragene Vormerkung das Recht auf definitive Eintragung hier wie sonst erhält.

Die Ausschlußfrist trifft alle dingliche Rechte, welche auf einem privatrechtlichen Titel — Vertrag, Privilegium, Verjährung, Gesetz — beruhen; den Gegensatz bilden die aus publizistischen Verhältnissen entspringenden Rechte, die gemeinen Lasten, welche auch ferner nicht der Eintragung bedürfen, und diejenigen, obschon dem Privatrecht angehörigen dinglichen Rechte, welche durch § 12 des Gesetzes vom 5. Mai 1872 von der Eintragung überhaupt befreit sind. Unter letzteren sind aus dem Gebiete des Bergrechts die Erbstollengerechtigkeit, die Freikuxe und Zehntrechte bei Privatregalen (§ 223, 224, 250 des allgem. Berggesetzes) nicht erwähnt. Keines dieser drei Rechte kann seit dem allgemeinen Berggesetz neu entstehen, es handelt sich also nur darum, ob solche bereits vor der Giltigkeit des Berggesetzes entstandene Rechte innerhalb der Ausschlußfrist eingetragen werden müssen, um sie zu erhalten. Man wird dies in Betreff der Zehntrechte zu bejahen, in Betreff der Freikuxe und der Erbstollengerechtigkeit zu verneinen haben.

Als Freikuxberechtigung kommen die zwei Freikuxe der Kirche und Schule des Abbauortes oder des Sprengels, in dem die pflichtige Grube liegt, und die zwei Grund- oder Erbkuxe des Eigenthümers des Grundstücks, über welches die Fundgrube des betreffenden Grubenfeldes sich erstreckt, in Betracht[3]). Von hervorragender Bedeutung sind diese Freikuxberechtigungen nur in der Provinz Schlesien, wo die beiden Freikuxe der Kirche und Schule nach der Kabinetsordre vom 9. März 1830 zu einem besonderen Institutenfonds (dem sog. schlesischen Freikuxgelderfonds) vereinigt sind, der nach Maßgabe eines Regulativs vom 26. März 1868 und eines Nachtrags dazu vom 31. Juli 1869 unter der Oberleitung des Oberpräsidenten der Provinz von dem Oberbergamt in Breslau verwaltet wird. Diese Freikuxe belasten den schlesischen Steinkohlenbergbau. In Westfalen wird dagegen nicht der Steinkohlenbergbau, sondern nur der weniger wichtige metallische Bergbau von der Freikuxlast betroffen[4]). In den übrigen im Bereich der Grundbuchordnung gelegenen Landestheilen haben die Freikuxberechtigungen gleichfalls keinen erheblichen Werth. Daß nun die Freikuxe Real-

---

[3]) §§ 134. 120. II. 16. ALR.

[4]) Vergl. Cleve-Märkische Bergordnung v. 29. April 1766.

berechtigungen sind, ist zweifellos [5]), aber es fragt sich, ob sie auf einem privatrechtlichen Titel beruhen. Nach der älteren Bergwerksverfassung, unter deren Herrschaft sie entstanden sind, gehörten sie zu den gemeinen Lasten des verliehenen Bergwerkeigenthums, die nach § 47 und 49 der Hypothekenordnung von 1783 keiner Eintragung bedurften. Die Freikuxlast traf zu Gunsten der Kirche, der Schule oder des Grundeigenthümers jedes verliehene Bergwerkseigenthum in dem betreffenden Rechtsgebiete und zwar unmittelbar kraft gesetzlicher Vorschrift. Thatsächlich ist dieser Zustand aber durch die neuere Gesetzgebung geändert. Da nach letzterer jene Berechtigung nicht mehr neu entstehen kann, so sind jetzt in demselben Bezirk neben den älteren freikuxpflichtigen Gruben neuere Gruben vorhanden, welche dieser Last nicht unterworfen sind; auch sind die bestehenden Berechtigungen ablösbar. So kann man zu der Ansicht geneigt werden, daß jetzt der Charakter der „gemeinen" Last der Freikurberechtigung entzogen ist, denn es ist nicht mehr aus dem Gesetz unmittelbar erkennbar, ob ein Bergwerk mit einer Freikuxberechtigung belastet ist oder nicht, und deßhalb müsse jetzt dieses Recht in die Kategorie derjenigen dinglichen Rechte gestellt werden, die, um Wirksamkeit gegen Dritte zu erhalten, der Eintragung bedürfen, mithin auch der Ausschlußfrist des § 73 der Gr. B. O. unterliegen. Allein dagegen spricht, daß durch die neuere Gesetzgebung den bereits vorhandenen Freikuxrechten ihr rechtlicher Charakter, der durch ihren Entstehungsgrund ihnen dauernd verliehen ist, nicht entzogen oder verändert worden ist. Nach altem Recht als gemeine Last entstanden, müssen sie, so lange sie bestehen, auch diesen Charakter behalten. Als gemeine Last bedürfen sie aber nicht der Eintragung. Anders verhält es sich dagegen mit der in Westphalen, im Gebiete der Cleve-Märkischen Bergordnung v. 1766 hier und da vorkommenden Berechtigung auf die Trabbe, d. h. auf eine Naturalabgabe, welche der Eigenthümer eines Steinkohlengrubenfeldes an den Grundeigenthümer zu entrichten hat, auf dessen Grundstück ein Förderschacht angelegt ist [6]). Die Abgabe enthält

[5]) § 224 des Ges. v. 24. Juni 1865.

[6]) Klostermann, Lehrb. des preuß. Bergrechts 1871, S. 332.

die Vergütigung für die Benutzung des Grundstücks und wird nach Wahl des Grundeigenthümers an Stelle der Geldentschädigung für die Beschädigung des Grundstückes entrichtet. Da das dingliche Recht erst durch die Wahl des Grundeigenthümers existent wird, so muß behauptet werden, daß es als ein auf privatrechtlichem Titel beruhendes Recht der Eintragung bedarf.

Die im Geltungsbereich der Grundbuchordnung vorkommenden Privatzehntrechte, das der Herrschaft Beuthen-Tarnowitz in Schlesien und das der Bergischen Unterherrschaft Broich, beruhen auf Privilegien, mithin auf einem privatrechtlichen Titel und müssen daher bis zum 1. Oktober 1873 eingetragen werden. Das Gleiche wird in Betreff der mit dem Besitze des Bergregals verbundenen Rechte auf Erhebung von Bergwerksabgaben, welche den Inhabern des Regals zusteht, anzunehmen sein, denn das Bergregal war ein privatrechtliches Rechtsinstitut, das Recht zur Erhebung der Abgabe als ein Ausfluß des privatrechtlichen Regals beruht also auf einem privatrechtlichem Titel. Daß der Bergzehnt im Besitze des Staates in einer Entscheidung des Obertribunals als öffentliche Abgabe charakterisirt worden ist [7]), kann zu einer gleichen Auffassung der im Privatbesitz befindlichen Rechte auf gleiche oder gleichartige Abgaben nicht führen.

Dagegen ist die Erbstollengerechtigkeit ein selbständiges Bergwerkseigenthum, welches neben dem Bergwerkseigenthume an verliehenen Grubenfeldern steht, und nicht schon durch seine Existenz das letztere belastet, sondern erst durch die thatsächliche Ausübung der darin enthaltenen Befugnisse zu einzelnen Gruben in rechtliche Beziehungen treten kann. Die thatsächliche Ausübung steht aber im Belieben des Erbstöllners, erst wenn derselbe in das Feld einer verliehenen Grube eingeschlagen hat oder wenigstens in deren Nähe vorgedrungen ist, kommen die in der Erbstollengerechtigkeit enthaltenen Befugnisse der betreffenden Grube gegenüber zur Geltung, nämlich das Recht zum Durchtrieb (Stollenhieb, Ansitz, Ausbrechen und Uebersichbrechen), zum unentgeltlichen Mitgebrauch fremder Grubenschächte, und die Berechtigung auf den Bezug der sog. Erb-

---

[7]) Präj. 2024. Entsch. B. 16 S. 507.

stollengebühren, der gesetzlich bestimmten Gegenleistung, welche dem Stöllner dafür, daß er der Grube Wetter- und Wasserlosung gewährt, zustehen. Diese Berechtigungen kann man als dingliche Rechte an einer fremden Sache — als welche die Grube gelten müßte, — nicht auffassen; die Eintragung derselben auf sämmtliche davon betroffenen Gruben würde auch nicht ausführbar sein, weil sich nicht feststellen läßt, welche Grubenfelder dem Erbstöllner dereinst dienstbar oder gebührenpflichtig werden können.

Die Reihenfolge der Eintragungen mehrerer an demselben Grundstück zustehender Rechte giebt diesen unter sich die Rangordnung; die Reihenfolge ist bedingt durch den Zeitpunkt, in welchem der Antrag auf Eintragung dem Grundbuchamt vorgelegt worden ist. Bei gleichzeitiger Vorlegung muß, wenn eine gleiche Rangordnung eintreten soll, dies im Eintragungsvermerk ausdrücklich vermerkt werden.

Eingetragene dingliche Rechte verlieren ihre dingliche Wirksamkeit nur durch Löschung, nicht durch Verjährung noch durch Ersitzung eines entgegenstehenden Rechts. Dieser Grundsatz entspricht dem bisherigen Recht[8]). Die Löschung erfolgt auf Antrag des Eigenthümers, der die Bewilligung des eingetragenen Berechtigten oder seines Rechtsnachfolgers vorzulegen hat. Natürlich wird die Bewilligung ersetzt durch ein rechtskräftiges Erkenntniß, welches den Berechtigten dazu verurtheilt.

Einer näheren Erörterung bedarf hier noch der § 102 der Gr. B. O., weil er den Unterschied zweier in dem Regierungsentwurf auseinandergehaltener, ihrer Natur nach verschiedener Rechtsverhältnisse verdunkelt hat. Der Regierungsentwurf lautete: „Persönliche unvererbliche Einschränkungen des Eigenthums oder des Verfügungsrechts, sowie Rechte, deren Dauer durch das Leben des Berechtigten bedingt ist, werden gelöscht, wenn der Tod des Berechtigten nachgewiesen ist.“ Diese Fassung beruht auf dem Beschluß des Hauses der Abgeordneten in der Session 1869/70, durch welchen die beiden §§ 105, 106 der damaligen Regierungsvorlage in einen § 106 zusammengezogen wurden. Hieraus

---

[8]) § 511. I. 9. ALR.

geht hervor, daß man neben die Einschränkungen des Eigenthums oder des Verfügungsrechts noch andere Rechte gestellt hat, die nicht unter jene Kategorie fallen, mit ihr aber die Eigenschaft der Unvererblichkeit gemein haben. Veräußerungsverbote, Vorkaufsrechte, Wiederkaufsrechte bestimmter Personen gehören der ersteren; Altentheile, Leibrenten der letzteren Kategorie an. Das Gesetz vom 24. Mai 1853 hatte bekanntlich die Löschung der Altentheile, Auszüge, Herbergs- und Pflegeberechtigungen, der Nießbrauchsrechte und anderer persönlicher Servituten, der Leibrenten und anderer auf Lebenszeit bedungener Leistungen zugelassen, wenn seit dem Todestage des Berechtigten fünf Jahre verflossen wären. Diese fünfjährige Frist, welche zur Sicherung etwaiger Rückstände vorgeschrieben war, sollte fallen gelassen werden. Dadurch fiel § 34 mit § 33 des Gesetzes vom 24. Mai 1853 zusammen und indem statt der Aufzählung jener einzelnen Rechte, wie sie § 34 enthielt, nunmehr die allgemeine, sie alle umfassende Bezeichnung „Rechte, deren Dauer durch das Leben des Berechtigten bedingt ist", angenommen wurde, konnte die neue Bestimmung in einem Paragraphen erledigt werden. Die Kommission des Herrenhauses hat die Worte „Rechte, deren Dauer durch das Leben des Berechtigten bedingt ist", gestrichen und nur die Kategorie der „persönlichen unvererblichen Einschränkungen des Eigenthums oder des Verfügungsrechts" stehen lassen. Unter diese Klasse können aber Wohnungsrechte, Altentheile, Verpflegungsrechte, Leibrenten unmöglich gerechnet werden. Für diese fehlt daher jetzt eine Bestimmung in der Gr. B. O., wie sie zur Löschung gebracht werden können und selbst die erleichternde Vorschrift des § 34 des Gesetzes vom 24. Mai 1853 ist mit Wegfall dieses Gesetzes nicht mehr für giltig zu erachten. Der erste Absatz des § 102 Gr. B. O. läßt sich nur auf § 33 Nr. 1. 2. des Gesetzes vom 24. Mai 1853 beziehen, auf „Einschränkungen des Eigenthums oder der Disposition, welche nicht in der rechtlichen Beschaffenheit des Besitzverhältnisses beruhen, sondern sich nur auf eine bestimmte Person beziehen, auf Vorkaufs- oder Wiederkaufsrecht für eine bestimmte Person." Der Beschluß des Herrenhauses hat hier in die Gr. B. O. eine Lücke gerissen, die nirgends ausgefüllt worden ist und einen Rechtszustand wieder hergestellt, der bereits durch die Novelle von

1853 in angemessener Weise beseitigt worden war. Man hat übrigens nicht die Absicht gehabt, diese Lücke zu reißen. Die Opposition richtete sich nur dagegen, daß rückständige Leistungen nicht mehr berücksichtigt werden sollten, gegen das Fallenlassen der fünfjährigen Frist. Aus dieser Opposition ist der zweite Satz des § 102 Gr. B.O. hervorgegangen, der aber zum ersten Satz gar nicht paßt, weil die hier erwähnten Berechtigungen die Möglichkeit von Rückständen niemals bieten können. Die Frage aber, ob es legislativ nothwendig sei, eine Frist zur Sicherung der Rückstände beizubehalten oder ob man sie aufgeben könne, ist im Kommissionsbericht des Hauses der Abgeordneten von 1870 ausführlich erörtert worden. Es wurde zunächst aus dem Bericht eines Appellationsgerichts Folgendes mitgetheilt:

„Es dürfte sich fragen, ob nicht bei der gegenwärtigen Reform des Hypothekenwesens noch ein Schritt weiter zu gehen und die Löschung auf den bloßen beglaubigten Todtenschein des Auszüglers zuzulassen sein möchte. Die richterliche Erfahrung lehrt, daß, wo bei dem Tode des Auszüglers Rückstände verblieben sind, in den meisten Fällen dieselben entweder anderweitig abgegolten oder erlassen worden sind. Es liegt beinahe in der rechtlichen Natur des Auszugs, der „zur Versorgung auf Lebenslang“ dient (§ 602. Tit. 11 Th. I. ALR.), daß die nicht verlangten einzelnen Prästationen im zweifelhaften Falle für erlassen angesehen werden dürfen, in der Erwägung, daß der Auszügler von seinem Rechte keinen Gebrauch gemacht hat, um den verpflichteten Wirth zu erleichtern, oder weil der Auszug reichlich bemessen und bei zunehmendem Alter nicht mehr erforderlich war. Eine Versorgung auf Lebenslang nimmt ja ohnehin mit dem Tode des Versorgten ihr Ende. Trotz dieser Erwägungen bleiben nun allerdings Nachforderungen aus mangelhafter Erfüllung sehr wohl denkbar und es liegt auch in der Natur der Sache, daß dieselben auch auf die Erben des Auszüglers übergehen, (§ 350. Tit. 9. Th. I. ALR.) Allein eine andere Frage ist, ob nicht eine derartige Nachforderung in der Hand der Erben die Natur eines Entschädigungs-Anspruchs annimmt, da ja die nachgeforderten und nachgelieferten Prästationen, ihrem Zwecke, zum Unterhalte des Auszüglers zu gereichen, nicht mehr genügen können? Daran knüpft sich die Frage: ob diese Entschädigungsforderung Anspruch auf Versicherung in dem Grundstück hat, welche für die Reallast selbst, zur Sicherung des Unterhalts des Auszüglers gerechtfertigt war? Wir begnügen uns, diese Erwägung anzuregen, ohne einen Antrag an dieselbe zu knüpfen." Sodann fährt der Bericht der Kommission fort:

„Diese Gründe fanden in der Kommission von mehreren Seiten Anklang. Es wurde noch besonders hervorgehoben, daß das Interesse des Grundbesitzers jede ohne Gefahr mögliche Erleichterung in der Löschung der in Rede stehenden Rechte erheische; daß mit Rücksicht auf die meisten derartigen Verhältnisse kein ausreichender Grund vorliege, das dingliche Recht für die Erben zu konserviren, und daß die Erfahrung gelehrt habe, daß, im Falle die bisherige Frist vom Besitzer nicht habe abgewartet werden können und er zur Einholung der Quittung der Erben genöthigt gewesen, diese vielfach mit Nachforderungen aufgetreten und zu weitläufigen Processen Veranlassung gegeben hatten. Von anderer Seite wurde jedoch die beabsichtigte Aenderung lebhaft bekämpft; durch entsprechende Amendements verlangte ein Mitglied die Beibehaltung der fünfjährigen, ein anderes Mitglied die Festsetzung einer einjährigen Frist. Beide Antragsteller stimmten darin überein, daß der Wegfall jeder Frist wohlerworbene Rechte verletzen könne. Dies würde — meinten sie — unbestreitbar sein, wenn man sich den Fall denke, daß der Berechtigte selbst bereits Rückstände seines Auszugs oder seiner Leibrente rechtskräftig erstritten habe und die Beitreibung der Rückstände bei dem Mangel anderweitigen Vermögens nur aus dem belasteten Grundstück möglich sei; sterbe in einem solchen Falle der Berechtigte, so könne der Verpflichtete durch die Löschung auf Grund des Todtenscheins den Erben das einzige Objekt ihrer Befriedigung nehmen. Aehnliche Verletzungen ließen sich in dem Falle, wenn der Berechtigte seinen Auszug oder seine Rente abgetreten habe, was rechtlich zulässig und bei einem Verzuge des Verpflichteten vielfach geschehe, annehmen.

Ueberhaupt kann es nicht gerechtfertigt erscheinen, daß Rechte, soweit sie gesetzlich auf Erben übergehen, in ihrem materiellen Umfang durch den Tod des Berechtigten in so erheblicher Weise alterirt würden. Deßhalb sei die Beibehaltung einer Frist zur Geltendmachung des dinglichen Rechts geboten und frage sich nur, ob mit Rücksicht auf die bereits angezogenen gesetzlichen Bestimmungen über die Verjährungsfristen eine Frist von 5 Jahren oder überhaupt nur eine Frist, welche zur Verfolgung des dinglichen Anspruchs genüge, festzusetzen sei.

Nachdem sodann auch die fünfjährige Frist, als dem bisherigen Recht entsprechend, durch mehrere der Praxis entnommene Fälle näher begründet und andererseits für die einjährige Frist geltend gemacht war, daß im Interesse des Realkredits die baldige Löschung der in Rede stehenden Verbindlichkeiten liege und der einjährige Zeitraum zum Schutze der Rechte der Erben und sonstigen Rechtsnachfolger ausreichen würde, wurden von der Kommission beide Amendements abgelehnt und die §§ 105, 106 der Vorlage angenommen, welche bei der Schlußredaktion zu einem Paragraphen zusammengezogen sind."

Damals ließ also das Haus der Abgeordneten eine Fristbestimmung ganz fallen. In der Kommission des Herrenhauses machten sich aber andere Anschauungen geltend. Es heißt in dem Bericht:

„Zu § 102 wurde geltend gemacht, daß die Vorlage eine Abweichung vom bisherigen Rechte enthalte, welche zu weit gehe und die praktischen Verhältnisse nicht genügend berücksichtige. Es sollten danach Rechte, deren Dauer durch das Leben des Berechtigten bedingt sei, insbesondere also Altentheile, auf Grund des bloßen Todtenscheins der Berechtigten gelöscht werden, während nach § 34 der Hypothekennovelle vom 24. Mai 1853, § 98 des Gesetzes für Neuvorpommern und der Vorlage von 1868 entweder noch Quittung der Erben oder der Ablauf der Verjährungszeit von 5 Jahren vom Todestage des Berechtigten ab, für erforderlich erachtet sei. Als Motiv sei Seite 14 des Kommissionsberichtes des Abgeordnetenhauses, auf welchen in den Motiven des Entwurfs Seite 76 lediglich Bezug genommen sei, angegeben, daß Altentheilsrückstände der Erfahrung nach meistens als erlassen oder anderweit abgegolten angesehen werden könnten, und daß eine derartige Nachforderung in der Hand der Erben keinen Anspruch auf eine reale Sicherheit habe, die Realität der Last vielmehr nur der Sicherung des Unterhalts entspreche und daher mit dem Tode des Berechtigten ohne Weiteres in Wegfall kommen könne. Jene Erfahrung sei mindestens für die östlichen Provinzen unbedingt nicht richtig. Das Altentheil sei hier noch ein sehr verbreitetes Institut und die Zahl der Processe wegen Altentheilsrückstände sehr groß. Die Idee des Erlasses und der Abgeltung passe doch nur, wo der Altsitzer und der Wirth noch zu Einem Familienkreise gehörten. Dies sei sehr häufig nicht der Fall, vielfach würden die Altsitzer durch schlechte, selbst gefährliche Behandlung genöthigt, aus ihrem Altsitze fort und anderswohin zu ziehen und sich dort vorläufig durch Dritte in der Erwartung ernähren zu lassen, für die Aufwendung aus den exekutivisch beizutreibenden Altentheilsrückständen Ersatz gewähren zu können.

Die Processe darüber bildeten oft verhältnißmäßig sehr erhebliche Beträge. Viele Subhastationsprozesse entständen noch bei Lebzeiten der Berechtigten daraus, und das einzige Objekt der Befriedigung sei in den meisten Fällen nur in den Kaufgeldern der verpfändeten Grundstücke zu finden. Die Realsicherheit hierfür ipso jure mit dem Tode des Berechtigten aufhören zu lassen, entspräche nicht den Prinzipien von Erlöschungen der Verbindlichkeiten überhaupt und vom Schutze wohlerworbener Rechte. Dagegen sei zuzugeben, daß die fünfjährige Frist die Sache zum Nachtheil des Realkredits zu lange hinziehe und eine theoretisch zwar richtige, aber praktisch zu weit getriebene Fürsorge sei. Es wurde deßhalb 1. das Amendement gestellt, die in Rede stehenden Bestimmungen in folgenden zwei Paragraphen zu fassen:

§ 102.

Persönliche unvererbliche Einschränkungen des Eigenthums oder des Verfügungsrechts werden auf Antrag des Eigenthümers des Grundstücks gelöscht, wenn der Tod des Berechtigten nachgewiesen ist.

§ 102 a.

Waren mit solchen Einschränkungen Nutzungsrechte verbunden, so kann die Löschung nach Ablauf eines Jahres nach dem Tode des Berechtigten erfolgen, wenn durch eine Bescheinigung des Proceßrichters nachgewiesen wird, daß eine Klage auf Rückstände nicht angestellt worden ist.

Der Regierungskommissar rechtfertigte die Vorlage damit, daß man die sehr widerwärtigen Processe der Erben der Altsitzer möglichst habe abschneiden wollen, indem man den Ansprüchen der Erben die reale Kraft nähme, während ihr persönlicher Anspruch ihnen vorbehalten bliebe.

Dem Amendement wurde von mehreren Seiten zugestimmt und noch darauf aufmerksam gemacht, daß der § 102 der Vorlage auch auf eingetragene Leibrenten bezogen werden müsse, und hierfür die wegen der Altentheilsrückstände angeführten Gründe gewiß nicht Platz griffen. Andererseits wurde der Vorlage zugestimmt und für bedenklich erachtet, daß die im Amendement geforderte Bescheinigung des Proceßrichters, wenn der Verpflichtete ein doppeltes Forum, das persönliche und dingliche, habe, von zwei Richtern ausgestellt werden müsse, worauf entgegnet wurde, daß dies bei den hier in Rede stehenden Streitigkeiten nur selten der Fall, eventualiter aber ohne alle Schwierigkeiten herbeizuführen sein würde. Das Amendement wurde hierauf mit 13 gegen 7 Stimmen angenommen."

Gegen die Fassung des § 102 der Herrenhausvorlage wurde bei der Berathung im Hause der Abgeordneten angeführt: Hiernach könnten die fraglichen Rechte auch nach Ablauf von fünf Jahren ohne die Bescheinigung des Prozeßrichters nicht gelöscht werden, die Bescheinigung des Prozeßrichters darüber, daß eine Klage auf Rückstände nicht angestellt sei, errege in Ansehung der nothwendigen Ermittelungen und des Gerichtsstandes Bedenken, und der Umstand, ob mit dem Rechte Nutzungsrechte verbunden seien, könne nicht der maßgebende sein, was sich z. B. bei dem Wohnungsrecht zeige. Vielmehr könne es nur noch darauf ankommen, ob die Möglichkeit von Rückständen vorhanden sei oder nicht. Auf Grund dieser Bemerkungen erhielt demnächst trotz des Widerspruchs des Regierungskommissars, der die unveränderte Wiederherstellung der dem früheren Beschluß des Abgeordnetenhauses entsprechenden Regierungsvorlage beantragte, der § 102 der Gr. B. O. seine Fassung, indem er mit § 101 der Herrenhausvorlage zusammengezogen wurde. Der dadurch geschaffene Rechtszustand wird in der Praxis sich bald als ganz unleidlich herausstellen; die Schicksale dieses § zeigen zugleich, wie bedenklich es ist, in Justizgesetzen den Weg der Kompromisse zu betreten. Viel besser wäre die einfache Rückkehr zu § 34 der Novelle von 1853 gewesen, wenn man auch dessen sehr schwerfällige Redaktion hätte verbessern können.

II. Die kündbaren Belastungen.

§ 3. Vorbemerkung.

Der Regierungsentwurf hatte als kündbare Belastung nur die Hypothek vorgeschlagen, dieselbe aber gegenüber dem bisherigen Recht, indem er ihr die accessorische Natur nahm und sie als ein von dem Schuldverhältniß unabhängiges Recht construirte, wesentlich umgestaltet. Der Name Hypothek wurde als eingebürgert und nach dem Vorgang des mecklenburgischen Rechts, in welchem die Hypothek trotz gleicher Veränderung ihres Wesens den Namen nicht gewechselt hatte, beibehalten. Diese Auffassung erfuhr sowohl in der Literatur als namentlich bei den Berathungen in der Kommission des Herrenhauses Widerspruch. Allseitig wollte man zwar eine dingliche Belastung von unabhängiger Natur, aber man wollte nicht zugleich die accessorische Hypothek aufgeben und mußte deßhalb jenem neuen Rechtsinstitut auch einen eigenen Namen geben. Dadurch entstand der jetzt im Gesetz enthaltene Parallelismus von Hypothek und Grundschuld.

Die Ansichten über die Zweckmäßigkeit eines solchen Parallelismus sind übrigens in der Literatur nicht übereinstimmend. Schon v. Meibom hat in einer Abhandlung aus dem Jahre 1860 behauptet: „Realschulden und Immobiliarhypotheken dienen demselben materiellen Zweck nur in verschieden konstruirter Form. Das Nebeneinanderbestehen beider, erklärlich aus der Beibehaltung deutschrechtlicher Elemente bei Aufnahme des römischen Hypothekenrechts, ist weder ein wissenschaftliches noch ein praktisches Bedürfniß. Soll eine Verschmelzung beider im Wege der Gesetzgebung versucht werden, so fordert das Bedürfniß des Realkredits das Aufgehen der Hypothek in der Realschuld, welche dem Gläubiger gleiche Sicherheit wie das Pfandrecht, aber zugleich durch die Möglichkeit des direkten Angriffs des Grundbesitzers schnellere Rechtshilfe gewährt [1]).“ Auch

[1]) Am Schluß der Abh. in Bekker und Muther, Jahrb. B. 4.

von Bar hält es nicht für praktisch empfehlenswerth, Hypothek und Grundschuld zu unterscheiden, da das Nebenanderstehen zweier verschiedener und doch in mancher Beziehung ähnlicher Institute nur Verwirrung im Rechtsverkehr erzeugen würde[2]). Dagegen sind Bremer[3]) und Bähr[4]) für diese doppelte Art der Belastung eingetreten. Ersterer hält dafür, „daß eine Reform auf dem Gebiete des Immobiliarsachenrechts ein für alle Mal davon Abstand nehmen müsse, die Hypothek zu einem selbständigen Recht zu machen, dieses Bestreben sei von vornherein auf ein unmögliches Ziel gerichtet; es handele sich um zwei verschiedene Prinzipien, die man nicht zu einem zusammenschweißen könne, sondern die neben einander hergehen, insofern jedes sein besonderes, scharf abgegrenztes Herrschaftsgebiet habe. Was man Reform nennt, wäre in der That eine Zerstörung der Hypothek: wozu aber ein solches Beginnen? Es sei gar nicht abzusehen, weßhalb man ein werthvolles Institut, wie es die gemeinrechtliche (accessorische) Hypothek trotz alledem bleibe, zerstören will, weil man noch eines anderen Instituts bedarf. Warum sollen nicht beide friedlich neben einander bestehen können?" — Und Bähr hat in seiner Abhandlung über den Gesetzentwurf es nicht für gerechtfertigt erklärt, das ganze Institut der Hypothek in einer sog. Wechselhypothek aufgehen zu lassen, dem Willen dessen, der die Hypothek bestellt, dürfe nicht diese Form allein aufgedrängt, es müsse ihm freigelassen werden, sich durch die Hypothek nicht weiter zu verpflichten, als er durch die unterliegende Obligation verpflichtet sei. Das sei keine Entfesselung des Verkehrs, sondern ein Zwang für denselben. „Was würde man sagen, wenn ein neues Obligationsrecht vorschriebe, daß jede auf eine bestimmte Summe gerichtete Obligation nur als Wechselobligation eingegangen werden dürfe?" Von gleichen Gesichtspunkten wurde man in der Kommission des Herrenhauses geleitet. Es heißt in dem Bericht derselben: „Der Gesetzentwurf gehe darin zu weit und thue der Natur der Dinge und dem Bedürfnisse einen unberechtigten Zwang an, wenn derselbe lediglich der Uniformität und Konsequenz des neuen Rechtsgedankens

---

²) Im Arch. f. civil. Praxis B. 53 S. 370.

³) Hypothek und Grundschuld. 1869.

⁴) In der citirten Abhandlung.

halber die bisherige juristische Konstruktion der Hypothek und der daraus sich ergebenden Rechtsverhältnisse völlig bei Seite lasse und denselben den Anspruch auf Berücksichtigung im System und in den Dispositionen des Gesetzes plötzlich entziehe. Wie dem Wechsel der gewöhnliche Schuldschein mit dem darin verbrieften Schuldgrunde gegenüber stehe, so der nur auf einen flottirenden, rasch realisirbaren Realkredit berechneten Verkehrshypothek diejenige, welche nicht von Hand zu Hand wandern, sondern lediglich zur Sicherheit eines individuell persönlichen, oder seine Lösung innerhalb einer bestimmten Zeit erwartenden Schuldverhältnisses dienen solle. Unleugbar lägen Tendenz und Tragweite der Fälle erheblich auseinander, wenn ein Grundbesitzer Geld auf sein Grundstück nehme, um sich Betriebskapital, oder überhaupt baare Mittel, es sei von wem es wolle, zu verschaffen, oder wenn er bei Gutsüberlassungen, Erbtheilungen, Eheschließungen und dergl. für rückständige Kaufgelder, vorbehaltene Kapitalien von Altsitzern, Erbtheile der Geschwister, Ausstattungen und Illaten Hypothek bestelle, oder wenn auch, abgesehen von Familienverbindungen auf Grund von zweiseitigen Geschäften überhaupt Hypotheken eingetragen würden. Müsse man aber diese doppelte Kategorie von Hypotheken und daß dieselbe in dem Rechtsbewußtsein des Volkes und in den Verhältnissen des täglichen Lebens noch ihre volle Begründung habe, anerkennen, so dürfe der Gesetzgeber auch um die Nützlichkeit und Zweckmäßigkeit der neuen willen die Existenz und rechtliche Qualifikation der bisherigen Hypotheken nicht negiren und die aus ihrer inneren Verschiedenheit hervorgehenden Konsequenzen nicht beseitigen. Dieselbe werde sich vielmehr in der Aufrechthaltung der Beziehungen dieser Art der Hypothek zur Hauptobligation und in der Zulassung der darauf zu gründenden Einwendungen äußern müssen, wie doch auch jedenfalls die rechtliche Natur der vielen Millionen bisher eingetragener Hypotheken durch die neue Schöpfung und die darauf zu basirenden gesetzlichen Vorschriften nicht geändert und aus der Welt geschafft werden könne. Auf diesen Unterschied führe auch die in den Motiven gegebene Rechtfertigung des Princips der Selbständigkeit der Hypothek selbst, welche hauptsächlich in einem stillschweigenden Verzicht des Eigenthümers auf alle ihm etwa aus persönlichen Schuldverhältnissen zustehenden Einreden gefunden werde. Denn, wenn derselbe durch die Art und Form der Bestellung der Hypothek seinen Willen ausdrücklich dahin zu erkennen gäbe, daß er diesen Verzicht nicht wolle, sondern daß das zum Grunde liegende obligatorische Verhältniß das maßgebende sein und bleiben solle, so dürfe das Gesetz ihm solchen auch nicht obtrudiren. Dem Eigenthümer müsse daher die Wahl offen bleiben, ob er eine Hypothek mit den strengen Folgen der selbständigen Realobligation, oder nur eine Hypothek mit der bisherigen accessorischen Qualität eintragen lassen wolle, welches Wahlrecht auch bereits das Hypothekengesetz für Neu-Vorpommern in den §§ 113, 82, 27 enthalte. Die praktischen Vortheile der selbständigen Realobligation für den Verkehr im Gegensatz zu den accessorischen Hypotheken lägen darin, daß, wie beim Wechsel keine Einwendungen aus dem persönlichen Schuldverhältniß gegen den dritten Inhaber zulässig seien und dieser sich also um Letzteres nicht mehr zu bekümmern brauche, voraussichtlich dafür eine leichtere, einfachere und coulantere Begebung zu erwarten sei als für Hypotheken, daß ferner ein späterer Eigenthümer des belasteten Grundstücks niemals persönlich verhaftet werde und bei Veräußerungen sich mithin leicht auf eine völlige Beseitigung der persönlichen Obligation überhaupt werde hinwirken lassen, sodann, daß der Eigenthümer eine Grundschuld für sich selbst und auf seinen Namen eintragen lassen und durch Blankocession weiter begeben könne, und daß es der Einreichung der Schulddokumente an den Richter nicht bedürfe. Andererseits ständen diesen Vortheilen unbedenklich Gefahren und strengere Verpflichtungen des Eigenthümers gegenüber, wie keiner weiteren Ausführung bedürfe. Wer daher für seinen Realcredit die Hypotheken in der strengeren Form der Grundwechsel nicht nöthig habe oder sich nicht damit befreunden könne, dem müsse auch ferner gestattet bleiben, sein Grundeigenthum nur mit Hypotheken der bisherigen Art zu belasten. Dies werde auch noch den offenbaren Vortheil für den Grundbesitz haben, daß dann die Summe der sog. Verkehrshypotheken nicht zu groß und der Realcredit durch Ueberschwemmung des Hypothekenmarkts nicht in bedenklicher Weise herabgedrückt werde und daß die große Summe der bisherigen Hypotheken trotz ihrer schwerfälligeren Form ihren vollen Werth und ihre Konkurrenzfähigkeit behielten. Ohne Gefährdung der anerkennenswerthen Tendenz und Struktur des Gesetzentwurfs werde dieser Anschauung und ihren Konsequenzen durch leicht herbeizuführende Aenderungen Ausdruck zu geben sein."

So hat denn jetzt das preußische Privatrecht abweichend von allen neueren Legislationen zwei Rechtsinstitute, die dem Zweck dienen, Kapitalsbelastungen auf Grundstücke zu legen, von denen das eine im Dienst eines Schuldverhältnisses, in Abhängigkeit von diesem sich befindet (Hypothek), das andere unabhängig von einem solchen seine Giltigkeit in sich selbst trägt (Grundschuld). Beide Rechtsinstitute haben trotz ihrer inneren Verschiedenheit doch vielfach Gemeinsames; das Eine wie das Andere wird in den nachfolgenden Erörterungen zum Ausdruck zu bringen sein.

§ 4. Die Selbständigkeit der kündbaren Belastung.

Indem der Regierungsentwurf die Aufgabe zu lösen unternommen hat, abweichend von dem gemeinen Recht und den Grundsätzen des ALR. eine sog. selbständige Hypothek zu construiren, mußte in den Motiven die Frage besonders erörtert werden, was unter einer solchen Selbständigkeit zu verstehen und wie sie zu rechtfertigen sei, d. h. wie sich das persönliche Schuldverhältniß, zu dessen Sicherung die Hypothek bestellt werde, zu letzterer verhalte. Sie sagen hierüber Folgendes:

„Die Bestrebungen, das materielle Recht der Hypothek einer Reform zu unterwerfen, haben neuerdings hauptsächlich die Richtung verfolgt, die Hypothek zu einem selbständigen Recht zu machen, sie loszulösen von der Gebundenheit an ein persönliches Schuldverhältniß, sie soll, wie man sich ausdrückt, eine selbständige Realobligation sein.

Es bedarf nicht der weiteren Ausführung, daß nach Allg. Landrecht die Hypothek ein sogenanntes accessorisches Recht ist, d. h. daß sie nicht allein für die Erfüllung einer Forderung dem Gläubiger Realsicherheit bieten soll, daß sie also in Beziehung auf eine Forderung entsteht und in ihr den Zweck ihres Fortbestehens hat, sondern daß auch die Gültigkeit des Hypothekenrechts an und für sich von der Gültigkeit des Anspruchs abhängt, zu dessen Sicherheit dasselbe bestellt worden (I. 20. § 415.). Das preußische Recht stimmt hierin mit dem gemeinen überein. Gerade darin besteht die Auffassung des römischen Rechts von der accessorischen Natur der Hypothek, daß ihre Gültigkeit von der des persönlichen Anspruchs abhängt. Allein in der neueren Rechtsentwickelung des Hypothekenwesens in Deutschland und insbesondere auch im preußischen Recht giebt die Einrichtung des Hypothekenbuchs und die Anknüpfung der Existenz der Hypothek an die Eintragung derselben neben ihrer Gebundenheit an die Gültigkeit des durch sie gesicherten Anspruchs auch eine formale Selbständigkeit, welche die Möglichkeit gewährt, daß die Hypothek noch fortbesteht, so lange sie in dem Buche nicht gelöscht ist, auch wenn der persönliche Anspruch durch Tilgung oder auf sonst eine Weise fortgefallen ist. Die Gesetzgebung hat diesen Umstand benutzt, im Interesse des Kredits des Grundbesitzers eine solche ungelöschte Hypothek, für welche der persönliche Anspruch nach allgemeinen Rechtsgrundsätzen nicht mehr bestand, dem Grundbesitzer zur weiteren Disposition zu überlassen, und es ist dadurch der Ansicht, daß seitdem auch im preußischen Recht die Entwickelung des Hypothekenrechts den Weg verfolge, der Hypothek eine von der Obligation losgelöste, selbständige Existenz zu verschaffen, Berechtigung gegeben. Der vielbesprochene und in seiner theoretischen Konstruktion nicht minder, als in seinen praktischen Konsequenzen sehr kontroverse Anh. § 52 und die dazu gehörige Deklaration vom 3. April 1824 sind allerdings unvereinbar mit dem System der accessorischen Eigenschaft der Hypothek, und das preußische Recht krankt wesentlich daran, daß die in dem Anh. § 52 unklar und unentwickelt ausgedrückte, nur auf einen speziellen Fall angewendete Theorie neben der sonst festgehaltenen accessorischen Qualität der Hypothek bestehen soll, und eine Beseitigung des dadurch hervorgerufenen Zwiespalts, eine Vereinigung der Theorie des accessorischen und prinzipalen Charakters des Rechtsinstituts eine logische Unmöglichkeit ist. Neuere Gesetzgebungen haben diesen Zwiespalt dadurch vermieden, daß sie die accessorische Qualität der Hypothek haben fallen lassen. Hauptsächlich im mecklenburgischen Recht ist das Dogma von der Selbständigkeit der Hypothek legislativ zum Ausdruck gekommen. Die

Hypothekenordnung für ritterschaftliche Landgüter vom 12. November 1819 enthält schon in den §§ 22. 28. 38, wenngleich noch unbestimmt, den Gedanken, daß von der Hypothek nur das Gut ergriffen werde, und daß Einreden aus dem persönlichen Rechtsverhältniß nicht stattfinden dürften. Bestimmter drückt dies die revidirte Hypothekenordnung für Landgüter vom 18. Oktober 1848 § 16 in folgender Weise aus:

> Das Hypothekenbuch gehört nicht der Person des zeitigen Eigenthümers, vielmehr dem Gute an, ohne alle Rücksicht auf die solcherhalb vorgehenden Veränderungen, und wird nur das Gut durch den Inhalt desselben ergriffen.
>
> Demnach werden:
>
> 1) durch die Eintragung keine bloße Sicherheitsrechte für eine persönliche Verhaftung des die Eintragung Beantragenden, vielmehr selbständige dingliche Belastungen des Grundstücks existent, und ist
> 2) der Antrag auf Eintragung durch eine solche persönliche Verhaftung nicht nothwendig bedingt, vielmehr bleibt solcherhalb Alles der Vereinbarung der Betheiligten überlassen;
> 3) ein späterer Eigenthümer ist als solcher für seine Person nicht verhaftet;
> 4) der zeitige Eigenthümer kann für sich selbst und auf seinen eigenen Namen eintragen lassen, auch dürfen bereits eingetragene Pöste auf ihn cedirt und umgeschrieben werden.

Damit stimmt fast wörtlich die revidirte Stadtbuchordnung vom 21. December 1857, § 19 und ihre Ergänzungsverordnung vom 21. März 1859, während eine solche Vorschrift in dem Gesetz über die Grund- und Hypothekenbücher für den Privatgrundbesitz in den Domainen vom 2. Januar 1854 fehlt. In eine ausführliche Kritik der Einzelheiten dieser Sätze darf hier nicht eingegangen werden; es genügt hervorzuheben, daß der Begriff der Selbständigkeit der Hypothek nach ihnen folgender ist:

> nur das Grundstück ist belastet, es liegt dieser Belastung eine persönliche Verbindlichkeit nicht nothwendig zu Grunde. Der Eigenthümer des mit der Hypothek belasteten Grundstücks ist

nicht persönlicher Schuldner für die Hypothek. Diese ist nicht ein bloßes Sicherheitsrecht, sondern eine selbständige dingliche Belastung.

Daraus folgt:

dem Gläubiger haftet nur das Grundstück, nicht die Person des Eigenthümers; dieser kann sogar selbst an seinem eigenen Grundstück eine Hypothek besitzen.

Es folgt ferner:

die Verfolgung des Hypothekenrechts gegen das Grundstück kann durch Einreden, die dem persönlichen Schuldverhältniß entspringen, nicht gehemmt oder beseitigt werden.

Diese Konsequenz ziehen die revidirte Landgüter-Ordnung im § 29, die revidirte Stadtbuch-Ordnung im § 30, indem sie nur die Einrede des nicht empfangenen Geldes unter der Voraussetzung zulassen, daß der Eigenthümer innerhalb 30 Tage die Einrede im Hypothekenbuch hat vermerken lassen. Diese Vermerkung wird aber gelöscht, wenn der Eigenthümer nicht in weiteren 30 Tagen nachweist, daß er seine Einreden gerichtlich geltend gemacht hat.

Der in diesen Bestimmungen ausgedrückte neue Gedanke:

die Hypothek ist kein bloßes Sicherheitsrecht, sondern eine selbständige dingliche Belastung des Grundstücks,

hat großen Anklang gefunden wegen der praktischen Vortheile, die er dem Verkehr mit Hypotheken durch größere Einfachheit und Sicherheit darbot, und er ist mit doktrinärer Schärfe in neuere Gesetzentwürfe aufgenommen worden. So insbesondere sagt der preußische Entwurf von 1864 § 23:

Die Eintragung einer Forderung begründet eine selbständige Realobligation.

Wie aus Obigem hervorgeht, kennt das mecklenburgische Gesetz den Ausdruck: Realobligation nicht; es bezeichnet die Hypothek als selbständige dingliche Belastung. Jener Ausdruck ist erst eine neuere Erfindung, die sehr schnell selbst in der Rechtsliteratur verbreitete Aufnahme erlangt hat; er hat jedenfalls von vornherein das gegen sich, daß er einen logischen Widerspruch enthält; denn er soll eine Obligation, d. h. eine persönliche Schuldverbindlichkeit bezeichnen, zu welcher die persönliche Schuld und der persönliche Schuldner fehlt, eine Obligation, bei welcher eine Sache die Rolle der Person übernehmen soll. Das läßt sich freilich nicht anders denken, als gleichnißartig oder bildlich, da nun einmal eine Sache nicht eine Person sein kann, und eine persönliche Verbindlichkeit nothwendig einen Willen voraussetzt. Man beladet durch solche figürliche Begriffe das positive Recht mit Fiktionen, die immer ein Symptom dafür sind, daß für ein praktisches Bedürfniß die richtige theoretische Formulirung noch nicht gefunden worden, die ihrer Natur nach eine Unwahrheit, unklare Vorstellungen erzeugen. Korrekter dagegen ist der Ausdruck: dingliche Belastung, den das mecklenburgische Gesetz anwendet; denn Lasten können auf einer Sache liegen, und das Recht bietet viele Beispiele dar, daß unbewegliche und bewegliche Sachen durch Rechte belastet sein können.

Wenn nun die Hypothek im Unterschied von der bisherigen Auffassung, wonach sie als eine von einer Obligation abhängige dingliche Belastung angesehen wurde, nunmehr in dem Sinne eine selbständige dingliche Belastung sein soll, daß sie in keiner Beziehung zu einer persönlichen Verbindlichkeit steht, auch ohne eine solche begründet werden kann, so wird sie den Reallasten und dem alten abgestorbenen Rentenkauf als verwandtes Rechtsinstitut zur Seite gestellt. Diese alle sind selbständige, an die Existenz eines persönlichen Schuldverhältnisses nicht gebundene, durch ein solches nicht hervorgerufene und nicht die Erfüllung eines solchen sichernde dingliche Rechte. Es entsteht also die Frage, ob die Hypothek eine solche rechtliche Natur annehmen kann. Daß sie an sich eine dingliche Belastung eines Grundstücks ist, bringt sie schon mit jenen Rechtsinstituten in eine verwandtschaftliche Berührung; aber nach dem geltenden Recht unterscheidet sie sich wesentlich dadurch von ihnen daß bei dem Rentenkauf und den übrigen Reallasten die Hingabe oder Kreditirung eines Kapitals zur Benutzung, Verzinsung und einstigen Wiedererstattung oder Zahlung fehlt. Bei dem Rentenkauf ist das Kapital, welches der Grundbesitzer empfangen, gezahltes Kaufgeld, die Rente, welche der Grundbesitzer zu zahlen übernommen hat, ist der Gegenstand des Kaufs; von einer Wiedererstattung, von einem fortdauernden Schuldigsein des Kapitals, mithin von einer Sicherung der Wiedererstattung desselben durch den Werth des

Grundstücks ist nicht die Rede, und die Rente ist ihrer Natur nach unkündbar. Auch alle anderen Realrechte, soweit sie nicht, wie der Nießbrauch und Altentheil an die Lebensdauer einer Person geknüpft sind, haben eine unlösbare Natur und konnten in neuerer Zeit nur durch ein Einschreiten der Gesetzgebung, welche sie für ablösbar erklärte, von dem Grundbesitz genommen werden. Dies alles verhält sich anders bei der Hypothek. Gerade weil durch sie die Wiedererstattung eines dem Grundbesitzer hingegebenen Kapitals oder die einstige Zahlung eines ihm kreditirten Kapitals (z. B. Erbgelder, Kauf-, Baugelder u. s. w.) gesichert werden soll, ist sie wesentlich, ihrer Natur nach, eine kündbare Last, ein dingliches Recht, welches eine obligatorische Verpflichtung begleitet, indem es sie sichern soll, und von diesem seinem Zweck nicht losgelöst werden kann, ohne seine Natur gänzlich zu ändern. Eine unkündbar gemachte Hypothek, d. h. also eine solche, welche nicht für ein zu zahlendes Kapital, nicht für eine obligatorische Verpflichtung haften soll, ist nicht mehr Hypothek, sie ist in Wirklichkeit, wenn das Kapital gegen Zinsen hingegeben worden ist, der Kauf einer Rente. Ebenso unrichtig ist es daher auch, wenn man jetzt so viel davon spricht, daß der Immobiliarkredit unkündbare Darlehne bedürfe, denn man übersieht dabei ganz, daß ein solches Geschäft unmöglich noch als ein Darlehn, als eine Kapitalshingabe in Erwartung der Rückzahlung, aufgefaßt werden kann, und wenn man, dies erwägend, an die Stelle kürzerer Kündigungsfristen nur längere verlangt, oder Amortisirungen zugesteht, so ist damit zugegeben, daß jener Begriff des unkündbaren Darlehns doch nur sehr relativ verstanden werden soll, und daß in Wirklichkeit dadurch etwas durchaus Unrichtiges ausgedrückt ist. Es ist überhaupt eine bemerkenswerthe Erscheinung in dem neueren Immobiliarverkehr, daß, während erst vor kurzer Zeit die Gesetzgebung den Grundbesitz von unlösbaren Lasten hat befreien müssen, jetzt in rückläufiger Bewegung wieder dahin gestrebt wird, Lasten auf den Grundbesitz zu legen, die nicht durch Kündigung beseitigt werden, daß der Besitzer das aufgenommene Kapital behalten und dagegen fortlaufend Zinsen (Renten) zahlen will.

Wenn nun die einzelne Hypothek eine unkündbare dingliche Belastung nicht sein kann, vielmehr nothwendig das Ziel hat, daß der bestimmte Schuldner, der Grundbesitzer, ein empfangenes oder kreditirtes Kapital einem bestimmten Gläubiger oder dessen bestimmtem Rechtsnachfolger zu einer, entweder von Anfang an fest verabredeten oder durch Kündigung zu bestimmenden Zeit zurückzahle und bis dahin verzinse, mithin deshalb die Hypothek ohne unterliegende Schuldverbindlichkeit schlechthin nicht denkbar ist, so muß das Dogma von der Selbständigkeit der Hypothek, wenn es überhaupt einen Sinn haben soll, etwas Anderes als ihre gänzliche Beziehungslosigkeit zu einem Schuldverhältniß bedeuten.

In der That ist dies der Fall, und es wird sich ergeben, daß das Dogma in gewisser Weise ein begründetes, daß das Streben, der Hypothek den Charakter der Selbständigkeit zu verleihen, ein berechtigtes ist und deshalb von einer reformirenden Gesetzgebung anerkannt werden muß.

Versteht man nämlich unter dem accessorischen Charakter der Hypothek, wie dies im römischen Recht der Fall ist, ihr Gebundensein an die Gültigkeit der persönlichen Schuld, der Obligation, die durch sie gesichert werden soll, so verliert sie ihren Zweck, und bietet die Sicherheit nicht, die man von ihr verlangen muß. Jede Einrede, die der Obligation entgegengestellt werden kann und diese entkräftet, würde auch das Sicherungsrecht, die Hypothek entkräften. Schon das bisherige Recht hat dieser schädlichen Wirkung dadurch entgegenzutreten gesucht, daß es die Einreden gegen die Schuld dem Cessionar der Hypothek gegenüber versagte, wenn sie nicht in dem Hypothekenbuch ausdrücklich vermerkt, oder sonst dem Cessionar bekannt geworden waren. Abgesehen aber davon, daß gerade diese letztere Bestimmung, die noch in sehr weiter und unbestimmter Weise eine sog. Schlechtgläubigkeit des Cessionars zu Gunsten des Hypothekenschuldners zu beachten heißt, den Schutz, den die Hypothek bieten soll, wieder unwirksam macht und nicht mit dem öffentlichen Glauben, den das Grundbuch in Anspruch zu nehmen hat, in Uebereinstimmung steht, ist sie überdies, wenn trotzdem die Gültigkeit der Hypothek als von der Gültigkeit der Schuld bedingt und abhängig aufgefaßt wird, eine Inkonsequenz, denn dann kann durch die Eintragung allein die für eine ungültige Schuld bestellte Hypothek niemals und gegen Niemand gültig werden. Die neuere Rechtsentwicklung strebt daher dahin, jene Auffassung umzukehren: die Gültigkeit der Hypothek soll nicht mehr von der Gültigkeit der Schuld abhängen, sondern indem sie in Wirklichkeit ein sicherndes Recht ist, muß sie selbst eine ungültige Schuld nach sich ziehen, sie muß ihre Begründung, mithin ihre Gültigkeit in sich selbst tragen, sie absorbirt den Schuldgrund und ersetzt ihn durch eine an das Grundstück gebundene, durch dessen Werth gesicherte Verpflichtung zur Zahlung einer bestimmten Summe.

Dieser Rechtssatz läßt sich bei der Einrichtung des Grundbuchs leicht und vollständig erreichen. Durch sie wird die Begründung der Hypothek eine einfache, sofort erkennbare Thatsache, ihre Gültigkeit wird nur durch den formalen Akt der Eintragung bedingt. Will man dagegen den Grund ihrer Gültigkeit hinter die Eintragung, in das Rechtsgeschäft verlegen, so verliert sie ihre Erkennbarkeit, der Verkehr mit Hypotheken muß stocken, denn der Erwerber muß dann, um sicher zu sein, auf eine mühsame Prüfung der persönlichen Schuld zurückgehen, und ist von derselben keineswegs dadurch befreit, daß den Gerichten die Pflicht obliegt, die Legalität des Geschäfts zu prüfen.

Das führt dazu, das Schicksal der Hypothek im Verkehr, obschon sie nur zur Sicherheit einer Obligation und nicht wie eine andere Reallast ohne einen solchen Zweck bestellt werden kann, dennoch in ihrem Fortbestehen, insbesondere in ihrer Verfolgbarkeit von dem Schicksal dieser Obligation wirklich unabhängig zu machen. Hierin allein liegt das Richtige des Bestrebens, der Hypothek Selbständigkeit zu geben.

Das Prinzip dieser Selbständigkeit ist folgendes: wenn der Besitzer eines Grundstücks eine Hypothek für eine Schuld bewilligt, so liegt in dieser Bewilligung ein Verzicht auf alle Einreden, welche aus der Entstehung des persönlichen Schuldverhältnisses entnommen, gegen die Rechtsbeständigkeit der Hypothek gerichtet werden könnten. Die Bestellung der Hypothek ist der freie Willensakt des Grundbesitzers. Hat er ihn vorgenommen, so hat er sich auch allen den Folgen unterworfen, welche das Gesetz daran knüpft, daß sie den Einreden nicht unterworfen ist, die aus dem obligatorischen Verhältniß gegen sie geschöpft werden könnten, so verletzt sie keine allgemeine Rechtsgrundsätze. Eine Analogie bietet der Wechsel. Wenn ein Wechsel ausgestellt wird, um die Erfüllung einer materiellen Schuldverbindlichkeit, z. B. die Zahlung von rückständigem Kaufgeld, strenger zu sichern, so hat die Ausstellung oder Acceptation eines solchen Wechsels in Wirklichkeit den Charakter einer accessorischen Stipulation; nichts destoweniger ist die Existenz des Wechsels eine durchaus selbständige, durch Einreden aus der Schuld nicht anfechtbar; letztere wird durch die Wechselschuld verdeckt und kann nicht vorgebracht werden, wenn der Wechsel geltend gemacht wird. So kann und soll auch die Hypothek, in ihrem Zweck zwar eine accessorische Stipulation, in ihrer formalen Begründung selbständig und deshalb unabhängig, so zu sagen ein Realwechsel sein."

Es ergiebt sich aus dieser Motivirung, daß man von der Ansicht ausgegangen ist, einer dinglichen Kapitalsbelastung des Grundstücks liege zwar immer eine persönliche Schuld unter, deren Erfüllung durch jene gesichert werden solle, hieraus aber folge nicht, daß die Giltigkeit der dinglichen Belastung von der Giltigkeit der Schuld abhängen müsse, vielmehr könne jene von dieser unabhängig gedacht und ihre Giltigkeit lediglich in ihre formale Entstehung gelegt werden. Den Begriff einer sog. Realobligation in der Bedeutung einer Schuld des Grundstücks verwerfen die Motive.

Diese Ausführungen können gewiß nur den Anspruch erheben, den mancherlei theoretischen Versuchen, das Problem von der Selbständigkeit der Hypothek juristisch zu construiren, einen neuen hinzugefügt zu haben, und es bleibt die Frage offen, ob sie richtig sind, ob nicht vielmehr das Dogma auf andere Art zu rechtfertigen sei, und ob die Angriffe, die gegen die Motive der Regierungsvorlage geltend gemacht worden sind, begründet erscheinen. Bei der Beurtheilung derselben muß aber beachtet werden, daß durch die Nebeneinanderstellung der Hypothek und der Grundschuld die Frage jetzt in eine andere Lage gebracht ist: Die Hypothek ist geblieben, was sie war, das accessorische Recht zur Sicherung der Erfüllung eines Schuldverhältnisses, das Dogma der Selbständigkeit bezieht sich nur auf die Grundschuld. Wendet man nun das aus den Motiven des Regierungsentwurfs Mitgetheilte auf die Grundschuld an, so ergiebt sich für diese folgende Theorie: die Grundschuld ist zwar auch bestimmt, die Erfüllung einer Kapitalsleistung zu sichern, aber ihre Giltigkeit ist unabhängig von der Giltigkeit der Obligation, aus welcher die Verpflichtung zur Kapitalsleistung entsprungen ist. Ihr alleiniger Rechtsgrund ist ihre Bestellung, ihre Eintragung; insofern ist sie eine selbständige dingliche Belastung.

Das Problem, eine selbständige dingliche Belastung, welche durch Erfüllung nicht perpetuirt, sondern getilgt wird, juristisch zu construiren, beschäftigt schon seit einiger Zeit die neuere Rechtswissenschaft, und es kann gewiß als ein Verdienst der preußischen Reform in Anspruch genommen werden, daß sie diese Frage wieder lebhaft in Fluß gebracht hat, denn einer Lösung bedarf sie, da das Rechtsinstitut selbst durch das Bedürfniß des Verkehrs gefordert ist.

Was zunächst die geschichtliche Herkunft desselben betrifft, so muß mit von Meibom sein deutschrechtlicher Charakter im Gegensatz zur Hypothek des römischen Rechts behauptet werden[1]). v. Meibom hat nachgewiesen, daß im ältern deutschen Recht die Verbindlichkeit zu einem Geben oder Thun in der Weise auf ein Grundstück gelegt werden konnte, daß sie mit der Sache auf jeden Erwerber überging, nicht die persönliche Verbindlichkeit war die Hauptsache und die Haftung der Sache nur die Nebensache, das Accessorium, sondern das Recht gegen die Sache wurde als ein selbständiges Recht aufgefaßt[2]). Dieser Gedanke lag dem Rentenkauf und der neueren Satzung zu Grunde: gemeinsam beiden war, daß lediglich auf das Grundstück eine Zahlungsverbindlichkeit gelegt wurde, daß diese auf jeden Erwerber des Grundstücks überging und nicht nothwendig neben der Belastung des Grundstücks eine persönliche Verpflichtung bestand. Verschieden aber sind beide darin, daß der Rentenkauf durch die Leistung erhalten, die Satzung durch dieselbe getilgt wurde, daß daher letztere eine Verwandtschaft mit dem obligatorischen Recht hatte. Die Satzung war die als Realschuld auf ein Grundstück gelegte Verpflichtung zu einer einmaligen Leistung (einer Kapitalzahlung). Nicht in dem Sinne Realschuld, daß das Grundstück als Schuldner personifizirt wurde, vielmehr war

[1]) Jahrb. v. Bekker und Muther B. 4 S. 442 fg.

[2]) Vergl. auch Dunker in der Zeitschr. für deutsches Recht, B. 11 S. 169.

der Eigenthümer der Schuldner, aber jeder, der das Grundstück erwarb, weil er mit demselben die ihm anhaftende Belastung übernahm, und nur das Grundstück war das dem Berechtigten gegebene Befriedigungsobjekt: eine Schuld, die nur aus oder mit dem Grundstück befriedigt werden konnte. Der Eigenthümer zahlte, aber nicht, weil er für seine Person verbindlich, sondern weil er Eigenthümer des belasteten Objekts war. An diese Satzung des neueren Rechts ist die mecklenburger Hypothek und die Grundschuld des preußischen Gesetzes vom 5. Mai 1872 geschichtlich anzuknüpfen. Durch beide Rechtsinstitute wird die Realisirung derjenigen Forderung gesichert, deren Zahlung aus dem Grundstück versprochen worden ist; es gehört nicht zu ihrem Wesen, daß daneben eine persönliche Verbindlichkeit besteht, und wenn das letztere der Fall ist, so ist die Realschuld nicht das Accessorium der Personalschuld, sondern jede hat unabhängig neben der anderen die ihr eigenthümlichen Wirkungen. In diesem Sinne muß auch die Hypothek des mecklenburger Rechts als ein Recht aufgefaßt werden, welches in seinem Zweck, nicht in seiner Konstruktion, accessorisch ist, indem sie ein Grundstück zur Befriedigung einer Zahlungsverbindlichkeit einsetzt, die, um erfüllt zu werden, eine persönliche Leistung des Eigenthümers erfordert, mithin für diese durch das Grundstück eine Sicherheit bietet[3]). Ihre selbständige Natur zeigt sich aber darin, daß ihre Verfolgbarkeit nicht Einreden ausgesetzt ist, die gegen die persönliche Forderung zustehen. Nur in der mehr oder weniger scharfen Durchführung dieses letzteren Gedankens unterscheidet sich die mecklenburger Hypothek von der preußischen Grundschuld, wie später gezeigt werden wird.

Der juristischen Konstruktion, welche die Regierungsmotive für eine solche selbständige dingliche Belastung gegeben haben, ist von Bremer und Bähr widersprochen worden. Bremer[4]) definirt die Realobligation oder Grundschuld als das selbständige Recht an einem fremden Grundstück, dasselbe zu verwerthen und sich den Erlös anzueignen, und zwar nicht, wie bei dem Pfandrecht, um sich

---

[3]) A. M. v. Meibom, meckl. Hyp.-Recht, S. 100 Note 4.

[4]) A. a. O. S. 53 fg.

für eine Forderung bezahlt zu machen, sondern ohne alle Beziehung zu einem persönlichen Schuldverhältniß. Die Grundschuld ist also ein selbständiges Recht auf den Werth, oder auf einen gewissen Bruchtheil des Werthes eines Grundstücks. Will man konsequent von dieser Begriffsbestimmung weiter schließen, so kann der Berechtigte eine persönliche Leistung, eine Zahlung von dem Eigenthümer nicht verlangen, denn darauf geht nicht der Inhalt seines Rechts, sondern nur auf Verwerthung des Grundstücks, d. h. Veräußerung desselben durch den Berechtigten selbst. Eine solche Konsequenz wäre offenbar widersinnig, man fragt, wie kann der Eigenthümer dazu kommen, ein Recht auf den Werth seines Grundstücks einem Dritten einzuräumen, ohne daß dies eines Zweckes wegen geschieht, und wie kann er durch Zahlung von dieser Belastung seines Grundstücks frei werden, den veräußerten Werththeil gewissermaßen zurückerwerben, wenn nicht eine Zahlung, sondern die Verwerthung des Grundstücks der Inhalt des weggegebenen Rechts ist? So sagt auch Bremer, daß die durch das Werthrecht des Dritten gebundene Sache frei von dem Werthrecht wird, wenn der Werthberechtigte sie veräußert. Also nur veräußern darf er sie; ganz verschieden davon wäre es, wenn er vom Eigenthümer eine Zahlung annimmt, die dem eingeräumten Werthrecht entspricht, die aber doch nur geleistet wird, um die Ausübung des Werthrechts zu beseitigen, die also gar nicht den Charakter einer Erfüllung, sondern einer Entschädigung für die Nichtausübung oder einer Ablösung der Belastung hat. Warum muß der Berechtigte die Zahlung vom Eigenthümer annehmen, obschon er nur das Recht der Veräußerung hat. Hier bricht Bremers Theorie zusammen: er kann die Zahlungsleistung des Eigenthümers nicht als eine Verpflichtung desselben auffassen, er sieht in ihr im Gegentheil eine Berechtigung desselben, um durch sie das Grundstück sich zu erhalten: es bleibt ihm freilich keine Wahl, er muß zahlen, obgleich er doch persönlich zu einer Zahlung nicht verpflichtet ist. Im Gegensatz hierzu ist nach preußischem Recht der Eigenthümer des mit der Grundschuld belasteten Grundstücks zwar persönlich zur Zahlung verpflichtet, aber diese Verpflichtung kann nur erzwungen werden durch Veräußerung des Grundstücks und sie kann nicht abgewendet werden durch Einreden aus einem persönlichen Schuldverhältniß, welches die Veranlassung zu der Bestellung der Grundschuld gegeben hat. Die Unabhängigkeit der letzteren hat ja nicht den Sinn, daß der Eigenthümer nicht persönlich zu einer Leistung verpflichtet ist, vielmehr ist er auch bei der Grundschuld persönlich verpflichtet, aber nur aus dem Bestellungsakt derselben, nicht aus einer Obligation, und in Folge dessen haftet er nur mit dem Grundstück, weil sich die Bestellung nur auf dieses bezieht.

Ganz abweichend von Bremer ist Bährs Theorie[5]). Die Forderung tritt durch ihre Verknüpfung mit einer Sache, welche, wo sie auch hingehen mag, ihr als Exekutionsobjekt verbleibt, in eine neue Phase: neben dem Begriff der persönlichen Forderung, d. h. der Forderung, für welche das gesammte, wechselnde Vermögen des Schuldners haftet, bildet sich der Begriff der dinglichen Forderung, der Realobligation, der den Römern schon klar vorstand, wenn sie das Pfandrecht als eine obligatio rei bezeichneten. Persönliche und dingliche Forderung sind hiernach nur verschiedene Erscheinungsformen, in welchen ein und derselbe Anspruch verfolgt wird. Nun galt als bisheriger Grundsatz des Rechts, daß die dingliche Schuld immer nur eingegangen werden könne in Verbindung mit einer persönlichen Schuld. Für die Aufrechthaltung dieses Abhängigkeitsverhältnisses bestehe aber nicht die geringste innere Nothwendigkeit, sein Aufgeben sei zweckmäßig, in der Natur der hypothekarischen Verpflichtung werde aber dadurch nicht das Geringste geändert. Hiernach ist die Hypothek oder die dingliche Forderung nichts anderes als eine auf ein bestimmtes Exekutionsobjekt beschränkte Forderung, die in Folge dieser Beschränkung ihre persönliche Natur in eine dingliche verändert. Die Hypothek ist die Obligation in der Richtung auf eine Sache; trotzdem soll auch — und es sei sogar zweckmäßig, dies zuzulassen — eine Hypothek entstehen können ohne Verbindnng oder Abhängigkeit von einer persönlichen Forderung. Wie dadurch in der „Natur“ der hypothekarischen Verpflichtung nichts sich ändere, dürfte kaum zu verstehen sein. Die Hypothek bleibt ihrem Umfang nach zwar dieselbe, d. h. sie ergreift nur

[5]) A. a. O. S. 96 fg.

das Grundstück: aber ihre Natur, ihr inneres, begriffliches Wesen ist in dem einen Fall ganz anders, als in dem anderen. Kann eine „dingliche Forderung" entstehen ohne Verbindung mit einer persönlichen Forderung, so tritt die Frage, ob sich die Hypothek von der Forderung trennen lasse, überhaupt gar nicht hervor; eine Trennung ist nur denkbar, wenn die Hypothek in Verbindung mit einer persönlichen Forderung entstanden ist. Diese Verbindung ist nicht identisch mit Abhängigkeit, wie dies Bähr anzunehmen scheint, aber die Verbindung kann Abhängigkeit bewirken. Das nahm das bisherige Recht ausschließlich an; das neue Recht geht von dem Gesichtspunkt aus, daß — obschon[9]) die Hypothek in Verbindung mit einer persönlichen Forderung entstehe, diese Verbindung doch nicht nothwendig eine dauernde Abhängigkeit der Hypothek von der Forderung erzeugen müsse. Die Verbindung kann auch nur eine die Entstehung der Hypothek veranlassende, sie muß nicht nothwendig eine sie bedingende sein. Der Begriff der dinglichen Forderung, wenn dadurch ein Gegensatz zur persönlichen Forderung ausgedrückt werden soll, kann nur ausdrücken, daß statt der Person das Ding schuldet. Das ist und bleibt unmöglich, so lange man nicht sagen will, daß nicht der Eigenthümer, sondern das Grundstück zahlt, daß die Geldstücke auf dem Grundstück wachsen, und dort von dem Berechtigten aufzusammeln sind. Soll aber der Eigenthümer eines Grundstücks eine Summe zahlen, widrigenfalls er das Grundstück verliert, so ist er persönlich zahlungspflichtig und das Einsetzen des Grundstücks kann keine andere Bedeutung haben, als daß dadurch die Zahlung, also eine Handlung des Eigenthümers, gesichert werden soll. Dieses Einsetzen des Grundstücks kann aber entweder so geschehen, daß es bedingungsweise geschieht, nämlich wenn ein besonderer Rechtsgrund für die Zahlungspflicht giltig ist, oder so, daß die Zahlungspflicht lediglich durch die Bestellung des Rechts am Grundstück begründet, nicht aber von einem besonderen, außerhalb dieser Bestellung liegenden Rechtsgrund hergeleitet wird, mithin auch nicht durch dessen Vorhandensein oder Giltigkeit bedingt ist. In dem letzteren Fall nimmt allerdings die Hypothek oder Grundschuld den

---

[9]) Nicht weil, wie Bähr S. 99 annehmen will.

Charakter eines Formalrechts an, eines durch den Werth des Grundstücks gesicherten Summenversprechens ohne Rücksicht auf eine sog. cautio discreta. Und dies ist Begriff und Wesen der Grundschuld, wie sie das Gesetz vom 5. Mai 1872 enthält. Daß ein dingliches Recht an einem Grundstück als Formalrecht begründet werden kann, giebt Bähr zu. Ob die Gestaltung dieses Formalrechts in dem Gesetz richtig ist, wird bei der späteren Darstellung der Einzelheiten des neuen Rechtsinstituts zu untersuchen sein. Nur muß hier noch die Bemerkung gemacht werden, daß die Deduction der Regierungsmotive, das Princip der selbständigen dinglichen Belastung sei der Verzicht auf die Einreden aus dem materiellen Obligationsverhältniß, allerdings als nicht haltbar zu bezeichnen ist. Für das Gesetz vom 5. Mai bedarf es derselben nicht.

§ 5. Die Grundschuld.

Der Begriff der Grundschuld ist in Vorstehendem dahin präcisirt: sie ist das Formalrecht auf die Leistung einer Summe, welche dem Eigenthümer desjenigen Grundstücks obliegt, dessen Werth zur Sicherung der Leistung eingesetzt ist. Sie wird begründet durch Eintragung. Die Eintragung erfolgt ohne Angabe eines Schuldgrundes [1]). Ueber die Grundschuld muß ein Grundschuldbrief ausgefertigt werden, es darf hierauf nicht verzichtet werden [2]). Der Gläubiger erlangt das Verfügungsrecht über die Grundschuld erst durch die Aushändigung des Grundschuldbriefs an ihn [3]). Wird die Grundschuld bezahlt, so erwächst aus der Zahlung dem Eigenthümer das Recht, die Bewilligung ihrer Löschung von dem Gläubiger zu verlangen. Verschieden von der Reallast perpetuirt sich also die Grundschuld nicht durch die Zahlung und es gehört daher zu ihrem Begriff, daß sie entweder von vornherein nur auf eine bestimmte Zeit bewilligt wird oder aufgekündigt werden kann. Bis zur Zahlung des Kapitals kann die Verpflichtung zur Verzinsung bewilligt

---

[1]) §§ 18. 19 des Ges vom 5. Mai 1872.
[2]) § 122 Gr. B. O.
[3]) § 20 des Gesetzes.

werden. Die Zahlung des Kapitals erfolgt an den legitimirten Eigenthümer des Grundschuldbriefes, die Zahlung der Zinsen an den Inhaber der mit dem Brief ausgegebenen Zinsquittungsscheine gegen Rückgabe derselben[4]). Der Eigenthümer kann auf seinen eigenen Namen auf sein Grundstück Grundschulden legen und sich Grundschuldbriefe ausfertigen lassen. Er wird dadurch, so lange er Eigenthümer des Grundstücks bleibt, nicht Grundschuldgläubiger, aber er erlangt das Recht, über die Grundschuld zu verfügen und auf dritte Personen die vollen Rechte eines Grundschuldgläubigers zu übertragen[5]). Erst in der Hand des Erwerbers wird die eingetragene Grundschuld das dingliche Recht an einem fremden Grundstück, erst durch die Abtretung des eigenen Grundschuldbriefs an einen Andern wird der Eigenthümer zur Zahlung und Verzinsung verpflichtet. Wenn das Gesetz den Eigenthümer berechtigt, die für ihn eingetragene Grundschuld bei der Vertheilung der Kaufgelder in Folge einer gerichtlichen Zwangsversteigerung für sich geltend zu machen, woraus weiter folgt, daß seine Konkursgläubiger in sein Recht eintreten dürfen, so können erhebliche Bedenken gegen diese Bestimmung geltend gemacht werden und solche haben auch in anderen Gesetzgebungen dazu geführt, den entgegengesetzten Grundsatz anzunehmen. Man kann allenfalls zur Motivirung der Vorschrift des § 27. Absatz 2 des Gesetzes vom 5. Mai 1872 anführen, daß im Zeitpunkt der Kaufgeldervertheilung der Subhastat nicht mehr Eigenthümer des Grundstücks ist, daß es mithin in diesem Moment ihm gegenüber bereits als ein fremdes erachtet werden kann und er sich in Folge dessen nunmehr in der Lage eines Grundschuldgläubigers befindet. Aber dies widerspricht offenbar dem Grundsatz, daß das ganze Grundstück jedem eingetragenen Gläubiger haftet, daß das Recht des nacheingetragenen nur durch das Recht eines

---

[4]) § 39 des Ges. § 128 Gr. B. O. Die Fassung des § 39 ist legislativ zu tadeln. In das Gesetz gehörte nur der Rechtsgrundsatz, daß die Zahlung an den Inhaber der Zinsquittung befreiende Wirkung haben solle. Die Worte: „Mit dem Grundschuldbriefe können Zinsquittungsscheine ausgegeben werden" haben eine instructive Bedeutung und gehören deshalb in die Grundbuchordnung wo sie sich auch in § 128 wiederholen.

[5]) §§ 27. 28 des Ges.

voreingetragenen Gläubigers zurückgedrängt wird, daß aber der Eigenthümer selbst nicht als ein solcher angesehen werden kann und daß seine persönlichen Gläubiger sich erst nach Befriedigung aller eingetragenen Gläubiger an das Grundstück halten können.

Weitere Eigenthümlichkeiten der Grundschuld sind: 1) daß bei ihr nicht sowohl der Inhalt des Grundbuchs, als vielmehr der des Grundschuldbriefs den guten Glauben des Erwerbers begründet[6]). Es beruht diese Auffassung auf dem neuerdings beliebten, aber doch unklaren Gedanken, daß bei Formalobligationen die Urkunde der „Träger des Rechts", die „Verkörperung" desselben sei. Da inindessen der Grundschuldbrief nur eine wortgetreue Abschrift des Grundbuchs ist, mithin eine Verschiedenheit ihres Inhalts nicht wohl anders als in Folge eines den Betheiligten sofort erkennbaren Versehens denkbar ist, so hat jene Auffassung keine praktische, nur eine theoretische Bedeutung. 2) Die Grundschuld kann nur von solchen gleich- oder nacheingetragenen Gläubigern angefochten werden, welche im Wege der Zwangsvollstreckung die Eintragung erlangt haben; andern ist das Anfechtungsrecht versagt[7]). Durch die Bestimmung soll verhindert werden, daß der mit einer Zwangsvollstreckung bedrohte Eigenthümer das Grundstück zum Nachtheil des Vollstreckungsgläubigers mit Grundschulden überlaste. Sonst aber kann die Anfechtung einer voreingetragenen Grundschuld aus § 70, 71 der Subhastationsordnung vom 15. März 1869 nicht gestattet werden, denn wer durch freiwillige Bestellung des Eigenthümers die Eintragung einer Grundschuld oder Hypothek hinter einer Grundschuld erhalten und angenommen hat, kann sich durch die Anfechtung nicht einseitig ein besseres Recht verschaffen. Die Grundschuld und ihr Vorrecht beruht lediglich auf dem Willen des Eigenthümers, sie kann nicht wegen Ungiltigkeit eines besonderen Rechtsgrundes, der für sie überhaupt nicht vorhanden ist, angefochten werden. Auch wenn der Eigenthümer berechtigt wäre, die Grundschuld in seinem Interesse anzufechten, so kann er eine solche dann doch dem nachstehenden Gläubiger gegenüber für sich selbst aufrecht erhalten. Darum ist

---

[6]) § 38 des Ges.

[7]) § 40 des Ges.

aber auch die Paullianische Klage für den nachstehenden Gläubiger nicht durchführbar; sie greift immer nur Rechtshandlungen an, welche auf eine anfechtbare Forderung sich gründen: Die Bestellung der Grundschuld ist aber eine Rechtshandlung, welche sich nicht auf eine Forderung gründet. Will und kann man die Grundschuld nicht anfechtbar machen, die der Eigenthümer für sich selbst hat eintragen lassen, wie sollte die Grundschuld anfechtbar sein, die er seiner Ehefrau bewilligt hat? Der § 40 des Gesetzes vom 5. Mai 1872 schließt aber nur das Anfechtungsrecht zwischen eingetragenen Gläubigern aus, disponirt also gar nicht über die Paulliana persönlicher Gläubiger.

3) Die Abtretung der Grundschuld bewirkt zugleich das Erlöschen der etwa vorhandenen, durch sie gesicherten persönlichen Schuld[8]). Wer sich neben der bewilligten Grundschuld auch persönlich verpflichtet hat, darf nicht in die Gefahr kommen, von dem dritten Erwerber der Grundschuld und daneben wegen der persönlichen Schuld von dem Gläubiger oder dessen Cessionar in Anspruch genommen zu werden, d. h. er hat gegen die Klage aus dem persönlichen Anspruch, mit welchem eine Grundschuld verbunden ist, die Einrede, daß derselbe erloschen ist, weil die Grundschuld an eine andere Person abgetreten worden ist. Unterliegt demgemäß der persönliche Cessionar, so hat dieser nur einen Anspruch an den Cedenten, welcher die Verität der Forderung zu vertreten hat.

4) Grundschulden können ohne Nennung des Erwerbers abgetreten werden[9]). Die Regierungsvorlage hatte die Blanko-Abtretung nur bei Hypotheken, die auf den Namen des Eigenthümers eingetragen waren, gestatten wollen; die Ausdehnung auf alle Grundschulden ist vom Herrenhause beschlossen worden. Der Kommissionsbericht spricht sich folgendermaßen aus:

„Darüber, daß der Eigenthümer für befugt erachtet werden müsse, die auf seinen Namen ausgefertigten Grundschuldbriefe in blanco abzutreten, vorbehaltlich der für alle auf das Grundbuch bezüglichen Geschäfte vorgeschriebenen beglaubigten Form, war keine Meinungsverschiedenheit.

---

[8]) § 52 Abs. 2 des Ges.

[9]) § 55 des Ges.

Die Rechtfertigung hierfür wurde in der Natur der Eigenthümerhypothek gefunden und wegen der praktischen Beziehungen als Grundbedingung derselben angesehen. Hierüber geht auch der Entwurf nicht hinaus und will den weiteren Inhabern von Grundschuldbriefen die Blanko-Abtretung nicht gestatten, weil in Folge dessen der verhaftete Eigenthümer alle Kontrole verlieren würde, wo sein Gläubiger ist, wenn er die Zinsen zu zahlen, wenn er zu kündigen hat. Ein Theil der Kommission hielt diese Rücksichten auch für so wichtig, um lediglich beim Entwurf stehen bleiben und die Erfahrung abwarten zu wollen, ob sich ein Bedürfniß zur Erweiterung zeige. Eine andere Meinung ging dahin, daß man in Ansehung der Eigenthümerhypotheken nicht bloß dem Eigenthümer, sondern auch den späteren Inhabern dieser Art Hypothek die Blanko-Abtretung gestatten könne, darauf aber sich beschränken müsse, um zu sehen, wie die Sache sich im Verkehr gestalte. Dieser Gedanke wurde jedoch mit der Entgegnung bekämpft, daß es nicht erwünscht sein könne, neben der eigentlichen Hypothek zwei Klassen von Grundschulden zn schaffen, auch werde dann, wenn ein späterer Eigenthümer einen gewöhnlichen Grundschuldbrief zurückerworben habe und später wieder ausgeben wolle, die Frage entstehen, ob hier eine Blanko-Abtretung zulässig sei, da ursprünglich keine Eigenthümerhypothek in medio gewesen sei. Viele Stimmen sprachen sich vielmehr für eine Ausdehnung der Blanko-Abtretung auf alle Grundschulden aus. Das praktische Bedürfniß, die Analogie des Grundschuldbriefes mit dem Wechsel und die Nothwendigkeit, die Grundschuldbriefe lombardfähig zu machen, was in kritischen Zeiten von großem Werth sei, verlange dies. Die Legitimation durch aufeinanderfolgende Indossamente sei auch, wenn es auf eine Eintragung im Grundbuch ankomme, viel einfacher und übersichtlicher, als wenn eine Reihe von Cessionsurkunden beigebracht und deren Gültigkeit geprüft werden müsse. Die Schwierigkeiten wegen der Zinszahlung und Aufkündigung seien zu überwinden, wie die langjährige Erfahrung in Mecklenburg und im Kanton Zürich bewiesen habe, auch die Kostenersparniß sei ein nicht unerhebliches Moment dafür.

Es wurden hiernach 2 Amendements gestellt:

1) Alinea 1 des § 51 dahin zu fassen: „Grundschulden können

ohne Nennung des Erwerbers abgetreten werden (Blanko-Abtretung)"

2) „Grundschulden, über welche ein auf den Namen des Eigenthümers lautender Grundschuldbrief ausgefertigt ist (§ 22), können ohne Nennung des Erwerbers abgetreten werden (Blanko-Abtretung)."

Der Regierungs-Kommissar sprach sich dahin aus, daß die Staatsregierung mit der Erweiterung des Entwurfs, welche das erste Amendement präcisire, sich nicht einverstanden erklären könne. Die Analogie des Wechsels, welcher nur eine einmalige Kapitalszahlung zu einer bestimmten Verfallzeit bedinge, könne keineswegs auf verzinsliche Papiere, welche eine völlig unbestimmte Zeit hindurch im Verkehr bleiben, angewendet worden. Die aus Zürich und Mecklenburg entnommenen Erfahrungen könnten für Preußen nicht maßgebend sein, weil sich dort der Verkehr in engen Grenzen vollziehe. Lombardfähig sei jedenfalls die Eigenthümerhypothek durch Blanko-Abtretung und selbst die gewöhnliche Hypothek würde erfahrungsmäßig für Kreditinstitute dadurch lombardfähig gemacht, daß den Letzteren eine im Voraus auf die Verfallzeit des Darlehns ausgestellte Cessionsurkunde ausgehändigt würde, welche, wenn der Verpfänder nicht zahle, die Realisirung des Pfandes ohne weitere Schwierigkeiten gestatte. Höchstens könne er sich für das zweite Amendement erklären.

Bei der Abstimmung wurde das Amendement zu 1 mit 10 gegen 7 Stimmen angenommen, wodurch das Alinea 1 der Vorlage erledigt ist."

Es ist nun allerdings der Erfahrung anheimzugeben, ob verzinsliche Grundschuldbriefe in blanco ohne Erschwerung der Beziehungen des Eigenthümers zu dem jedesmaligen Inhaber werden abgetreten werden können. Offenbar liegt die Möglichkeit einer Erschwerung darin, daß die Zinszahlungen und das Kündigungsrecht des Eigenthümers gegenüber zur Zeit ihm unbekannten Gläubigern nicht ausführbar sind. Was das Kündigungsrecht betrifft, so bietet sich die vom Eigenthümer zu beantragende öffentliche Ladung des unbekannten Gläubigers dar, und was die Zinszahlungen betrifft, so werden dieselben mit befreiender Wirkung für den Eigenthümer gegen Aushändigung des fälligen Zinsscheines an den Präsentanten geleistet, aber es ist offenbar ein Mangel des Gesetzes, daß die Ausgabe der Zinsquittungsbogen nur erfolgen kann, daß sie zu beantragen in das Belieben des Interessenten gestellt ist. Die Sicherheit des Verkehrs würde verlangt haben, daß die Beilegung des Quittungsbogens zu jedem Grundschuldbrief erfolgen müsse und es steht zu hoffen, daß es im Verkehr nie anders geschehen und der Einrichtung, die bei der Zulässigkeit der Blanco-Abtretung unentbehrlich ist, größere Festigkeit gegeben werden wird. Auch wird der Verkehr sich selbst durch Errichtung von Zinszahlungsstellen helfen müssen.

Dies führt

5) zu einer weiteren Eigenthümlichkeit der Grundschulden, welche deren Löschung betrifft. Der Eigenthümer des Grundstücks muß dagegen gesichert werden, daß nicht noch auf Grund der Zinsquittungsscheine Zinsen einer bereits gelöschten Grundschuld von ihm gefordert werden. Es sind daher mit dem zur Löschung vorgelegten Grundschuldbrief die noch nicht verjährten Zinsquittungsscheine dem Grundbuchamt zur Vernichtung vorzulegen [10]). Da auf ersterem die Ausgabe solcher Scheine und die Zahl der Fälligkeitstermine, für welche sie ertheilt sind, vermerkt wird, so kann das Grundbuchamt die richtige Einlieferung der Scheine kontroliren. Fehlen Zinsquittungsscheine, die noch nicht verjährt sind, mithin noch realisirt werden können, so findet ein Aufgebot nicht statt, aber es muß der Betrag hinterlegt werden, und zwar von dem Eigenthümer der Betrag der bereits fälligen Scheine, weil er diesen schon hätte bezahlt haben sollen, von dem Gläubiger aber der Betrag der noch nicht fälligen Scheine, weil er diesen nach Berichtigung des Kapitals nicht mehr fordern darf. Weigert der Gläubiger die Hinterlegung dieses Betrages, so muß ihn der Eigenthümer hinterlegen, aber er kann ihn von der Kapitalzahlung abkürzen. Aus den hinterlegten Beträgen werden die Inhaber nicht verjährter Zinsscheine befriedigt; sechs Monate nach Eintritt der Verjährung jeder einzelnen Zinsrate zieht der Hinterleger den nicht erhobenen Betrag zurück. Die Zins-

---

[10]) §§ 596 der Gr. B. O.

raten verjähren nach § 2 des Gesetzes vom 31. März 1838 in vier Jahren.

Endlich wäre hier 6) als eine Verschiedenheit der Grundschuld von der Hypothek hervorzuheben, wie die Klage aus der Grundschuld zu fundiren ist und in wie weit Einreden gegen sie zulässig sind. Es erscheint aber zweckmäßiger, die Klagerechte und Einreden unten einer zusammenfassenden Darstellung vorzubehalten.

§ 6. Die Hypothek.

Daß die Hypothek des ALR. sehr verschieden von der des gemeinen Rechts ist, daß sie vermöge des Hypothekenbuchs und mehr noch deßhalb, weil sie in der Hand des Eigenthümers für diesen ein disponibles Vermögensobjekt ist, schon eine starke Neigung zur Selbständigkeit an den Tag legt, trotz der im Gesetzbuch unzweideutig ausgesprochenen Abhängigkeit von der Giltigkeit der durch sie gesicherten Forderung, verlangt als bekannt hier keine weitere Ausführung. Man darf billig zweifeln, ob eine solche Hypothek neben der Grundschuld den richtigen Platz hat, ob, wenn ein prinzipieller, beide Rechtsinstitute scharf auseinanderhaltender Unterschied gewonnen werden sollte, es nicht richtiger gewesen wäre, der neben der Grundschuld stehenden Hypothek den Charakter der Selbständigkeit, der ihr nach preußischem Recht bereits in gewissem Maße beiwohnte, zu entziehen, und sie wieder als ein rein accessorisches Recht mit allen Consequenzen zu construiren, oder ob es nicht legislativ am richtigsten war, die Hypothek des preußischen Rechts auf dem Wege der Entwickelung, auf dem sie sich bereits befand, nur weiter zu führen und jenes Nebeneinander zu vermeiden.

Das Gesetz vom 5. Mai 1872 hat die accessorische und doch zur Selbständigkeit neigende Hypothek conservirt: die Frage ist hier nur, ob diese Konservirung eine ganz unveränderte ist, oder ob nicht doch Aenderungen eingetreten sind, die jene Neigung zur Selbständigkeit etwas stärker betonen, mithin den Unterschied von der Grundschuld noch etwas mehr verwischen.

Die Hypothek entsteht, wie die Grundschuld, durch Eintragung im Grundbuch: es giebt für sie keine andere Entstehungsart, wie dies schon das ALR. vorschrieb [1]). Die Eintragung geschieht mit Angabe des Schuldgrundes —, aber der Grundbuchrichter hat nur die Bewilligung der Eintragung nach Form und Inhalt, nicht das Rechtsgeschäft zu prüfen, welches der Bewilligung zu Grunde liegt [2]). Mit dem Hypothekenbrief, auf dessen Ausfertigung übrigens verzichtet werden kann, wird die Schuldurkunde verbunden [3]). Der Charakter des Accessorischen und des Selbständigen liegt hier dicht neben einander. Weil die Hypothek accessorisch sein soll, deshalb muß der Schuldgrund, für welchen sie bestellt wird, aufgedeckt werden, der Satz des bisherigen Rechts ist damit erhalten, daß die Giltigkeit der Hypothek abhängt von der Giltigkeit des Anspruchs. Aber die Bewilligung der Eintragung ist das allein Entscheidende für diese: ist jene zweifellos und formgerecht erklärt, so darf diese nicht beanstandet werden; die Frage, ob der richtige Causalzusammenhang, ein giltiges Abhängigkeitsverhältniß zwischen Schuld und Hypothek besteht, untersucht nicht der Grundbuchrichter, diese Untersuchung wird den Betheiligten überlassen. Offenbar ist hierdurch das Consensprinzip eingeführt, und damit tritt die Selbständigkeit der Hypothek stärker hervor, als nach bisherigem Recht. Es ist ferner die Hypothek des Eigenthümers erhalten, aber auch sie insofern schärfer nach der Richtung zur Selbständigkeit entwickelt, als zwar der Eigenthümer nicht wie bei der Grundschuld eine Hypothek auf eigenen Namen eintragen lassen, wohl aber eine erworbene Hypothek auf eigenen Namen umschreiben lassen darf, daß der befriedigte Gläubiger die Hypothek an den Eigenthümer, wenn dieser es verlangt, abzutreten verpflichtet ist, daß nicht blos Zahlung, sondern jede andere Tilgung, sowie Erwerb der Hypothek von Todeswegen Seitens des Eigenthümers, und Erwerb des Grundstücks Seitens des Hypothekengläubigers zu dieser Eigenthümer-Hypothek berechtigen [4]). Es ist nicht zweifelhaft, daß der Eigenthümer dadurch nicht Hypothekengläubiger am eigenen Grundstück wird, er erlangt nur, wie bei der eigenen Grundschuld,

---

[1]) § 18 des Ges. § 411. I. 20. ALR.

[2]) § 19 des Ges. Der Note 5 S. 37 bei Achilles, a. a. O. dürfte nicht beizutreten sein.

[3]) § 122 Gr. B. O.

[4]) §§ 63—67 des Ges.

das Recht, über die erworbene Hypothek zu verfügen, auf dritte Personen die vollen Rechte eines Hypothekengläubigers zu übertragen; doch auch hier können er wie seine Konkursgläubiger die Hypothek bei der Vertheilung der Kaufgelder liquidiren. Bei dieser Gleichstellung der Grundschuld und der Hypothek des Eigenthümers leuchtet nicht ein, warum nicht auch der Unterschied fallen gelassen ist, daß nur die Grundschuld, nicht aber die Hypothek auf den Namen des Eigenthümers eingetragen werden darf, wenn letzterem doch die Umschreibung auf sich gestattet ist.

Die Grundschuld des Eigenthümers ist nicht anfechtbar wegen Ungiltigkeit oder Mangel eines Schuldgrundes oder mit dem Paullianischen Rechtsmittel: die Hypothek des Eigenthümers ist anfechtbar. Aber es entsteht die Frage, kann sie vom Eigenthümer, wenn er sie weiter begeben, angefochten werden wegen Ungiltigkeit des Schuldgrundes, für welchen sie eingetragen war, und der durch Tilgung erloschen ist, oder nur wegen Ungiltigkeit des Schuldgrundes, in Folge dessen der Eigenthümer sie cedirt hat. Dieser Schuldgrund geht aus dem Hypothekenbuch nicht hervor, er geht nicht nothwendig aus der Cession hervor: ursprünglich war die Hypothek für rückständiges Kaufgeld eingetragen, sie wird jetzt, nachdem dieses bezahlt, für ein Darlehn abgetreten. Gewiß kann der Eigenthümer die Ungiltigkeit der getilgten Kaufgeldschuld nicht gegen den Cessionar geltend machen, denn dieser hat die Hypothek für ein Darlehen erhalten, und obwohl die im Grundbuch angegebene causa debendi nicht umgeschrieben ist, so ist doch die Hypothek von der causa der Kaufgeldforderung auf die des Darlehns übertragen. Können aber die nacheingetragenen Gläubiger nach einer solchen Cession des Eigenthümers die Hypothek aus der alten causa anfechten? Die Cession kann ihnen keine Rechte nehmen, man wird also behaupten müssen, daß denjenigen nachstehenden Gläubigern die Anfechtung zusteht, welche vor der Cession eingetragen waren, daß aber denen, die nach der Cession des Eigenthümers eingetragen sind, das Recht gebührt, den Schuldgrund der Cession anzufechten.

Eine sog. Kautionshypothek, d. h. eine solche, deren Wirkung entweder überhaupt oder wenigstens dem Betrage nach von der Feststellung eines noch nicht begründeten, sondern erst möglichen persönlichen Anspruchs abhängt, die also selbst nur die Natur einer bedingten Hypothek hat, kann nicht Eigenthümerhypothek werden, denn die nachstehenden Gläubiger haben ein Recht, in die Stelle der Kautionshypothek vorzurücken, sofern und soweit letztere in Folge der Nichtentstehung des Anspruchs inhaltlos wird [5]). Erst wenn das Schuldverhältniß definitiv festgestellt und die bedingte Hypothek in Folge dessen in eine unbedingte Hypothek umgeschrieben worden ist, also aufgehört hat, Kautionshypothek zu sein, kann sie in die Kategorie der Eigenthümerhypothek treten.

Ein Ausfluß des accessorischen Charakters der Hypothek ist es ferner, daß sie nur gemeinsam mit dem persönlichen Recht abgetreten werden kann [6]): beide dürfen nicht getrennt werden.

Die Abtretung der Hypothek darf nicht in blanco erfolgen, auch nicht, wenn sie Eigenthümerhypothek geworden ist. Auch dies ist eine Konsequenz des accessorischen Charakters.

Das Gesetz vom 5. Mai 1872 hat das bisherige Recht theils beibehalten, theils geändert in einigen Sätzen, die sich nur auf die Hypothek beziehen, ihr nicht mit der Grundschuld gemeinsam sind. Dahin gehören: 1) die Bestimmung, daß der bei der Veräußerung eines Grundstücks zur Sicherstellung einer Forderung bedungene Vorbehalt des Eigenthums dem Veräußerer nur das Recht gewährt, für die bestimmte Summe eine Hypothek auf das Grundstück eintragen zu lassen [7]). Sie entspricht dem § 17 des Hypothekengesetzes für Neuvorpommern. Im Gebiete des ALR. kommt der Vorbehalt des Eigenthums bei Veräußerungen nur noch selten vor, wohl aber wird durch diese Bestimmung eine gemeinrechtliche Kontroverse beseitigt. Die Worte „zur Sicherstellung einer Forderung" begegnen dem Mißverständniß, als dürfe der Vorbehalt des Eigenthums auch als Suspensivbedingung nicht mehr stipulirt werden. Soll eine solche Verabredung den Eigenthumsübergang suspendiren, so macht sie die Auflassungserklärung zu einer bedingten und hindert die Eintragung des Eigenthums. Die Erfahrung lehrt aber, daß dem Vorbehalt von den Parteien in der Regel nur die Bedeutung beigelegt wird,

---

[5]) § 67 des Ges.
[6]) § 52 des Ges.
[7]) § 26 des Ges.

daß er zur Sicherung der rückständigen Ansprüche des Veräußerers, insbesondere des rückständigen Kaufgelds dienen soll, und deshalb ist auch schon im ALR. eine solche Verabredung als Bestellung einer Hypothek aufgefaßt, wenn ein gewisser Zahlungstermin nicht verabredet worden ist, die Zahlung mithin von einer Kündigung abhängt. § 21 des Gesetzes vom 5. Mai 1872 modifizirt diesen Satz insofern, als er die Beschränkung auf den Mangel eines gewissen Zahlungstermins aufgiebt. 2) Eine erhebliche Aenderung des bisherigen Rechts und folgeweise eine Aufhebung des § 54. I. 20 und der Deklaration vom 21. März 1835 enthält § 41 des Gesetzes vom 5. Mai 1872: die Uebernahme einer Hypothek unter Anrechnung auf das Kaufgeld soll fortan dem Gläubiger die persönliche Klage gegen den Uebernehmer geben. Dies wird umständlich in folgender Weise motivirt:

„Nach dem bisherigen Recht hat der Gläubiger gegen den späteren Eigenthümer nur die hypothekarische Klage, wenn sich dieser ihm nicht etwa noch außerdem persönlich verpflichtet hat. Insbesondere hat der Gläubiger kein direktes persönliches Klagerecht gegen den dritten Eigenthümer auf Grund der dem Veräußerer gegenüber erfolgten Uebernahme der Hypothek, wenn er nicht entweder dieser Uebernahme beigetreten und dadurch Mitkontrahent geworden, oder ihm nicht von dem Veräußerer der aus der Uebernahme begründete Befreiungsanspruch cedirt worden ist [8]).

Der ursprüngliche Schuldner der Hypothek bleibt auch nach der Veräußerung des Grundstücks persönlicher Schuldner des Gläubigers. So unzweifelhaft richtig nun auch von einem abstrakten Standpunkt aus der Grundsatz ist, daß Dritte aus einem Vertrage, den zwei andere Personen mit einander abgeschlossen haben, nicht verpflichtet und berechtigt werden können, so gewiß muß anerkannt werden, daß in der modernen deutschen Rechtsentwickelung das Streben hervorgetreten ist, es für rechtlich zulässig zu erachten, daß der Dritte aus Verträgen Anderer ein direktes Recht erwerbe, wenn sich der Inhalt des Vertrages auf sein Recht bezieht, mithin der Wille der Kontrahenten darauf gerichtet ist, dem Dritten entweder ein Recht zu schaffen, oder auf ein schon vorhandenes Recht des-

[8]) § 54. I. 20. ALR. Dekl. v 21. März 1835.

selben einzuwirken. Die sogenannten Verträge zu Gunsten oder zum Vortheil Dritter — der Ausdruck ist nicht ganz scharf und richtig — aus denen das römische Recht dem Dritten kein unmittelbares Klagerecht giebt, haben in der gemeinrechtlichen Praxis vielfach Anerkennung gefunden, so daß man sagen kann, daß ein, wenn auch nicht allgemeines, doch ziemlich verbreitetes Gewohnheitsrecht den Satz des römischen Rechts modifizirt hat.

Das Allgemeine Landrecht steht auf dem Standpunkt des römischen Rechts. Gleichwohl ist in der preußischen Praxis vor der Deklaration vom 21. März 1835 die Meinung hervorgetreten, daß der Käufer eines Grundstücks, welcher die Hypotheken in Anrechnung auf das Kaufgeld übernimmt, durch diese Uebernahme auch in die persönliche Verbindlichkeit eintrete, daß der Gläubiger der Hypothek auch seine persönliche Klage gegen den Uebernehmer richten könne [9]).

Dem widersprach ein Erkenntniß vom Jahre 1833, daselbst Bd. 3 S. 166, unter Bezugnahme auf den in §§ 75, 76 I. 5 ALR. enthaltenen Grundsatz. Das dadurch in der Praxis hervorgetretene Schwanken sollte die Deklaration vom 21. März 1835 beseitigen. Es ist bezeichnend, daß man bei der Berathung derselben, wobei die entgegengesetzten Richtungen ausführlich zur Sprache gebracht wurden, doch zuletzt dahin sich einigte, nur eine Feststellung zu treffen, welche der Prüfung des Prinzips im Allgemeinen nicht vorgreife [10]).

Man ließ also das Prinzip zwar als offene Frage bei Seite liegen, entschied aber die Zweifel der Praxis dahin, daß der Gläubiger aus der Uebernahme der Hypothek seitens des Käufers des Grundstücks ein persönliches Klagerecht gegen diesen nur dann erhalte, wenn er entweder der Uebernahme ausdrücklich beigetreten, mithin den Käufer als seinen neuen persönlichen Schuldner angenommen, oder wenn ihm der Verkäufer, also sein bisheriger persönlicher Schuldner, seinen aus der Uebernahme entstandenen Befreiungsanspruch gegen den Käufer cedirt habe. Diese Cession des Anspruchs auf Befreiung bringt aber die Sache in eine eigenthüm-

[9]) Rechtssprüche Bd. 1 S. 17 ff. 116.

[10]) Löwenberg, Motive Bd. 1 S. 330 oben.

liche Lage. Mit Recht ist dagegen eingewendet worden, daß der Schuldner dem Gläubiger nicht das Recht cediren könne, daß jener von diesem frei werde, daß eine solche Cession eigentlich inhaltlos sei und der Gläubiger ein neues Recht dadurch nicht erwerbe. Die Praxis hat aus dieser Cession des Befreiungsanspruchs daher etwas Anderes machen müssen; sie giebt dem Gläubiger auf Grund derselben direkt die persönliche Klage gegen den neuen Eigenthümer des Grundstücks auf Zahlung der Schuld.

Bei einer neuen Kodifikation des Hypothekenrechts kann aber die Frage nicht bei Seite gelassen werden, ob in diesem Punkte der gegenwärtige Rechtszustand unverändert aufrecht erhalten werden, oder ob man sich dem im deutschen gemeinen Recht sich mehr und mehr durcharbeitenden Gewohnheitsrecht nähern soll, und ob man nicht insbesondere, wenn letzteres geschieht, den Intentionen der Parteien viel mehr entspricht. Neuere Legislationen und legislative Versuche haben diese Frage erörtert, und zwar allgemein, nicht gerade in der besonderen Beziehung auf die Uebernahme der Hypothekenforderungen. Das sächsische Gesetzbuch §§ 1405, 432, 854 bewahrt noch den Standpunkt des römischen Rechts: der Gläubiger erlangt eine direkte Klage gegen den Uebernehmer nur dann, wenn er dem Abkommen beigetreten ist. Der bayerische Entwurf des Obligationenrechts Art. 159 bis 163 geht weiter. Er läßt den Beitritt nicht blos ausdrücklich geschehen, sondern auch aus Handlungen des Gläubigers, aus der Annahme von Zahlungen, die ihm der Uebernehmer leistet, aus Fristbewilligungen, die er diesem ertheilt, und aus der Klagerhebung gegen ihn folgern, und knüpft an die ausdrückliche oder stillschweigende Einwilligung des Gläubigers die wichtige weitere Folge, daß der ursprüngliche Schuldner frei wird. Wenn aber schon die bloße Anstellung der Klage gegen den Uebernehmer die Folge hat, daß der ursprüngliche Schuldner frei wird, so ist damit das Prinzip, daß aus dem Uebernahmevertrag der ihm nicht ausdrücklich beigetretene Gläubiger ein direktes Klagerecht gegen den Uebernehmer erlangt, bereits vollständig zugegeben. Der deutsche Entwurf des Obligationenrechts Art. 213 bis 215 bestimmt: hat Jemand einem Schuldner versprochen, dessen Gläubiger zu befriedigen, so kann der Letztere, unbeschadet seines

Anspruchs an den Schuldner, von dem Zahlungsübernehmer Befriedigung verlangen.

Es läßt sich nun zwar nicht verkennen, daß, nachdem die preußische Praxis auf Grund der Cession nach der Deklaration vom 21. März 1835 den Gläubiger für berechtigt hält, gegen den neuen Eigenthümer des Grundstücks unmittelbar auf Zahlung zu klagen, dem praktischen Bedürfniß im Wesentlichen genügt ist. Aber andererseits darf doch nicht übersehen werden, daß jene Cession theoretisch sich nicht rechtfertigen läßt; daß sie ein künstlicher Umweg ist, dessen Beibehaltung bei einer neuen Bearbeitung des Hypothekenrechts nicht gebilligt werden kann. Dazu treten praktische Erwägungen, um zu dem Entschlusse zu führen, die Cession fallen zu lassen und dem Gläubiger auch ohne dieselbe die persönliche Klage gegen den Uebernehmer der Schuld zu geben. Wenn der Käufer des Grundstücks, wie dies ganz regelmäßig geschieht, bei der Uebernahme der Hypotheken sich gegen seinen Verkäufer persönlich verpflichtet, ihn von der persönlichen Verbindlichkeit gegen den Gläubiger zu befreien, so geht offenbar seine Intention dahin, daß er nunmehr dem Gläubiger gegenüber nicht bloß hypothekarisch, d. h. nur mit dem Grundstück für die Hypothek, sondern auch persönlich aus der Obligation Schuldner sein will. Ihm wird daher gewiß nicht zu nahe getreten, wenn das, was sein unzweifelhafter Wille ist, vom Gesetz als unmittelbare Folge seiner Verpflichtung hingestellt wird. Es kann sich nur fragen, ob dem Gläubiger damit gedient ist. Daß er in einem solchen Falle auch ohne jene künstliche Cession durch das Gesetz berechtigt wird, gegen den Uebernehmer zu klagen, ist für ihn ein Vortheil, weil er in einem Prozeß die persönliche und die hypothekarische Klage anstellen kann, und neben dem Recht auf den Verkauf des Grundstücks gleichzeitig das Exekutionsrecht auf das übrige Vermögen des Eigenthümers erlangt. Zweifelhaft kann dieser Vortheil nur werden, wenn für ihn als Folge seines unmittelbaren persönlichen Klagerechts gegen den Uebernehmer der Verlust des persönlichen Klagerechts gegen den ursprünglichen Schuldner festgesetzt wird, denn der Uebernehmer kann weniger zahlungsfähig sein, als der ursprüngliche Schuldner. Ohne seinen Willen kann der Gläubiger offenbar in diese nachtheiligere Lage nicht gebracht werden, d. h. er kann zwar durch den Uebernahmevertrag zwischen dem Käufer und Verkäufer des Grundstücks auch ohne eigenen Beitritt die persönliche Klage gegen den Käufer erwerben, nicht aber seine persönliche Klage gegen den Käufer verlieren. Daraus folgt jedoch nur, daß ihm ein Wahlrecht bleiben muß zwischen der persönlichen Klage gegen den Einen oder Anderen, damit er die Möglichkeit hat, sich an den zahlungsfähigeren zu halten, wenn er bei dem Grundstück ausfällt; es folgt daraus aber nicht, daß er auch, nachdem er gewählt und den neuen Eigenthümer nicht blos mit der hypothekarischen, sondern auch mit der persönlichen Klage in Anspruch genommen, nun doch noch auf den ursprünglichen Schuldner muß zurückgreifen dürfen. Während das dem Gläubiger zustehende Wahlrecht ihn hinlänglich schützt, indem ihm selbst die Prüfung in die Hand gelegt wird, wo er sich am besten seine Befriedigung holen kann, würde ein späterer Rückgriff auf den alten Schuldner gegen diesen eine große Härte und Unbilligkeit enthalten, eine Unbilligkeit, die um so härter wird, wenn mehrfache Veräußerungen des Grundstücks dazwischen liegen, oder wenn seitdem der Schuldner gestorben, und seine Erben und Erbeserben kaum noch eine Kenntniß davon haben, daß ihr Erblasser früher ein Grundstück einmal besessen und auf dasselbe eine Hypothek bestellt hat, für deren Ausfall sie nunmehr, noch vielleicht kurz vor Ablauf der Verjährungszeit, aufkommen sollen. Man darf hierbei nicht außer Acht lassen, daß der Gläubiger bei der Hingabe des Kapitals gegen Hypothek zwar gewiß neben der Realsicherheit, die ihm das Grundstück bietet, fast immer auch die Personalsicherheit des Schuldners ins Auge fassen und um so eher geneigt sein wird, sein Kapital hinzugeben, wenn zur Realsicherheit noch eine gute Personalsicherheit hinzutritt. Aber die Erfahrung lehrt, daß der Gläubiger doch hauptsächlich sein Augenmerk auf den Erwerb der Hypothek richtet, daß ihm daneben die Person des Schuldners zurücktritt, daß er die Sicherheit des Grundstücks prüft, und wenn diese ihm genügend erscheint, er nicht weiter die Sicherheit der Person beachtet; — daß andererseits der Schuldner, der sein Grundstück für die Schuld verpfändet, in der Regel damit allein die Sicherheit gewähren will, und daß er, wenn er das Grundstück veräußert und die Hypothek auf den Preis verrechnen läßt, aus der Schuldverbindlichkeit herausgetreten zu sein meint. Die Intentionen beider Theile richten sich darauf, daß die Befriedigung der hypothekarischen Forderung aus dem Grundstück erfolgen soll, und daraus rechtfertigt sich, wenn dem Gläubiger gegen den Uebernehmer auch ohne Beitritt oder Cession das direkte Klagerecht gegeben, und der erste persönliche Schuldner freigelassen wird, sobald der Gläubiger, nachdem er von dem Veräußerer die Uebernahme durch den Erwerber erfahren — was zu bewirken im Interesse des Veräußerers liegt, — dem neuen Schuldner gegenüber unthätig bleibt und dadurch an den Tag legt, daß er sich die Uebernahme gefallen läßt. Aus der bloßen Annahme der Zinsen oder aus der Bewilligung einer Frist für den neuen Schuldner würde sich eine solche Folgerung noch nicht mit Sicherheit ziehen lassen, wohl aber daraus, daß der Gläubiger das Kapital dem neuen Schuldner läßt, obschon er es ihm kündigen konnte, und deshalb ist im Gesetz vorgeschrieben, daß wenn ein Jahr lang die Kündigung nicht erfolgt, oder, wenn sie erfolgt ist, der Gläubiger nicht binnen 6 Monaten nach der Fälligkeit klagt, jene Folge eintreten soll. Das dagegen erhobene Bedenken, daß dadurch Kündigungen provozirt würden, kann für erheblich nicht erachtet werden, denn solche werden doch nur stattfinden, wenn dem Gläubiger der neue Schuldner nicht sicher erscheint, und dann sind sie an sich schon begründet."

Sowohl bei den Berathungen des Landtags in der Session 1869/70 als in der von 1871/72 hat dieser neue Grundsatz Billigung erfahren. Zur Erläuterung desselben dient insbesondere der Bericht der Kommission des Abgeordnetenhauses von 1869, weil der Paragraph seine jetzige Fassung im Wesentlichen durch die Beschlüsse dieser Kommission erhalten hat. Sie erkennt den Grundsatz als eine werthvolle Verbesserung des Rechts an und fährt fort:

„Es wird hierdurch der Mißstand beseitigt, daß trotz der Uebernahme der Hypotheken von Seiten des Käufers in häufigen Fällen viele Jahre nach Abschluß des Kaufvertrages der seiner Verpflichtung nicht ausdrücklich entlassene Personalschuldner auf Zahlung in Anspruch genommen wird, wenn die Hypothek bei späterer Verwerthung des Pfandstücks und Vertheilung der Kaufgelder nicht zur Hebung gekommen ist. Es ist auch nicht zu verkennen, daß der Realkredit die Erleichterung, welche ihm das Alinea 1. des Paragraphen gewährt, wohlthätig empfinden wird und daß der nach Alinea 2. unter Umständen für den Gläubiger eintretende Verlust seines Anspruchs an den alten Schuldner dagegen nicht wesentlich ins Gewicht fallen kann. Gerade in dieser Frage gehen die Interessen der Gläubiger und der Eigenthümer Hand in Hand.

Es ist nun zwar gegen diese Bestimmung das Bedenken erhoben, daß sie nicht in die Materie dieses Gesetzes, vielmehr in das Obligationenrecht gehöre; die Kommission vermochte indessen diese Ansicht nicht zu theilen, weil in der fraglichen Materie sachenrechtliche Gesichtspunkte und persönliche Rechtsbeziehungen nebeneinander ständen, und jedenfalls ein derartig äußerlicher Grund kein Motiv bilden könne, eine als wohlthätig für den Verkehr zu erachtende Vorschrift nicht in das Rechtsleben einzuführen.

Zu Alinea 2. wurden mehrfache Bedenken geltend gemacht. Es sei nicht richtig, das Ausscheiden des alten Schuldners aus der Obligation an eine bloße Unterlassung des Gläubigers zu knüpfen; daß der Gläubiger jenen freigeben wolle, dürfe nur aus einer positiven Handlung desselben geschlossen werden, und als solche empfehle sich die Anstellung der persönlichen Klage gegen den Erwerber. Hierdurch manifestire der Gläubiger seinen Willen, sich an den Letzteren zu halten; er habe dann gewählt und könne später auf den alten Schuldner nicht mehr zurückgreifen.

Gegen diese Ansicht wurde aus praktischen Gründen des Verkehrs die hier getroffene Anordnung als besonders empfehlenswerth bezeichnet; es sei unbillig und verwickle die Rechtsverhältnisse, wenn nach langem Zeitverlaufe der alte Schuldner resp. dessen Erben, die oft von der ganzen Sache gar nichts mehr wüßten, mit Klagen überrascht würden. Deshalb müsse mit einem bestimmten Zeitablauf die Befreiung des Schuldners eintreten, und wenn der Gläubiger ein Jahr lang gewartet habe, ohne dem neuen Eigenthümer zu kündigen, so dürfe man mit Fug und Recht annehmen, daß er diesen als seinen alleinigen Schuldner sich wolle gefallen lassen.

Von anderer Seite wurde die Frist von einem Jahre für nicht ausreichend erachtet; die Beschaffung des Geldes in so kurzer Frist werde Schwierigkeiten machen, es sei geeigneter, zwei Jahre anzunehmen.

Die Kommission lehnte die beiden, in den angedeuteten Richtungen gemachten Vorschläge ab; dagegen wurde ein Antrag acceptirt, hinter: „gekündigt" im ersten Absatze des Alinea 2. einzuschalten:

„und binnen 6 Monaten nach der Fälligkeit eingeklagt."

Wenn nämlich die Kündigung allein zur Reservirung des Anspruchs gegen den alten Schuldner ausreichend sein solle, so würden voraussichtlich die Gläubiger sehr häufig von derselben Gebrauch machen, auch wenn sie die Absicht, ihre Hypotheken alsbald zu realisiren, gar nicht hätten. Sie würden es thun lediglich zur Erhaltung ihres Anspruchs. Damit gehe der ganze Werth der neuen Vorschrift verloren. Deshalb müsse klar ausgesprochen werden, daß die Kündigung als wirksam nur erachtet werden könne, wenn die ernstliche Absicht der Einziehung der Forderung vorhanden sei. Unterlasse der Gläubiger die rechtzeitige Kündigung oder unterlasse er die rechtzeitige Einziehung der gekündigten Forderung, so sei die Befreiung des alten Schuldners eingetreten. Nur auf diese Weise werde eine definitive Lösung der Rechtsbeziehungen beider erreicht, während die Vorlage diese, und zwar auf dem Umwege einer dazwischen liegenden Kündigung, doch wieder für die ganze Verjährungszeit verlängere."

Der Regierungsentwurf von 1869 hatte im ersten Absatz des Paragraphen hinter den Worten: „übernommen" noch die Einschaltung: „und sich dabei zur Befreiung des Veräußerers von seiner persönlichen Schuld verpflichtet." Schon bei den Berathungen 1869/70 wurde die Streichung dieses Zusatzes beantragt, „weil die Uebernahme der Hypothek in Anrechnung auf das Kaufgeld die Verpflichtung des Käufers, den Veräußerer von seiner Schuld zu befreien, nach dem Willen der Kontrahenten bereits in sich schließe, dies in der Praxis des gemeinen Rechts vielfach Anerkennung gefunden habe und es als ein unnöthiger Formalismus erachtet werden müsse, wenn die Parteien die ausdrückliche Hinzufügung der Klausel: daß der Käufer sich zur Befreiung des Veräußerers von seiner persönlichen Schuld verpflichte, vornehmen müßten. Es werde daraus folgen, daß, wenn dies einmal, vielleicht aus Zufall, unterlassen sei, die Vorschrift dieses Paragraphen nicht Platz greife, was den vermuthlichen Intentionen der Interessenten keineswegs entspreche." Diese Erwägungen und insbesondere der Umstand, daß bei Weglassung jener Worte die Einführung dieser Bestimmung in das Gebiet des gemeinen Rechts erleichtert werde, bestimmten die Staatsregierung, in der Vorlage von 1870 die Worte zu streichen. Die Vorschrift des § 41 findet also immer Anwendung, wenn Hypotheken auf das Kaufgeld verrechnet werden. Es bedarf einer ausdrücklichen Uebernahme nicht. In der Kommission des Herrenhauses, welche ebenfalls den Grundsatz an sich billigte, mußte die Frage erwogen werden, ob derselbe nicht auch auf die Grundschuld Anwendung finden solle. Sie wurde verneint, weil der persönliche Anspruch, welcher dem Grundschuldgläubiger gegen den Veräußerer etwa zustehe, im Grundbuch keinen Anhalt und keine Publizität habe und daher aus der Uebernahme der Grundschuld die Uebernahme der persönlichen Verbindlichkeit nicht wohl gefolgert werden könne. Die Konstituirung einer Grundschuld, wurde noch bemerkt, würde in der Regel eine Novation der früher bestandenen Verbindlichkeit sein, welche durch Hingabe des Grundschuldbriefes gleich einer datio in solutum getilgt werde. Dagegen erhielt der Paragraph in seinem letzten Absatz durch Hinzufügung der Worte: „oder an den Eintritt eines bestimmten Ereignisses geknüpft, so beginnt die Frist mit Ablauf der Zeit oder Eintritt des Ereignisses" eine verbesserte Fassung, da die Fälligkeit auch z. B. von dem Tode des Gläubigers oder eines Dritten, von der Verheirathung oder Einrichtung einer eigenen Wirthschaft des Berechtigten, und anderen Ereignissen abhängig gemacht sein kann.

§. 7. Gemeinsames von Grundschuld und Hypothek.

Außer den in den vorstehenden §§ 5 und 6 erörterten Unterschieden der Grundschuld und Hypothek sind beide in allen anderen Beziehungen in dem Gesetz vom 5. Mai 1872 gemeinsamen Bestimmungen unterworfen worden. Bei der Erörterung derselben wird der systematischen Anordnung des Gesetzes gefolgt..

I. Begründung. Die Grundschuld und die Hypothek entsteht durch Eintragung. Diese setzt, entsprechend dem Consensprincip, die Bewilligung des Eigenthümers voraus, welche durch rechtskräftige Verurtheilung ersetzt und in diesem Fall von dem Gläubiger unter Vorlegung des Urtheils beantragt wird [1]). Dem schließt sich ein dritter Fall an, wenn eine zuständige, d. h. eine gesetzlich dazu berechtigte Behörde gegen den eingetragenen Eigenthümer die Eintragung nachsucht. In diesem Fall kann es sich aber immer nur um Hypotheken handeln, Grundschulden können nur auf einer Bewilligung des Eigenthümers beruhen und dieser kann zur Bewilligung einer Grundschuld nur verurtheilt werden, wenn er sie versprochen hat. Gegenüber der Regierungsvorlage hat § 19 Nr. 1 des Gesetzes durch das Herrenhaus eine verbesserte Fassung erhalten, indem die Worte: „oder seine Eintragung gleichzeitig erlangende“ eingeschoben worden sind.

Nach § 406 I. 20 ALR. erlangt eine vor der Eintragung des Eigenthümers bestellte Hypothek Giltigkeit, sobald er für sich die Eintragung erlangte, sie convaleszirte. Bei der Hypothekenbestellung für rückständige Kaufgelder, Abfindungen, Erbtheile u. s. w. geschah dies häufig. Dieser Rechtszustand konnte zwar nach den Prinzipien des Gesetzes vom 5. Mai 1872 nicht aufrecht erhalten werden: der noch nicht eingetragene Erwerber hat erst ein persönliches Recht erlangt und ist noch nicht Eigenthümer des Grundstücks, mithin noch nicht zur Belastung berechtigt. Von einer Convalescenz kann daher nicht mehr die Rede sein. Es konnte nur nachgegeben werden, daß der Erwerber, der seine Eintragung beantragt, gleichzeitig eine Hypothek bestellen darf, die dann zugleich mit der Eintragung des Eigenthumsüberganges eingeschrieben wird. Daß die im ALR. vorkommenden gesetzlichen Ansprüche auf Eintragung einer Hypothek, wie solche dem Legatar, der Ehefrau, den Kindern, den Pflegebefohlenen zustehen, demselben Grundsatz der Bewilligung unterworfen sind, folgt aus dem Konsensprinzip. Wenn der Erbe, Ehemann, Vater, Vormund die Eintragung nicht bewilligt, so kann sie nur

---

[1]) Der Ausdruck „bewilligt“ ist in § 19 des Gesetzes vom 5. Mai 1872 nur deßhalb gebraucht, um das Consensprinzip dadurch schärfer zu bezeichnen. Die Bewilligung des Eigenthümers muß sich aber als Antrag bei dem Grundbuchamt äußern. Ohne einen solchen Antrag des Eigenthümers kann die Hypothek oder Grundschuld nicht eingetragen werden. A. M. Achilles S. 36 Note 4. Vergl. gegen ihn Bahlmann S. IX. fg.

auf Grund einer rechtskräftigen Verurtheilung geschehen. — Grundschuld und Hypothek können auch von einem Miteigenthümer auf seinen Antheil am Grundstück bewilligt werden; dadurch wird der Antheil das Befriedigungsobjekt. Auch dem Miterben steht dies vor der Theilung zu [2]). — Die Gesammtbelastung mehrerer Grundstücke für dieselbe Grundschuld oder Hypothek ist im Gesetz beibehalten. Beide Belastungen unterliegen ferner dem Spezialitätsprinzip, d. h. sie können nur auf den Namen eines bestimmten Gläubigers, oder auf den Namen des Eigenthümers, niemals also auf den Inhaber, sie müssen auf ein oder mehrere bestimmte Grundstücke, in bestimmter Summe eingetragen werden, die Bewilligung der Eintragung muß daher diese Bestimmtheit angeben [3]). Ergänzt werden kann später nur die Erhöhung eines niedrigeren Zinssatzes oder einer fehlenden Verzinsung bis fünf Prozent, ohne daß es der Einwilligung nacheingetragener Gläubiger bedarf. Dadurch ist die Vorschrift des § 30 des Gesetzes vom 24. Mai 1853 erweitert. Auch daß die Bedingungen der Rückzahlung eingetragen werden müssen, entspricht dem Spezialitätsprinzip und der Sicherheit des Verkehrs. Dadurch wird § 29 Absatz 2 des Gesetzes vom 24. Mai 1853 abgeändert, der ohnehin zu Zweifeln in der Praxis geführt hat [4]). An Stelle der den Betheiligten zu überlassenden Verabredung über die Termine der Zinszahlungen und der Rückzahlung des Kapitals das Institut der gesetzlichen Umschlagstermine, wie sie in Neuvorpommern und Schleswig, sowie in Mecklenburg bestehen, einzuführen, wurde in der Kommission des Herrenhauses erwogen, aber abgelehnt. Man führte, und wohl mit Recht, dagegen an: „Die Umschlagstermine wären in kleinen Ländern unter ganz anderen wirthschaftlichen Zuständen und Verkehrsverhältnissen als den jetzigen entstanden, seien eine Antiquität und erhielten sich, wo sie beständen, nur noch aus alter Gewohnheit. Sie zwangsweise in dieser oder jener Provinz einführen zu wollen, fehle es an jeder Berechtigung für den Gesetzgeber, würde auch der Tendenz des vorliegenden Ent-

[2]) Achilles verneint Note 9 S. 39, doch vergl. Theorie und Praxis B. 4. § 272, bes. S. 304.

[3]) §§ 23. 24 des Ges.

[4]) Entsch. B. 59 S. 131.

wurfs, dem Geldverkehr einen möglichst weiten Markt zu sichern, geradezu widerstreben. In der Provinz Preußen sei von sehr kompetenter Stelle aus der Versuch gemacht, dergleichen feste Zahlungstermine freiwillig einzuführen und in diesen Angebot und Nachfragen von Hypotheken möglichst zu konzentriren, derselbe sei aber völlig gescheitert. Es habe sich gezeigt, daß dies weder dem Bedürfnisse der Kapitalisten noch der Grundbesitzer entspreche. Die weniger guten Hypotheken könnten dann erst recht nicht die Konkurrenz mit den unbedingt guten überwinden und die, welche Geld ausleihen wollten, wünschten aus manchen Gründen nicht damit gerade an den öffentlichen Markt zu gehen. Daß die Verschiedenheit der Zinstermine für den Verkehr nicht gleichgültig sei, ergäbe der verschiedene Kurs von Staatspapieren völlig gleicher Art, mit verschiedenen Zinsterminen. Die Feststellung ein für allemal bestimmter Rückzahlungstermine für Hypotheken würde in großen Städten auch eine solche Geschäfts-Ueberbürdung der Notare zur Folge haben, daß dieselben den Anforderungen des Verkehrs nicht würden genügen können. Schon jetzt seien dieselben beispielsweise in Berlin bei den Kalenderquartalen dazu kaum noch im Stande."

II. Umfang des Rechts. Der § 30 des Gesetzes vom 5. Mai 1872 ist das Produkt einer sehr eingehenden Berathung, die hauptsächlich in der Kommission des Abgeordnetenhauses in der Session 1869/70 stattgefunden hat. Die späteren Berathungen haben nur noch wenig geändert. Der § 30 sollte im Wesentlichen das bestehende Recht erhalten, es nur schärfer präzisiren, theilweise ergänzen. Er beantwortet zwei Fragen: wofür haftet das Objekt bei der Grundschuld und Hypothek und was haftet für diese Berechtigungen.

Das Grundstück haftet für das eingetragene Kapital, für die eingetragenen Zinsen und sonstigen Jahreszahlungen, sowie für die Kosten der Eintragung, der Kündigung, der Klage und Beitreibung. Unter eingetragenen Zinsen sind die vorbedungenen und die im Wege der Zwangsvollstreckung eingetragenen Zinsen, sowie natürlich auch die fällig gewordenen einzelnen Zinsraten zu verstehen; dagegen schließt der Ausdruck die Verzugszinsen aus, wie dies schon nach § 483 I. 20 ALR. der Fall ist. Die Haft der Hypothek für Verzugszinsen wäre eine offenbare Verletzung des Spezialitätsprinzips, denn sie können in keiner Weise durch das Grundbuch ersichtlich gemacht werden, sie sind auch nicht Früchte des eingetragenen Kapitals, sondern nur eine nach Maßgabe der Zinsen berechnete Entschädigungsforderung, die ihren Grund lediglich in einem persönlichen schuldbaren Verhalten des Schuldners hat. Es ist hier auch die Frage erwogen und schließlich verneint worden, ob es sich nicht als Ausfluß des Spezialitätsprinzips empfehle, einen Maximalbetrag in Prozenten des Kapitals, bis zu dessen Höhe Zinsen und Kosten nur liquidirt werden könnten, zu fixiren. Der in der Kommission des Herrenhauses beschlossene Zusatz: „und sonstigen Jahreszahlungen" soll die ausdrücklich stipulirten Verzugszinsen von rückständigen Amortisationszahlungen und alle außer den Zinsen ausbedungenen jährlichen Zahlungen, wie insbesondere die nach den Statuten vieler Pfandbriefsinstitute als Zuschlag zu den Zinsen bedungenen Amortisationsquoten durch das Gesetz als dinglich gesichert anerkennen.

In den folgenden Absätzen des § 30 sind die einzelnen Bestimmungen enthalten, welche feststellen, **was** dem Gläubiger haftet.

Es haften:

1) das ganze Grundstück mit allen seinen zur Zeit der Eintragung nicht abgeschriebenen Substanztheilen. Dies entspricht der preußischen Praxis [5]) und wird sich künftig, wenn das Titelblatt die Angaben aus dem Grund- und Gebäudesteuerbuche enthalten wird, auch mit Sicherheit kontroliren lassen;
2) die auf dem Grundstück befindlichen oder nachträglich darauf errichteten, dem eingetragenen Eigenthümer gehörigen Gebäude.

   Die Superficies haftet also nicht, eben so wenig die Baulichkeit, die sich ein Pächter für die Dauer seiner Pachtzeit zu seinen Zwecken errichtet hat. Der Pächter hat vielmehr bei Geltendmachung des Pfandrechts durch

---

[5]) Entsch. B. 30 S. 1. Plen. Beschl.; Striethorst, Archiv B. 9 S. 51, B. 11 S. 352, Bd. 16 S. 306.

den Gläubiger nur das Recht der Wegnahme; bei vorhandener Superficies kann der Gläubiger das Grundstück nur mit dieser Belastung zur Veräußerung bringen, falls nicht die Superficies später als die Hypothek oder Grundschuld bestellt worden, in welchem Fall der Superficiar zu weichen und auch nur das Recht der Wegnahme hat. Die eigenthümlichen Vorschriften §§ 472 bis 474 I. 20 Allgem. Landr. beizubehalten, schien nicht empfehlenswerth. Sie sind ziemlich unpraktisch geblieben und beschränken den Gläubiger ohne Grund auf die höchste Taxe des Bodens, während bei dem nothwendigen Verkauf doch ein höherer Preis erzielt werden kann. Anderen Rechten ist eine solche künstliche Bestimmung unbekannt;

3) die Accessionen und Früchte nach §§ 470, 475 I. 20 ALR.;

4) Pacht- und Miethgelder als Nutzungswerthe des Grundstücks, wie dies auch in § 476 I. 20 ALR. anerkannt ist;

5) die zugeschriebenen unbeweglichen Pertinenzstücke.

Die Praxis hat, wie bereits oben [5]) erwähnt, zwischen Substanztheilen und Pertinenzstücken unterschieden.

Eine solche Unterscheidung läßt sich bei dem Vorhandensein eines Grundbuchs, welches in gleicher Weise sowohl die Parzellen als Pertinenzien nachweisen soll, nicht aufrecht halten. Das allein entscheidende Moment darf nur sein, daß Alles haftet, was im Buch zur Zeit der Eintragung der Post als Zubehör des Grundstücks vermerkt ist, und daß nur durch die Abschreibung das Zubehörstück oder der Theil ausscheiden kann. Ueberdies ist jetzt der Fall nicht mehr denkbar, daß ein unbewegliches Zubehör oder ein Theil ohne Abschreibung in das Eigenthum eines Dritten übergehen können, denn dieser Uebergang setzt die Auflassungserklärung voraus,

[5]) S. 29 f.

mit der sich die Abschreibung unmittelbar verbindet, und nur durch die Eintragung auf das neue oder ein anderes Blatt geht das getrennte Stück in das Eigenthum des Erwerbers über;

6) das bewegliche, dem eingetragenen Eigenthümer gehörige Zubehör, so lange dasselbe nicht veräußert und von dem Grundstück räumlich getrennt worden. Dieser Satz entspricht dem § 445 I. 20 ALR. und der Praxis (Entsch. Bd. 2, S. 283, Plen. Beschluß). Es ist zwar gegen diese Bestimmung der Einwand erhoben worden, es werde durch dieselbe der Realkredit des Grundbesitzers und die Sicherheit des Gläubigers nicht gemehrt, der Personalkredit des Ersteren aber geschädigt. Andererseits aber muß erwogen werden, daß die Möglichkeit einer schnellen Exekution in das bewegliche Zubehör oft die Subhastation des Grundstücks abwenden kann, die, wenn der Gläubiger jenes Zubehör nicht angreifen darf, immer, auch bei geringfügigen Zinsrückstandsforderungen beantragt werden müßte. Deshalb ist die Bestimmung beibehalten worden;

7) die dem eingetragenen Eigenthümer zufallenden Versicherungsgelder. Diese Bestimmung ist neu. Die bisherige Praxis hat das Gegentheil angenommen[7]), aber wiederholte Anträge, den Rechtszustand hierin zu ändern, haben bereits im § 15 des Gesetzes für Neuvorpommern Berücksichtigung gefunden, und es mußte daher eine gleiche Aenderung angenommen werden.

Im Anschluß hieran erklärt § 31 die Vorausverfügung über Ansprüche auf Versicherungsgelder, die Veräußerung stehender und hängender Früchte, die Vorauserhebung der Pacht und Miethzinsen auf mehr als ein Vierteljahr zum Nachtheil der eingetragenen Gläubiger für unwirksam. Letzteres entspricht dem bisherigen Recht §§ 477—481 I. 20 ALR. nicht ganz. Das ALR. erklärt im §477 Verträge, durch welche der Schuldner über künftige Früchte und

[7]) Entsch. Bd. 27 S. 1, Plen. Beschl.

Nutzungen im Voraus verfügt, soweit sie zum Nachtheil der schon eingetragenen Hypothekengläubiger gereichen, für unkräftig. Es ist im Interesse eines gesicherten Realkredits zweckmäßig, diese Bestimmungen beizubehalten. Die §§ 480, 481 a. a. O. aber unterscheiden in Betreff der Vorauserhebung der Pacht- und (wie die Praxis mit Recht annimmt) Miethzinsen zwischen den eingetragenen und erst später einzutragenden Gläubigern. Die ersteren müssen sich die Vorauserhebung auf ein Vierteljahr gefallen lassen; den letzteren kann sie nur entgegengesetzt werden, wenn sie im Hypothekenbuch vermerkt worden. Das ist eine unnöthige Kasuistik. Ohne jede Unterscheidung zwischen gegenwärtigen und späteren Gläubigern ist jetzt die Vorauserhebung auf ein Vierteljahr gestattet, darüber hinaus aber, sofern daraus für die Gläubiger Nachtheil erwächst, für unwirksam anzusehen. Ein solcher Rechtszustand ist einfacher und durchsichtiger. Die Gläubiger werden gegen betrügerische Entziehungen gesichert, die, wie die Erfahrung lehrt, von überschuldeten Eigenthümern oft noch in den letzten Momenten mit Erfolg ins Werk gesetzt werden.

Endlich bestimmen §§ 32, 33 des Gesetzes die Haftung bei Zuschreibungen und Abschreibungen. Die einem belasteten Grundstück später zugeschriebenen Grundstücke treten in die Haftverbindlichkeit des ersteren, jedoch mit der nothwendigen Beschränkung, daß die mitübertragenen Posten des zugeschriebenen Stücks aus diesem ihre Berichtigung vorweg erhalten müssen.

Diese Bestimmung weicht von § 14 des Gesetzes für Neuvorpommern ab, welches die später zugeschriebenen Grundstücke den vorher eingetragenen Realberechtigten nicht haftbar macht. Zugleich beseitigt § 32 die unfruchtbare Kasuistik des § 454 I. 20 ALR. Umgekehrt scheidet ein Theil des belasteten Grundstücks aus dessen Haftung aus, wenn er ohne Uebertragung der Last im Buch abgeschrieben wird.

III. Rangordnung. Nach § 500 I. 20 ALR. bestimmt sich das Vorzugsrecht der Hypotheken lediglich nach der Ordnung der Eintragung. Dieses Recht ist in § 34 beibehalten. Der Grundsatz gilt auch dann, wenn an demselben Tage hintereinander Hypotheken oder Grundschulden eingetragen worden sind. Dagegen wird die Rangordnung zwischen der ersten und zweiten Abtheilung des Grundbuchs nach dem Datum der Eintragungen entschieden. Darüber ist oben S. 64 zu vergleichen.

Einer nachstehenden Post kann der voreingetragene Gläubiger ohne Nachtheil für die Zwischeneintragungen das Vorrecht einräumen, welches sich von selbst auch auf die Nebenleistungen bezieht (§ 35). Es genügt hierzu die Erklärung des Einräumenden; die Eintragung des Vorrechts wird auf der Urkunde über die zurücktretende Post und „auf Verlangen“ auch auf der Urkunde über die vortretende Post von dem Grundbuchamt vermerkt. (§ 86. Grundbuchordnung.)

IV. Wirkung. Die Frage, welche Wirkung das Recht der Grundschuld und Hypothek hat, ist gleichbedeutend mit der Frage nach dem Inhalt des Rechts. Bei beiden ist der Inhalt das Veräußerungsrecht. Ueber dessen juristische Natur als eines nicht in Stellvertretung des Eigenthümers auszuübenden, nicht aus dem Eigenthum herausgerissenen, sondern eines neben dem Veräußerungsrecht des Eigenthümers bestehenden selbständigen Rechts kann auf die Ausführungen an einem anderen Orte verwiesen werden[8]). Das Veräußerungsrecht ist so sehr der wesentliche Inhalt der Hypothek und Grundschuld, daß ein Vertrag, durch welchen das Veräußerungsrecht dem Gläubiger entzogen werden soll, für nichtig erklärt ist (§ 45 des Gesetzes), er würde dem Recht der Hypothek und Grundschuld einen anderen Inhalt geben, sie zu einem anderen Recht machen.

Wenn § 27 I. 20 ALR. einen Vertrag, durch welchen dem Gläubiger das Veräußerungsrecht ganz versagt sein soll, dahin interpretirt, daß der Gläubiger nicht eher zur Veräußerung schreiten darf, als bis über das Vermögen des Schuldners Konkurs entstanden, so ist eine solche Auslegung des Willens der Kontrahenten, der in ihn etwas hineinlegt, was ihm widerspricht, nicht gerechtfertigt, vielmehr wird der Rechtszustand bestimmter, wenn den Kontrahenten verboten wird, einen derartigen Vertrag, der das Recht der Hypothek und Grundschuld inhaltslos macht, abzuschließen.

---

[8]) Theorie u. Praxis, 2. A. Bd. 3 S. 398 fg.

Das Allgemeine Landrecht kennt außerdem die Revenuen-Hypothek, § 225 I. 20. Sie entsteht, entweder wenn sie ausdrücklich vorbedungen, oder wenn die Parteien verabredet haben, daß das Grundstück nicht verkauft werden soll, in Folge einer vom Gesetz aufgestellten Interpretation, § 26 I. 20, oder sie ist in einzelnen Fällen bei Lehn- und Fideikommißgütern zulässig, § 228 I. 18, §§ 80 ff. II. 4 ALR. An den letzteren Bestimmungen wird durch das Gesetz natürlich nichts geändert, es hat aber im Uebrigen die vertragsmäßige Revenuen-Hypothek nicht aufgenommen. Ein praktisches Bedürfniß ist für sie nicht vorhanden, und sie komplizirt die Vertheilung der Kaufgelder, wenn sie neben Substanz-Hypotheken eingetragen ist.

Das Veräußerungsrecht ist aber auch der alleinige Inhalt des Rechts der Hypothek und der Grundschuld, so daß der Eigenthümer dadurch nicht auch an weiteren Belastungen des Grundstücks gehindert werden darf (§ 48 des Gesetzes). Das sprach das ALR. schon aus (I. 20. § 24. 439). Alle anderen Befugnisse sind den Gläubigern nur gegeben, um das Veräußerungsrecht zu sichern oder seine Ausübung vorzubereiten. Zwar wird zu diesem Zweck nicht mehr eine vorgängige Immission, eine Besitzeinweisung des Gläubigers verlangt, die auch schon nach ALR., obwohl es dieselbe noch anerkennt, nicht eine nothwendige Voraussetzung des Verkaufs war und längst unpraktisch ist. Wohl aber führen zur Veräußerung bestimmte Klagerechte und außerdem sind dem Gläubiger Sicherungsrechte gegeben. Die Klagerechte werden im nächsten Kapitel einer besonderen Erörterung unterworfen, auch wird später von der Form und der Wirkung der Zwangsveräußerung gehandelt werden. Hier sind nur die Sicherungsrechte zu erwähnen. Erhebliche Verschlechterungen des Grundstücks, durch welche die Sicherheit des Gläubigers gefährdet wird, berechtigen denselben, Sicherungsmaßregeln, deren Art sich durch die Art der Gefährdung bestimmt, bei dem Prozeßrichter zu beantragen, oder seine Befriedigung vor der Verfallzeit zu verlangen (§ 50 des Gesetzes). Die Vorschrift schließt sich an die §§ 441. 442. I. 20. ALR. an.

Das neue Recht hat die Gesammthypothek beibehalten und auch eine Gesammtgrundschuld zugelassen, d. h. die Belastung mehrerer Grundstücke mit derselben Hypothek und derselben Grundschuld. Voraussetzung ist, daß die mehreren Grundstücke selbständige sind, also entweder auf verschiedenen Grundbuchblättern oder Artikeln verzeichnet, oder, wenngleich in demselben Blatt oder Artikel vereinigt doch als selbständig nebeneinander gestellt sind. v. Meibom*) unterscheidet beide Fälle, indem er den ersten als Korreal-, den zweiten als Verbandhypothek bezeichnet; es liegt indessen zu einer solchen Unterscheidung ein praktisches Bedürfniß nicht vor, sie kann zu dem Mißverständniß führen, daß die rechtliche Wirkung der Korreal- und der Verbandhypothek eine verschiedene sei, während dies nicht der Fall ist. Es muß nur festgehalten werden, daß die auf einen sog. Gutscomplex, d. h. auf ein aus verschiedenen Flächenabschnitten bestehendes Grundstück gelegte Belastung nicht eine Gesammtbelastung ist, weil hier das Grundstück als Einheit im Grundbuch erscheint. Wenn jedoch nach § 13 Gr. B. O. mehrere im Bezirk desselben Grundbuchamts liegende Grundstücke desselben Eigenthümers ein gemeinschaftliches Blatt erhalten, und auf die sämmtlichen Grundstücke eine Hypothek oder Grundschuld eingetragen wird, so entsteht eine Gesammthaft. Die Wirkung derselben ist, daß jedes Grundstück für die ganze Hypothek oder Grundschuld haftet, daß mithin der Gläubiger das Recht hat, aus jedem einzelnen seine volle Befriedigung zu suchen. Die Hypothek oder Grundschuld haftet „ungetheilt" auf mehreren Grundstücken. Soweit aber der Gläubiger aus dem einen Grundstück seine Befriedigung erhalten hat, erlischt die Hypothek oder Grundschuld auf den mitverhafteten Grundstücken. Die Eigenthümer der letzteren erlangen nicht das Recht, über diese Post zu verfügen, oder sie für sich zu liquidiren, weil dadurch die nacheingetragenen Gläubiger in ihrem Rechte benachtheiligt werden würden: sie haben vor sich nur eine Korreallast, nicht eine Solidarlast gehabt, mithin aus dem Grundbuch den Glauben entnommen, daß nicht blos dieses, sondern auch andere Grundstücke für die Vorhypothek haften, daß das ihnen haftende die Last nicht allein zu tragen habe. Man hat die Korrealhypothek als dem Spezialitätsprinzip widersprechend auffassen wollen und deshalb ihre Beseitigung vor-

*) Meckl. Hyp.-R. S. 114.

geschlagen. In der ritterschaftlichen und Domanialhypotheken-Ordnung Mecklenburgs ist auch die Korrealhypothek verboten, jedoch in der Stadtbuchordnung zugelassen. Der preußische Entwurf von 1864 wollte sie abschaffen. Allein wenn der Grundsatz, daß jedes der eingesetzten Grundstücke ganz haftet, welcher in Folge einer Bestimmung der Konkursordnung von 1855 verdunkelt, später aber wiederhergestellt ist [10]), in voller Reinheit anerkannt wird, so weiß jeder nachstehende Gläubiger, daß ihm die ganze Hypothek oder Grundschuld vorgeht, und dem Prinzip der Spezialität tritt nichts entgegen. Gegen die Abschaffung der Gesammthaft in dieser klaren Form spricht schon der Umstand, daß dieselbe bei Zertheilungen der Grundstücke sozusagen von selbst entsteht und es gewiß nicht im Interesse des Kredits oder der Bodenkultur liegt, durch ein Verbot der Korrealhypothek die Parzellirung der Grundstücke zu erschweren, in sehr vielen Fällen unmöglich zu machen. Auch der vertragsmäßigen Bestellung von Korrealhypotheken kann die Gesetzgebung nicht entgegentreten, weil sie, wo sie geschieht, ja immer die Bedingung des gewährten Kredits ist, mithin ihr Verbot die Gewährung des Kredits zum Nachtheil des Schuldners erschweren würde.

V. Uebergang. Die Hypothek und Grundschuld werden durch die Abtretung (Cession) das eigene Recht des Erwerbers. Zu diesem Erwerb ist die Eintragung nicht erforderlich, soll sie aber erfolgen, so setzt sie eine Bewilligung des veräußernden Gläubigers voraus, die hier wie sonst durch eine rechtskräftige Verurtheilung oder das Ersuchen einer zuständigen Behörde ersetzt wird. Eine Erklärung der Annahme Seitens des Erwerbers ist zur Eintragung nicht erforderlich, wohl aber muß letztere auf einen bestimmten Namen lauten. Die unausgefüllte Blanco-Abtretung ist also zur Eintragung ungeeignet. Theilabtretungen sind ohne Beschränkung zulässig [11]). Die Verpfändung einer Hypothekenurkunde oder eines Grundschuldbriefs ist nur Sachenverpfändung, muß also unter der Form des Faustpfandes vorgenommen werden und interessirt das Grundbuch nicht. Die Verpfändung der Hypothek und Grundschuld

---

[10]) Gesetz vom 12. März 1869.

[11]) Anders nach Meckl. Recht v. Meibom, S. 237.

selbst unterliegt den allgemeinen Regeln der Verpfändung von Forderungen. Auch hier ist die Eintragung nicht Bedingung ihrer Wirksamkeit, wird aber die Verpfändung eingetragen, so muß der Vermerk den Gläubiger und die Forderung, zu deren Sicherheit sie geschieht, angeben.

VI. Löschung. Das Recht der Hypothek und Grundschuld wird nur durch Löschung im Grundbuch aufgehoben. Zwar erlischt die Hypothek durch Tilgung des Anspruchs, für welchen sie bestellt worden, aber ihre dingliche Wirksamkeit zu Gunsten dritter gutgläubiger Personen behält sie bis zu dem Moment, wo sie im Grundbuch gelöscht wird. Aus der Tilgung der Schuld erwächst ein Anspruch an den Gläubiger, die Löschung im Buch zu bewilligen, der im Fall der Weigerung durch den Vermerk eines Widerspruchs gegen weitere Verfügungen gesichert werden kann [12]). Die Löschung darf nur auf Antrag des Eigenthümers oder auf Ersuchen einer zuständigen Behörde erfolgen. An die Stelle einer gelöschten Hypothek oder Grundschuld kann eine andere nicht eingetragen werden, vielmehr rücken die nachstehenden Posten vor; dieser Satz ist die Konsequenz des Gedankens, daß das ganze Grundstück, nicht bloße Werthparzellen, für jede Post eingesetzt ist.

Das Mecklenburgische Hypothekenrecht unterscheidet eine Tilgung welche es dem Eigenthümer des Grundstücks noch gestattet, an Stelle der gelöschten Post später eine andere gleich große eintragen zu lassen, welche also eine leere Stelle (locus) dem Eigenthümer zur Disposition vorbehält, und die reine Tilgung, welche die Hypothek vernichtet, die Eintragung einer anderen an derselben Stelle unmöglich macht und nur auf besonderen Antrag des Eigenthümers erfolgt (§ 26 Stadtbuch-Ordnung, § 21 der Domin.-Hypotheken-Ordnung, § 24 Nr. 2 der revidirten Hypotheken-Ordnung für Landgüter [13]).

Das Gesetz vom 5. Mai 1872 bleibt bei dem jetzt geltenden preußischen Recht und läßt die Hypothek durch Löschung untergehen, obschon von mehreren Seiten die Aufnahme dieser doppelten Art der Löschung aus dem Mecklenburgischen Recht empfohlen worden ist.

---

[12]) Vergl. oben S. 68.

[13]) v. Meibom S. 285 fg.

Ein praktisches Bedürfniß für jene Unterscheidung zwischen Tilgung und reiner Tilgung, oder, wie man auch sagen könnte, zwischen relativer und absoluter Tilgung, ist nicht vorhanden, wenn der Eigenthümer sonst die Befugniß hat, über eine ihm angefallene ungelöschte Hypothek zu disponiren. Es liegt ja in seiner Hand, diese Disposition sich dadurch zu erhalten, daß er die Hypothek nicht löschen läßt.

Es spricht aber gegen diese Theorie nicht allein, daß durch sie ganz unnöthigerweise das Grundbuchrecht mit einem neuen Begriff, die Geschäftsbehandlung beim Grundbuch mit einer neuen Manipulation belastet wird, sondern auch, daß der leere locus ein Nichts ist, über welches zu disponiren unmöglich erscheint. Die Löschung mit Offenhaltung der Stelle hat im Mecklenburgischen Recht eigentlich nur zwei Funktionen, bei denen sie eine gewisse praktische Nützlichkeit zeigt. In dem einen Falle erleichtert sie die Umschreibung der sogenannten Ultimat- oder Kautions-Hypotheken auf andere Gläubiger, indem die Kautionshypothek, die an sich nicht abtretungsfähig ist, gelöscht und an deren Stelle sofort eine andere Hypothek eingetragen wird. In dem anderen Falle vereinfacht sie nach erfolgter Erlöschungserklärung einer verlorenen Hypothekenurkunde die Ausstellung einer neuen, indem die Post gelöscht und gleich wieder neu eingetragen und dann über die neue Post eine neue Urkunde ertheilt wird. Beide Fälle sind aber zu unerheblich, um es rechtfertigen zu können, den Fundamentalsatz im Recht der öffentlichen Bücher aufzugeben, daß das eingetragene Recht nur und definitiv durch Löschung, dem eigentlichen contrarius actus der Eintragung, aufhört.

In dem Kommissionsbericht des Herrenhauses wird hervorgehoben: „Durch den Löschungsantrag verzichtet der Eigenthümer auf den locus, indem er sonst die getilgte Post auf seinen Namen umschreiben lassen könnte. Löschung und gleichzeitige Offenhaltung des locus für eine künftig einzutragende Forderung widersprechen sich und würden eine dem Realkredit unbedenklich sehr nachtheilige Neuerung enthalten."

Der Löschungsantrag des Eigenthümers muß begründet werden durch Vorlegung der über die Eintragung ausgefertigten Urkunde oder des Erkenntnisses, welches die verlorene Urkunde für kraftlos erklärt, ferner durch Vorlegung der Quittung oder Löschungsbewilligung des Gläubigers, welche durch seine rechtskräftige Verurtheilung ersetzt wird, oder durch den Nachweis der eingetretenen Vereinigung [14]). Letztere ist entweder Konfusion, wenn der Schuldner oder Eigenthümer des belasteten Grundstücks die Forderung erwirbt, oder Konsolidation, wenn der Gläubiger das Eigenthum des Grundstücks erwirbt. Ueber den Unterschied beider ist auf das Civilrecht zu verweisen [15]). Wie Löschungen nach erfolgtem Aufgebot der Post oder vergeblich erfolgter öffentlicher Ladung des Gläubigers zu bewirken sind, darüber unten im 6. Kapitel.

VII. Umwandlung der Hypothek in eine Grundschuld (§ 29 des Gesetzes vom 5. Mai 1872). Sie kann auf Antrag des Eigenthümers mit Einwilligung derjenigen in der zweiten und dritten Abtheilung des Grundbuchs gleich- oder nachstehenden Berechtigten, welche vor dem 1. Oktober 1872 eingetragen sind, erfolgen. Wer später eingetragen wird, muß sich die Umwandlung einer ihm vorgehenden Hypothek in eine Grundschuld ohne Weiteres gefallen lassen. Der § 29 hat seine jetzige Fassung in der Plenarberathung des Hauses der Abgeordneten vom 11. März 1872 erhalten.

§ 8. Fernere Giltigkeit des 20. Titels, Theil II des ALR.

Dadurch daß in dem Gesetz vom 5. Mai 1872 neben die Grundschuld die Hypothek gestellt worden ist, tritt das Gesetz in ein anderes Verhältniß zum ALR. I. 20. Von einer Aufhebung des 20. Titels, soweit er das Hypothekenrecht betrifft, kann jetzt nicht mehr die Rede sein, es bleiben vielmehr zahlreiche Vorschriften desselben neben dem Gesetz auch für diejenigen hypothekenrechtlichen Verhältnisse giltig, welche nach dem 1. Oktober 1872 begründet werden. Es erscheint daher nicht überflüssig, im Einzelnen hier zu untersuchen und festzustellen, welche Bestimmungen noch ferner neben dem neuen Recht gelten. Es wird die Uebersicht erleichtern, wenn hierbei der Legalordnung gefolgt wird.

[14]) § 94 Gr. B. O.

[15]) Theorie und Praxis, 2. A. B. 3 S. 270.

Bekanntlich enthält das ALR. I. 20. in den §§ 1 bis 70 allgemeine Vorschriften über das „Recht des Unterpfandes“, welche sich auch auf das Hypothekenrecht beziehen, und behandelt dann in den §§ 390 bis 535 das Hypothekenrecht besonders.

Was nun zunächst jene allgemeinen Bestimmungen betrifft, so fällt auch nach neuem Recht die Hypothek unter die Definitionen der §§ 1 und 8 I. 20, nur daß § 8 jetzt ersetzt ist durch § 18 des Gesetzes. Auch bleibt es bei den Pfandrechts-Titeln, nur daß ein solcher nach neuem Recht nicht mehr dem Gläubiger das Recht giebt, unmittelbar gegen den Willen des Eigenthümers bei dem Grundbuchamt die Eintragung nachzusuchen. Hierdurch sind § 3 und 4 I. 20 modifizirt. Es bleiben ferner giltig die §§ 11 bis 14, letzterer mit der strengeren Durchführung des Spezialitätsprinzips nach § 24 des Gesetzes. Daß § 15 I. 20 stehen bleibt, ist zweifellos, aber § 16 wird geändert, insofern nach neuem Recht nur der eingetragene Eigenthümer das Grundstück belasten kann, mithin der Fall, daß der Verpfänder das Verfügungsrecht erst nach geschehener Verpfändung erhält, nicht mehr denkbar ist. Wohl aber kann eine Konvalescenz der bestellten Hypothek in der Art vorkommen, daß die anfangs vorhanden gewesene persönliche Unfähigkeit des eingetragenen Eigenthümers gehoben und ein nachträgliches Anerkenntniß erfolgt ist (§ 18, 19 I. 20). Der § 20 I. 20 ist durch § 21 des Gesetzes, § 21 I. 20 durch § 30 daselbst ersetzt. Die §§ 22 bis 24 I. 20 bleiben unverändert. Der § 25 I. 20 ist durch § 43 des Gesetzes, die §§ 26, 27 sind durch § 45 des Gesetzes beseitigt. Da in § 43 des Gesetzes dem Gläubiger nur das Recht gegeben ist, auf gerichtliche Zwangsverwaltung und Zwangsversteigerung anzutragen, so fragt es sich, ob ferner außergerichtliche Versteigerung, vor oder nach dem Eintritt des Zahlungstermins verabredet, noch statthaft erscheint (§ 29 bis 32 I. 20). Die Motive sagen: „Der im ALR. noch in beschränkter Weise zugelassene außergerichtliche Verkauf durch den Gläubiger ist in diesem Gesetz nicht erwähnt, und damit abgeschafft. Gegen ihn sprechen die Schwierigkeiten, welche in Betreff der Hypotheken anderer Personen hierbei entstehen.“ Dieser Grund würde allein nicht entscheiden. Wichtiger ist, daß nach neuem Recht der Gläubiger deshalb das ihm verhaftete Grundstück nicht außergerichtlich verkaufen kann, weil er nicht eingetragener Eigenthümer ist, mithin die Auflassung nicht erklären und das Eigenthum auf den Erwerber nicht übertragen kann. Deshalb sind die §§ 29 bis 32 I. 20 auf das Hypothekenrecht nicht mehr anwendbar. In dem folgenden § 33 ist die sog. lex commissoria verboten. Dies Verbot, ein Ausfluß der gegen den Wucher gerichteten Gesetzgebung, ist jetzt beseitigt [1]). Es kann ein Vertrag abgeschlossen werden, daß bei ausbleibender Zahlung das Grundstück für den Betrag der Schuld oder einen im Voraus festgestellten Werth dem Gläubiger zufallen soll, ebenso ein Vertrag zwischen dem Schuldner und Bürgen, daß letzterem, wenn er von der Bürgschaft nicht befreit würde, das verpfändete Grundstück verfallen sein solle. Natürlich verlangen solche Eigenthumsübergänge die Auflassungserklärung. In Folge dessen bleibt § 34 in Giltigkeit und ist § 35 aufgehoben. Ueber das Eintrittsrecht, welches die §§ 36 bis 41 I. 20 behandeln [2]), sagen die Motive: „Das Eintrittsrecht ist schon im System des ALR. ziemlich bedeutungslos, da auch der spätere Hypothekengläubiger das Grundstück zum Verkauf bringen kann und überdies der Gläubiger von jedem Dritten Zahlung annehmen muß. Es wird völlig bedeutungslos, wenn der Gläubiger, wie dies in dem Gesetz (§ 63) vorgeschlagen ist, nach erhaltener Befriedigung dem Eigenthümer gegenüber verpflichtet ist, dem zahlenden Dritten Cession zu ertheilen. Dadurch wird leicht erreicht, daß der nacheingetragene Gläubiger eine vorstehende Hypothek erwerben kann.“ Der § 42 I. 20 ist durch § 46 des Gesetzes, soweit jener die Zulässigkeit des Gebots des Schuldners betrifft, modifizirt. Daß das Gebot des Gläubigers gleich jedem anderen zulässig geblieben, ist unzweifelhaft. Die §§ 43 bis 52 I. 20 behalten Giltigkeit. Sie beziehen sich auf die durch das Gesetz vom 5. Mai 1872 nicht berührte persönliche Verbindlichkeit des Schuldners. Der Letztere behält hiernach gegen die persönliche Klage die Einrede der Vorausklage aus § 52 daselbst. Der § 53 I. 20 ist eine Folge der dinglichen Natur der Hypothek und hat daher nur die Bedeutung eines

---

[1]) Bundesgesetz vom 14. November 1867. Theorie und Praxis, III. S. 369 Note 25. (2. A.)

[2]) Theorie und Praxis, III. S. 403 f. (2. A.)

entbehrlichen Lehrsatzes. Daß aber § 54 und die dazu gehörige Deklaration vom 21. März 1835 durch § 41 des Gesetzes beseitigt sind, ist oben ausgeführt*). Die §§ 55 bis 59 und 60 bis 70 I. 20 erleiden durch das neue Recht keine Veränderung.

Von § 390 behandelt das ALR. I. 20 das Hypothekenrecht. Die meisten Bestimmungen dieses Abschnittes sind durch das neue Recht ersetzt oder aufgehoben. Es ist hier nur festzustellen, welche Paragraphen neben dem neuen Recht giltig bleiben. Die §§ 390 bis 407 geben zu besonderen Bemerkungen keine Veranlassung; sie finden sämmtlich ihre Erledigung durch das neue Recht und gelten daher formell nicht mehr. Da von einem nicht eingetragenen Eigenthümer eine Hypothek nicht bestellt werden kann, so modifizirt sich § 408 I. 20 dahin, daß die bei der Auflassungserklärung von dem Erwerber für den Veräußerer bestellte Hypothek gleichzeitig mit der Umschreibung des Eigenthums eingetragen werden muß und dadurch von selbst die Priorität der ersten von dem neuen Erwerber bestellten Hypothek erlangt, von einer Konvalescenz früherer Verpfändungen des späteren Eigenthümers kann nicht mehr die Rede sein. Die folgenden §§ 409 bis 412 sind ersetzt, die §§ 413, 414, welche nur auf das Vollstreckungsrecht aus einem Urtheil auf die persönliche Klage sich beziehen, bleiben unberührt. Ebenso § 415. Es kann also die Hypothek wegen Ungiltigkeit des Anspruchs, zu dessen Sicherung sie bestellt worden ist, angefochten werden. § 416 aber ist nach dem neuen Recht bedeutungslos, da die Eintragung der Hypothek lediglich von der Bewilligung des Schuldners abhängt und diese wohl nicht ertheilt werden wird, wenn er der Forderung widerspricht. Die in den §§ 417 bis 421 normirte Lehre von der Protestation zur Erhaltung des Vorrechts findet ihre Erledigung durch die Bestimmungen des neuen Rechts über die Vormerkungen. Die §§ 422 bis 424 sind ersetzt durch § 38. Absatz 2 und 3 des Gesetzes, welcher später noch erörtert werden muß. Dagegen wird die fernere Giltigkeit der §§ 425 und 426 sich nicht behaupten lassen. Das Gesetz vom 5. Mai 1872 kennt nicht mehr die dort vorgeschriebene vierwöchentliche Frist zum Vermerk der Einwendun-

*) Vergl. S. 150 f.

gen und kann sie nicht vorschreiben, weil solche Vermerke, wenn sie nach der Bestellung der Hypothek eingeschrieben werden, den Charakter einer Beschränkung des Verfügungsrechts gegen den Gläubiger haben, mithin nur durch Vermittlung des Prozeßrichters nachgesucht werden können. Es ist aber auch ein praktisches Bedürfniß zu der Vorschrift des § 425 nicht mehr vorhanden, weil der Hypothekenbrief immer dem Eigenthümer eingehändigt wird, dieser also ganz in der Lage ist, sich gegen den Gläubiger dadurch zu sichern, daß er ihm die Urkunde nicht aushändigt. Die §§ 427 bis 439 sind ersetzt. Der auf I. 8 § 44 fg. verweisende § 440 bleibt giltig. Von den folgenden §§ können nur noch als neben dem neuen Recht fortgeltend bezeichnet werden: § 451. 452, was schon früher behauptet worden ist[4]); § 460 bis 465; § 496 bis 498; § 511. (der Anh. § 53 ist beseitigt); § 512, 514, 515; § 520 in dem Sinn, daß durch Tilgung des Anspruchs, für welchen die Hypothek bestellt worden, der Eigenthümer des Grundstücks das Recht gegen den Gläubiger erwirbt, auf Bewilligung der Löschung zu klagen und daß, wenn der befriedigte Gläubiger die Hypothek veräußert, er dem Eigenthümer für den Schaden verantwortlich wird; § 525, 533, 534, 535. Alle übrigen Bestimmungen, soweit sie nicht schon durch spätere Gesetze aufgehoben waren, sind in Folge des Gesetzes vom 5. Mai 1872 und der Grundbuchordnung ungiltig geworden, theils dadurch, daß sie auch in das neue Recht übernommen sind, theils weil sie diesem widersprechen. Es bedarf auch nur der Erwähnung, daß durch die §§ 63 bis 66 des Gesetzes die bisherigen Bestimmungen über die Eigenthümer-Hypothek, der Anh. § 52 und die Deklaration vom 3. April 1824, aufgehoben sind.

§. 9. Die Urkunden der Grundschuld und Hypothek.

Aus den Motiven der Regierungsvorlage ist Folgendes mitzutheilen, was jedoch nach der Lage der Sache nur für den Grundschuldbrief paßt.

„Einer der wichtigsten Punkte bei der Reform des Hypothekenrechts nach seiner formellen Seite ist die Feststellung des Systems,

[4]) Vergl. S. 40.

nach welchem die Hypotheken-Urkunden zu bilden sind, denn von dieser Bildung hängt wesentlich die Verkehrsfähigkeit der Hypotheken ab. Unbestreitbar wird dieselbe erleichtert, wenn die Urkunde möglichst einfach, kurz, schnell übersichtlich ist, zugleich aber auch mit Sicherheit alle Daten an die Hand giebt, deren Kenntniß wichtig ist, um die Güte und den Werth der Hypothek zu bestimmen.

Die überaus schwerfällige Bildung der Hypotheken-Urkunden, wie sie nach dem System der Hypothekenordnung von 1783 stattfand, ist schon durch die Novelle vom 24. Mai 1853 sehr erheblich vereinfacht worden. Es ist dies der größte Vorzug dieses dankenswerthen Gesetzes und man würde bei diesen Aenderungen stehen bleiben müssen, wenn ferner daran festgehalten würde, daß mit der Urkunde über die Hypothek die über das persönliche Schuldverhältniß verbunden wird. Unter dieser Voraussetzung ist der durch die Novelle eingeführte Hypothekenbuch-Auszug die einfachste und zweckmäßigste Form, und seitdem derselbe ertheilt wird, und damit die wesentlichen Erleichterungen sich verbinden, daß die Legitimations-Urkunden nicht angeheftet, ältere Buchauszüge aber wieder abgelöst werden, ist das Ziel erreicht, den Schuld- und Hypotheken-Urkunden eine möglichst einfache Gestalt zu geben. Im Allgemeinen ist man auch hiermit zufrieden, und die früheren Klagen über die Schwerfälligkeit der Urkunden sind verschwunden.

Noch weiter in der Vereinfachung kann aber und muß daher auch vorgeschritten werden, wenn, wie dies in dem Gesetzentwurf über das materielle Recht geschehen, die Hypothek von dem persönlichen Anspruch abgelöst, ihre gerichtliche Verfolgbarkeit von der des persönlichen Anspruchs getrennt wird und letzterer nicht mehr in dem Eintragungsvermerk erwähnt zu werden braucht. Nunmehr ist die Verbindung der Schuldurkunde mit der Urkunde über die Hypothek nicht mehr erforderlich, die letztere ist nicht mehr ein documentum referens, was seines relatum bedarf, und da die Hypotheken-Urkunde unter dieser Voraussetzung die Kraft ihrer rechtlichen Wirksamkeit in sich selbst trägt, eine solche Verbindung mit der Schuldurkunde geradezu unzulässig. Denn Alles, was überflüssig ist, muß vermieden werden.

Der Entwurf von 1864 §§ 130 bis 150 hat die Ertheilung von Hypothekenscheinen, von Auszügen und von Benachrichtigungen vorgeschlagen. Die Auszüge können auch als fortgesetzte Auszüge ertheilt werden. Neu eingeführt ist der sogenannte Hypothekenbrief, welcher sich jedoch äußerlich nur durch eine andere Schlußformel von dem Auszug unterscheidet, in seiner rechtlichen Bedeutung dagegen wesentlich von den Scheinen, Auszügen oder Benachrichtigungen abweicht. Denn die drei letzten Arten dienen nur zur Auskunft, sie begründen keine Rechte und sind nicht übertragbar; der Hypothekenbrief dagegen bildet die alleinige Urkunde über die Kapitalspost mit allen rechtlichen Wirkungen eines ausgefertigten Hypotheken-Instruments; aus ihm findet der Mandatsprozeß statt.

Es ist gegen diese Vorschläge nicht mit Unrecht eingewendet worden, daß sie ein für den Verkehr viel zu complizirtes und schwer verständliches System sind. Bloße Auskunfts-Urkunden zu ertheilen, ist kein Bedürfniß vorhanden; der Verkehr mit Hypotheken verlangt nur eine Urkunde, welche das Recht selbst ausdrückt, deren Weiterbegebung das Recht selbst überträgt und aus welcher mit Sicherheit geklagt werden kann.

Das Gesetz für Neuvorpommern hat aus der Novelle von 1853 den Hypothekenbuchauszug angenommen, jedoch mit der wesentlichen Abweichung, daß demselben die Schuldurkunde über das Rechtsgeschäft nicht angeheftet wird, wenn nicht besonders darauf angetragen worden ist. Der Auszug bildet die Schuld- und Beweisurkunde über die eingetragene Post, und dies soll in der Ausfertigung bemerkt werden (§§ 112, 113). Im Wesentlichen schließt sich der vorliegende Entwurf diesem Systeme an. Es ist ein Hypothekenbrief konstruirt, der ohne Anheftung der Urkunde über das persönliche Schuldverhältniß ausgefertigt wird und dessen Inhalt dem des Hypothekenbuch-Auszuges, wenn auch in anderer Reihenfolge, entspricht. Es ist nämlich im Interesse schnellerer Uebersichtlichkeit und Deutlichkeit der vollständige Eintragungsvermerk derjenigen Post, für welche der Hypothekenbrief ertheilt wird, vorangestellt, und es hat dadurch zugleich der Vortheil erreicht werden können, den Brief in bestimmte Abschnitte oder Theile zu zerlegen: Ueberschrift, Eintragungsvermerk, Nachrichten, Unterschrift.

Was in die Nachrichten aus dem Grundbuch aufgenommen ist, bedarf einer besonderen Begründung nicht: es gehört Alles dorthin, was zur Beurtheilung der Sicherheit der Hypothek wichtig ist. Bei der Ausfertigungsklausel noch besonders auszudrücken, daß der Brief als Schuld- und Beweisurkunde über die eingetragene Post diene, ist wohl nicht erforderlich, da die Wirkung aus dem Gesetz folgt. Daß ferner dabei stehen geblieben, die voreingetragenen Posten einzeln mit ihren Zinssätzen, soweit dieselben 5 Prozent übersteigen, anzugeben und nicht in einer Gesammtsumme auszuwerfen, — was von verschiedenen Seiten angeregt ist, und nach der mecklenburger Hypotheken-Ordnung geschieht — rechtfertigt sich aus der Erwägung, daß die Verschiedenheit der Zinssätze nur bei dieser Weise ersichtlich gemacht werden kann, dem nacheingetragenen Gläubiger dadurch auch erleichtert wird, mit einzelnen vorstehenden Gläubigern über Abtretung der bessern Hypothek in Verhandlung zu treten, was ihm zum Zweck der Ausübung seines Verkaufsrechts von Werth sein kann.

Nach dem Hypothekengesetz für Neuvorpommern ferner werden bei Vererbungen, Abtretungen oder Verpfändungen auf die Urkunde nur die Eintragungsvermerke geschrieben, also nicht der Vermerk über den Erwerb durch Erbgang, durch Abtretung und über die Verpfändung. Der Entwurf schließt sich dem an. Auf den Hypothekenbrief kommen nur amtliche Eintragungsvermerke.

Der Entwurf läßt ferner grundsätzlich die Verbindung der Schuldurkunde mit dem Hypothekenbrief nicht zu, gestattet also auch nicht, eine solche zu beantragen, weil es nicht räthlich erscheint, Hypothekenbriefe von verschiedener Gestalt in den Verkehr zu bringen, und weil das an sich Ueberflüssige vermieden werden muß. Es ist auch ein Verzicht auf die Ausfertigung eines Hypothekenbriefes nicht statthaft, weil das Unterbleiben der Ausfertigung doch immer nur als eine Unregelmäßigkeit erscheinen würde, und nicht allein den Gläubigern die Möglichkeit der weiteren Begebung der Hypothek entgeht, sondern auch deren Gläubigern es erschwert wird, Rechte auf die Post vermerken zu lassen.

Dagegen liegt ein praktisches Bedürfniß nicht dafür vor, über die Eintragung des Eigenthums besondere Grundbriefe, oder über

12*

die Eintragungen in der zweiten Rubrik, welche für den Verkehr ohne Erheblichkeit sind, oder über Vormerkungen, die nur eine vorübergehende Bedeutung haben, endlich über Untereinschreibungen bei in der zweiten Rubrik eingetragenen Posten die Ausfertigung besonderer Urkunden zuzulassen. In allen diesen Fällen genügt eine einfache Benachrichtigung von der erfolgten Eintragung an die Betheiligten, und das Interesse des Eigenthümers kann jederzeit dadurch befriedigt werden, daß ihm gestattet ist, eine beglaubigte Abschrift des ganzen Blattes oder derjenigen Theile desselben, die für das Eigenthumsverhältniß von Erheblichkeit sind, zu verlangen. — Bei einer Erneuerung des Hypothekenbriefes, die immer von dem Grundbuchamt vorgenommen werden muß, und insbesondere dann nöthig erscheint, wenn der Brief vollgeschrieben ist und zu weiteren Vermerken über die Post keinen Raum mehr bietet, oder verunreinigt und beschädigt ist, können, um Raum zu gewinnen, alle Nachrichten und Vermerke wegbleiben, welche zur Zeit der Erneuerung für die Prüfung des Rechts des letzten Erwerbers und der Sicherheit der Hypothek unerheblich geworden sind.

Daß den Hypothekengläubigern, welche umfassendere Urkunden nach bisherigem Recht besitzen, gestattet wird, statt derselben Hypothekenbriefe sich ertheilen zu lassen, wenn der Eigenthümer und die nacheingetragenen Gläubiger, weil diese gegen einen Hypothekenbrief ihr möglicher Weise bereits begründetes Anfechtungsrecht gegen die Vorhypothek nicht mehr würden geltend machen können, damit einverstanden sind, wird einem praktischen Bedürfniß entsprechen, insofern dadurch solchen Hypothekengläubigern die Möglichkeit geboten wird, sich der leichteren und einfacheren Formen der Uebertragung zu bedienen, welche der Hypothekenbrief gewährt.

Die Pflicht der Grundbuchbeamten, für die Uebereinstimmung der Hypothekenbriefe mit dem Grundbuche zu haften, bedarf einer besonderen Motivirung nicht (§ 114 des Gesetzes für Neuvorpommern)."

In Folge eines Beschlusses in der letzten Plenarberathung des Hauses der Abgeordneten wurde der in der Kommission abgelehnte Antrag, den Grundschuldbriefen Zinsquittungsbogen beizulegen, angenommen. Ueber diese siehe oben S. 145. Sie werden auf fünf

Jahre ertheilt und können mit Bewilligung des Eigenthümers erneuert werden[1]).

Der Hypothekenbrief unterscheidet sich von dem Grundschuldbrief dadurch, daß in dem Eintragungsvermerk der Schuldgrund Ausdruck erhält und daß die Schuldurkunde angeheftet ist. Auf die Ausfertigung des Hypothekenbriefes kann zwar verzichtet werden, aber sobald bei der Post eine Veränderung eingetragen wird, muß der Brief nachträglich gebildet werden[2]).

---

[1]) § 128 Gr. B. O.
[2]) §§ 122. 123. 129. Gr. B. O.

Viertes Kapitel.

Die Klagen aus dem Grundbuchrecht.

§ 1. Die Klagen aus dem Eigenthum.

Obwohl schon das ALR. den Satz aufgestellt hatte: „Der in das Hypothekenbuch eingetragene Besitzer wird in allen mit einem Dritten über das Grundstück geschlossenen Verhandlungen als der Eigenthümer desselben angesehen [1]“, so war es doch in der Praxis zweifelhaft, ob die Besitztitelberichtigung für sich allein zur Eigenthumsklage (Vindikation) legitimire, oder ob nicht vielmehr der außerhalb des Hypothekenbuchs durch Titel und Uebergabe sich abschließende Eigenthumserwerb nachgewiesen werden müsse [2]). Im Geiste jener Vorschrift lag gewiß nicht die Nothwendigkeit eines solchen Nachweises, und doch lag sie in der Konsequenz der landrechtlichen Theorie vom Eigenthumserwerb. Zwar hat die Praxis aus der Thatsache, daß für den Kläger der Besitztitel berichtigt sei, die durch Gegenbeweis widerlegbare Vermuthung herleiten wollen, daß der eingetragene Eigenthümer auch der alleinige und wahre Eigenthümer sei. Allein eine solche Vermuthung, welche dem Beklagten den Beweis auferlegt, daß der eingetragene Kläger nicht der wahre Eigenthümer sei, ist völlig unvereinbar mit jener Ansicht, daß der Vindikationskläger auf die Eintragung sich nicht berufen dürfe, sondern nachweisen müsse, daß er durch Uebergabe Eigenthümer geworden sei, und sie zeigt nur das Schwanken und die Unsicherheit, welche durch die Traditionstheorie neben einem Grundbuch in der Praxis entstanden ist. All diesen Zweifeln und Schwanken macht § 7 des Gesetzes vom 5. Mai 1872 ein Ende: „Der eingetragene Eigenthümer ist kraft seiner

---

[1]) § 7. I. 10. ALR.

[2]) Theorie und Praxis, 2 A. III. S. 165. 233.

Eintragung befugt, alle Klagerechte des Eigenthümers auszuüben und verpflichtet, sich auf die gegen ihn als Eigenthümer des Grundstücks gerichteten Klagen einzulassen." Er ist unbedingt aktiv und passiv legitimirt, es bedarf keines weiteren Nachweises als der Eintragung. Es leuchtet ein, daß dieser Satz die nothwendige Konsequenz der Bedeutung ist, die das Gesetz der Eintragung beilegt. Will der noch nicht eingetragene Erbe vindiziren, so hat er sein Erbrecht nachzuweisen. Der eingetragene Eigenthümer hat die Vindikation, er stellt die Negatorienklage, die Grenzklage an, er hat die possessorischen Rechtsmittel; gegen ihn geht die konfessorische Klage. Die Eintragung giebt nicht bloß die Klagerechte des Eigenthümers, sie erhält sie auch: Die Einrede der Verjährung ist gegen die Vindikation des eingetragenen Eigenthümers ausgeschlossen, mag durch die Einrede nur der Untergang der Klage oder die Ersitzung des Eigenthums auf Seiten des Beklagten behauptet werden. Aber das Gesetz geht weiter: „Hat der Beklagte von dem Kläger oder seinem Rechtsvorgänger auf Grund eines den Eigenthumserwerb bezweckenden Rechtsgeschäfts den Besitz des Grundstücks erhalten, so sind die aus dem Rechtsgeschäft herzuleitenden Rechte nicht als Einrede, sondern nur durch Klage oder Wiederklage geltend zu machen." Die sog. exceptio rei venditae et traditae ist hierdurch ausgeschlossen. Fast am meisten hat diese Folgerung aus dem Prinzip, daß nur die Eintragung das Eigenthum giebt und daß sich neben der Eintragung kein anderes Eigenthum bilden darf, den Unwillen der Gegner des Gesetzes, man kann sagen Ausbrüche des Zorns erregt. Man fand darin die ärgste Verletzung der Redlichkeit im Verkehr, aber man übersah die Nothwendigkeit der Konsequenz und man wollte nicht sehen, daß trotz des Ausschlusses jener Einrede den Vertragsrechten immer noch auf andere Weise ausreichend geholfen werden konnte. Der Regierungsentwurf unterschied sich von dem jetzigen Gesetz nur in der Fassung, nicht in der Sache: er drückte nur das Negative aus und wies nicht zugleich auf die Wege hin, durch welche der Beklagte sein entgegenstehendes Recht geltend machen könnte. In der That bedurfte es auch dieses Hinweises nicht, der Weg der Klage und Wiederklage bot sich jedem Einsichtigen sofort von selbst dar; der Entwurf wollte und sollte nur die dingliche, nicht die obligatorische Seite normiren. Obwohl aber der Regierungskommissarius in der Plenarberathung des Herrenhauses ausdrücklich auf die Zulässigkeit der Wiederklage hinwies, so wurde dennoch der Entwurf gestrichen. Erst durch die Beschlüsse des Abgeordnetenhauses, denen demnächst das Herrenhaus beitrat, ist der Gedanke des Regierungsentwurfs wieder zur vollen Geltung gelangt. Die Entwürfe von 1868 und 1869 enthielten nichts über diese Einrede. Der Kommissionsbericht des Hauses der Abgeordneten von 1869 sagt ausdrücklich, es bleibe dahin gestellt, ob der Erwerber, bevor er die Eintragung erlangt, sich gegen die Eigenthumsansprüche des nacheingetragenen Veräußerers mit der exceptio rei venditae et traditae schützen könne. Aber dieses Schweigen und dieses Dahinstellen waren ein Mangel, die wichtige Frage mußte gelöst werden, wenn nicht schwere Kontroversen in der Judikatur hervortreten sollten, sie konnte nicht anders gelöst werden, als im Sinne und Einklang des Systems der Reform. Der Entwurf von 1872 hat daher die Bestimmung aufgenommen. Die Motive sagen: „Das aus der Eintragung folgende Recht ist jedenfalls stärker, als das Recht dessen, dem ein Grundstück zwar durch Vertrag veräußert und übergeben, aber nicht aufgelassen worden ist, selbst wenn der Eingetragene oder sein Rechtsvorgänger der Veräußerer gewesen ist. Der Erwerber hat noch kein dingliches Recht erlangt, er hat nur seinen vertragsmäßigen Anspruch gegen den Veräußerer. Wollte man die erwähnte Einrede zulassen, so würde sich von selbst wieder ein Eigenthum neben dem Grundbuch entwickeln und damit die Theorie von dem öffentlichen Glauben desselben beseitigt sein.“ Man kann hinzusetzen, daß durch die Einrede die Traditionstheorie wieder zur Kraft gelangt wäre, daß man in der That mit der einen Hand wiedergegeben hätte, was man mit der anderen genommen hat: eine Zwiespältigkeit im Recht, die als unerträglich bezeichnet werden muß, denn im Recht rächt sich jede Prinzipwidrigkeit, jeder Kompromiß, der nur Halbheiten erzeugen kann. Wo sich berechtigter Besitz von eingetragenem Eigenthum scheidet, muß eine dauernde Loslösung, eine permanente Trennung verhindert werden. Die Einrede aber kann nur die Klage beseitigen, nicht eine Verurtheilung des Gegners herbeiführen. Die Loslösung kann nur beseitigt werden, wenn der durch Titel zur Auflassung Berechtigte letztere durch eine Verurtheilung des Gegners erzwingt. Damit ist die Widerklage oder die Klage als der alleinige Weg gegeben. Fest also mußte auf dem Satz bestanden werden trotz des Vorwurfes, der im Kommissionsbericht des Herrenhauses Ausdruck erhalten hat, daß der Einwand des bewußten Unrechts, der bewußten Schlechtigkeit dann nicht entgegengesetzt werden dürfe. Das sind Vermuthungen, die auch ganz inhaltlos sein können; das Unrecht wird nicht durchdringen, wenn der Vindikation eine begründete Wiederklage begegnet. Wie unendlich schwach war auch der Gegengrund, daß man Niemand durch Bevormundung zwingen dürfe, gerade die zweckmäßigsten Mittel zu wählen, der in der Kommission des Hauses der Abgeordneten noch vorgebracht wurde, aber keine Zustimmung fand. Obwohl aber die auf einen obligatorischen Titel, den der eingetragene Eigenthümer oder dessen Rechtsvorgänger dem Beklagten auf Eigenthumsübertragung ertheilt hat, gestützte Einrede ausgeschlossen ist, so kann der Beklagte doch die Einrede des Titels der Vindikation entgegensetzen, wenn der Titel auf einen unvollständigen oder abgeleiteten Besitz gerichtet ist: der Miether, Pächter, Nießbraucher, der Leiher oder Pfandgläubiger. Diese Einrede des titulirten Besitzes, der nicht zum Eigenthum führen kann[3]), ist erhalten.

Die Eintragung des Eigenthums kann angefochten werden. Die Eintragung giebt nicht unter allen Umständen ein unanfechtbares Eigenthum. Die Anfechtungsklage hat entweder den Charakter einer Vindikation, oder einer Kondiktion, oder den des Paullianischen Rechtsmittels. Den Charakter der Vindikation, wenn die Eintragung ohne Auflassung erfolgt oder diese von einer Person ertheilt ist, die dem Buchamt fälschlich als der eingetragene und deßhalb zur Veräußerung berechtigte Eigenthümer vorgestellt worden ist, wenn die Erb-Bescheinigung eine falsche oder gefälschte gewesen oder wenn das Testament hinterher aus irgend einem Grunde, z. B. weil ein jüngeres aufgefunden worden, für ungiltig erklärt werden mußte. In allen solchen Fällen ist die Eintragung eine falsche, sie hat das Eigenthum nicht erwerben lassen und der

---

[3]) Nemo sibi causam possessionis mutare potest.

außerhalb der Eintragung stehende Eigenthümer kann durch die Anfechtung die Umschreibung des Grundstücks auf sich erzwingen. Kläger ist entweder, wer früher schon eingetragen war und durch die falsche Eintragung verdrängt worden ist, oder noch nicht eingetragen war, aber die Eintragung mit Recht verlangen kann. Den Charakter der Kondiktion, wenn die Auflassung auf Grund eines ungiltigen Titels oder aus Irrthum ertheilt worden ist. „Die Anfechtung ist auch auf Grund des Rechtsgeschäfts, in dessen Veranlassung die Auflassung erfolgt ist, statthaft[4]." Die von dem giltig eingetragenen Eigenthümer ertheilte Auflassung hat den Eigenthumsübergang bewirkt, sie hindert also die Vindikation. Aber wenn auch nicht vindizirt werden kann, so kann doch kondizirt werden[5]. Weil der Erwerber das Grundstück ohne Grund hat, und weil dieses Haben ohne Grund eine unbillige Bereicherung mit dem Schaden eines Anderen bewirkt, so muß dieser Vermögenswerth zurückgeleistet werden. Kläger ist der, welcher als eingetragener Eigenthümer die Auflassung ertheilt, also durch seine eigene Handlung den Uebergang des Eigenthums an den Beklagten bewirkt hat. Diese Kondiktion ist ein Beweis dafür, wie unrecht die Gegner des Gesetzes mit der Phrase hatten, durch dasselbe würden die Titel abgeschafft. Nur ein Anfechtungsgrund ist von dem Gesetz ausgeschlossen: „Die mangelnde Form des Geschäfts wird durch die Auflassung geheilt", d. h. der Eigenthumsübergang kann nicht deßhalb angefochten werden, weil dem Veräußerungsgeschäft, welches die Veranlassung zur Auflassung gegeben, die gesetzliche Form gefehlt hat. Die Motive sagen:

„Die Auflassungs- und Eintragungstheorie ändert zunächst an sich an den bestehenden Vorschriften über die Form der Verträge nichts. Die Klage auf Erfüllung, auf Uebergabe und Auflassung kann also nur auf einen formell gültigen Vertrag gegründet werden. Die auf Grund der Auflassung aber erfolgte Eintragung des Eigenthums muß gelten, wenn auch der Vertrag formell ungültig gewesen, denn sie hat nicht in diesem, sondern in der Auflassung ihre causa.

---

[4]) § 10 des Ges.

[5]) Theorie und Praxis, 2. A. II. S. 440 fg.

Es kann daher zwar als Konsequenz der Scheidung des sachenrechtlichen von dem nur obligatorischen Moment des Erwerbs eine Anfechtung der Eintragung wegen mangelnder Form des Veräußerungsvertrages nicht zugelassen werden, aber eine solche Vorschrift würde allein nicht genügen, um nach formgerecht ertheilter Auflassung und Eintragung die anderweitigen vertragsmäßigen Ansprüche des Veräußerers zu sichern, der, wenn dieselben wegen mangelhafter Vertragsform nicht klagbar sind, auf das bedenklichste gefährdet werden könnte, indem er seinerseits den Vertrag durch die Auflassung unwiderruflich erfüllt, mithin das Eigenthum des Grundstücks hingegeben hätte und die Gegenleistung nicht erlangen könnte. Diese Bedenken sind schon bei den früheren Berathungen des Entwurfs hervorgetreten. Man hat zwar darauf hingewiesen, daß nach den Vorschriften des Allgem. Landrechts Derjenige, welcher die vollständige Erfüllung eines gegenseitigen, formell ungültigen Vertrages von dem andern Theile angenommen hat, seinerseits entweder ebenfalls erfüllen oder das Empfangene unverändert zurückgeben muß, und daß, wenn er letzteres nicht kann, Vergütigung zu leisten hat, welche sich nach dem mündlich verabredeten Werth richtet oder durch eine Schätzung gefunden wird (Allgem. Landrecht I. 5. §§. 156 ff.). Dies angewendet auf den vorliegenden Fall würde der Veräußerer, welcher in Folge eines mündlichen, also klaglosen Kaufvertrags die Auflassung dem Käufer vor dem Grundbuchamt ertheilt hat, gegen den Käufer, wenn dieser nicht nach Maßgabe der mündlichen Verabredungen gegenleistet, eine Klage auf Erfüllung oder Rückauflassung haben. Es würde sich also möglicherweise für den Verkäufer ein Rechtsschutz finden. Aber es leuchtet ein, daß ein solches Klagerecht, welches dem Beklagten die Wahl zwischen Erfüllung und Rückgabe gestattet, doch ein sehr schwerfälliger Weg ist, und häufig von zweifelhaftem Erfolge sein wird. Es kommt aber hinzu, daß eine Bestimmung, welche wie der Entwurf von 1869/70 nur die Auflassung gegen die Anfechtung wegen mangelhafter Form des Veräußerungsvertrages sicherstellt, für diejenigen Gebiete des gemeinen Rechts nicht paßt, welche für Veräußerungsverträge über Grundstücke besondere Formvorschriften haben; denn in diesen Rechtsgebieten würde bei fehlender Form die vertragsmäßige Gegenleistung klaglos sein, während das Eigenthum des Grundstücks unwiderruflich veräußert wäre, weil dem gemeinen Recht jene Klage auf Erfüllung oder Rückgabe unbekannt ist. Da aber der Entwurf mit der Bestimmung ausgearbeitet worden ist, auch in die gemeinrechtlichen Gebiete des preußischen Staats eingeführt zu werden, so durfte diese Rechtslage nicht unbeachtet bleiben. Deßhalb ist in dem jetzt vorliegenden Entwurf der weitergehende Grundsatz angenommen worden, daß die formgerechte Auflassung den Mangel der Form des Veräußerungsvertrages ersetzt oder heilt, daß mithin, wenn die Auflassung formgerecht ertheilt ist, der Veräußerer aus dem Vertrage das Klagerecht auf die Gegenleistungen hat und sich nicht der Einrede ausgesetzt sieht, daß er die Gegenleistung nicht fordern könne, weil der Vertrag wegen Formmangel klaglos sei. Es konnte um so weniger bedenklich sein, diesen Grundsatz auszusprechen, als die Auflassung vor dem Grundbuchamt mit einer feierlichen Form bekleidet ist, und in Folge dessen die Veräußerung von Grundeigenthum nichts weniger als formlos wird."

Auch diese Bestimmung ist bei den Berathungen im Herrenhause lebhaft angegriffen und gestrichen worden, sie verdankt ihre Wiederherstellung dem Hause der Abgeordneten. Mit Schärfe zeigte der Abgeordnete Lasker, daß ihre Streichung gradezu in bedenklichster Weise Betrug in das Recht einführe [6]): „denn obschon eine förmliche Verabredung stattgefunden hat, obschon auf Treue und Glauben die Stipulation festgestellt war, obschon der Wille später bekräftigt worden ist durch die feierliche Form der Auflassung, soll dennoch die Verabredung ungültig sein, weil die Leute sich auf das Wort verlassen haben, und nicht die schriftliche Form hinzugetreten ist... Jetzt nun kehren wir wieder zu dem ursprünglichen gemeinen Recht zurück: ein Mann ein Wort." Diese Rückkehr machte ferner nothwendig, daß die besonders erschwerte Form der Zertheilungsverträge beseitigt werden mußte [7]). Wenn aber auch durch die Auflassung die mangelnde Form des Vertrages geheilt wird, so ist damit nicht gesagt, daß mündliche Nebenabreden neben dem schriftlichen Vertrage

---

[6]) Stenogr. Ber. S. 1213.

[7]) Gesetz vom 5. Mai 1872. (Ges. S. S. 508.)

Giltigkeit erlangen, in diesem Punkt bleiben die Vorschriften des ALR. [8]) auch ferner in Kraft.

Die besonderen Anfechtungsgründe endlich, welche das sogenannte Paullianische Rechtsmittel darbietet [9]), werden ebenfalls durch die Eintragungstheorie nicht beseitigt, um so weniger, als sie ja grade die Bestimmung haben, selbst an sich gültige Eigenthumsübergänge wieder aufzuheben.

Der öffentliche Glaube des Buchs hindert aber, wenn auch die Eintragung des Eigenthümers mit Erfolg angefochten worden ist, daß die Rechte Derjenigen gekränkt werden, welche sie von dem zur Zeit eingetragenen Eigenthümer erhalten haben. Wer von dem eingetragenen obwohl falschen Eigenthümer die Auflassung des Grundstücks erhält, oder wem von demselben ein einzelnes dingliches Recht auf das Grundstück bewilligt wird, muß ein unter allen Umständen unanfechtbares Recht erlangen. Nur derjenige Dritte, welcher sein Recht auf das Grundstück von dem falsch eingetragenen Eigenthümer ableitet und Kenntniß der falschen Eintragung, der betrügerischen Vorstellung, der falschen Erbbescheinigung oder des nichtigen Testaments u. s. w. hat, hat keinen Anspruch darauf, sich auf den Glauben des Buchs zu berufen, weil dieser in ihm schon durch seine Kenntniß vom Gegentheil beseitigt ist. Er weicht mit seinem vom eingetragenen Eigenthümer abgeleiteten Rechte dem Anfechtungskläger. Dies ist in §. 9 bestimmter, als in §. 7 des Entwurfs von 1868 ausgesprochen.[10])

§. 2. Die Klagen aus der dinglichen Belastung.

Die dinglichen Rechte auf eine fremde Sache sind gegen jeden Eigenthümer derselben und gegen jeden Dritten, der störend eingreifen oder sie dem Berechtigten entziehen will, verfolgbar.[1]) Gegen den Eigenthümer hat der dinglich Berechtigte die konfessorische Klage,

---

[8]) ALR. I. 5. § 128 f. Theorie und Praxis, 2. A. I. S. 444.

[9]) Ges. vom 9. Mai 1855, Konkurs-Ordnung vom 8. Mai 1855, §§ 99 bis 112. 373. 393.

[10]) Vergl. § 410. I. 20. ALR. Es kann hierüber auf die Ausführung oben S. 48 verwiesen werden.

[1]) Theorie und Praxis, 2. A. III. S. 273.

in welcher die Existenz des dinglichen Rechts durch den Nachweis seines Erwerbs dargethan wird, welcher bei denjenigen Rechten, die zu ihrer dinglichen Wirksamkeit der Eintragung bedürfen, durch diese geführt wird. Gegen Dritte schützt sich der dinglich Berechtigte, wenn ihm das Recht entzogen worden ist, mit der Eigenthumsklage (vindicatio juris) oder bei den Rechten, die der Eintragung nicht bedürfen, also anderweitig nachgewiesen werden müssen, mit der Klage aus dem vollständigen Besitz (actio publiciana). Auch die possessorischen Klagen hat der dinglich Berechtigte gegen den Eigenthümer, wie gegen Dritte.

Die Klagen des Gläubigers aus der Grundschuld und aus der Hypothek haben den konfessorischen, die Klage des Eigenthümers auf Löschung der Grundschuld und Hypothek den Charakter der negatorischen Klage.

Die Klage aus der Grundschuld wird durch die Eintragung begründet, letztere durch Vorlegung des Grundschuldbriefs bewiesen. Der Inhaber des Briefes ist zur Klage berechtigt, wenn dieser auch nicht auf seinen Namen ausgestellt ist, der Uebergang nur durch eine unausgefüllte Blanko-Abtretung dargethan wird.[2])

Auch die Klage aus der Hypothek gründet sich auf die Eintragung, auch diese kann nachgewiesen werden durch den Hypothekenbrief, aber wenn sich die Hypothek in der dritten Hand befindet, muß die Cession den Namen des Klägers enthalten.

Die Klage geht auf Zahlung der Summe, für welche das Grundstück eingesetzt worden ist; sie setzt also die Fälligkeit der Post voraus, welche der Kläger nachzuweisen hat.

Nur das Grundstück, nicht das übrige Vermögen des Beklagten haftet bei beiden Klagen dem Kläger.[3]) Will er das bewegliche Vermögen zugleich angreifen, so muß er mit der hypothekarischen Klage die persönliche Klage aus der Schuld verbinden. Dies ist gegen den ursprünglichen Schuldner und gegen den spätern Eigenthümer zulässig, der die Hypothek in Anrechnung auf das Kaufgeld übernommen hat.[4])

---

[2]) § 55 des Ges.

[3]) § 37 des Ges.

[4]) § 41 des Ges.

Eine wesentliche Verschiedenheit zwischen der Klage aus der Grundschuld und der hypothekarischen Klage zeigt sich in den gegen die eine und andere zulässigen Einreden.[5])

Zwar bei beiden sind Einreden gegen das Verfügungsrecht des Klägers aus der Person seines eingetragenen Rechtsurhebers ausgeschlossen — eine Bestimmung, die sich schon in der Novelle von 1853 §. 15 findet. Aber im Uebrigen scheiden sich die hypothekarische und die Klage aus der Grundschuld in Betreff der gegen dieselben zulässigen Einreden. Das Gesetz lautet: „gegen die Klage aus einer Grundschuld sind Einreden nur soweit zulässig, als sie dem Beklagten gegen den jedesmaligen Kläger unmittelbar zustehen, oder aus dem Grundschuldbrief sich ergeben, oder die Thatsachen, auf welche sich dieselben gründen, dem Kläger bei dem Erwerb der Grundschuld bekannt gewesen sind; — gegen die Klage aus einer Hypothek können Einreden aus dem persönlichen Schuldverhältniß einem Dritten, welcher ein Recht auf die Hypothek gegen Entgelt erworben hat, nur entgegengesetzt werden, wenn sie ihm vorher bekannt geworden sind oder sich aus dem Grundbuch ergeben."

Gegen die hypothekarische Klage sind hiernach die Einreden nur gegen dritte redliche und entgeltliche Erwerber beschränkt: die Einreden müssen dritten Erwerbern der Hypothek bekannt geworden sein entweder durch das Grundbuch — dessen Inhalt jeder kennen muß, — oder auf sonst eine Weise; die Einreden können aus dem persönlichen Schuldverhältniß oder aus dem Hypothekenrecht entnommen werden. Das ist im Wesentlichen das alte Recht; es folgt aus der accessorischen Natur der Hypothek, während die nicht aus ihr folgende Beschränkung dritten Erwerbern gegenüber aus der Bedeutung des Grundbuchs sich ergiebt.

Neues Recht ist die Bestimmung über die Einreden gegen die Grundschuldklage. Sie schließt sich an den Art. 82 der Wechselordnung an und ist ihm nachgebildet; sie ist erst nach vielfachen Aenderungen und schmerzhaften Wehen zu Stande gekommen. Es ist daher geboten, auf die Entstehung dieses Paragraphen näher einzugehen. In der Regierungsvorlage von 1868, welche nur die selb-

[5]) § 38 des Ges.

ständige Hypothek kannte, lautete der §. 40: „gegen die hypothekarische Klage sind Einreden, welche die Begründung des persönlichen Schuldverhältnisses betreffen, unzulässig; andere Einreden sind nur soweit zulässig, als sie dem Beklagten gegen den jedesmaligen Kläger unmittelbar zustehen, oder aus dem Hypothekenbuch sich ergeben." In der Vorlage von 1869 erhielt der nunmehrge §. 37 nur hinter dem Worte „betreffen" die Einschiebung: „oder gegen das Verfügungsrecht des eingetragenen Klägers aus der Person seines Rechtsurhebers (Autors) gerichtet sind;" im Uebrigen blieb er unverändert, wurde in dieser Fassung im Hause der Abgeordneten in der Session 1869/70 angenommen und ist ebenso in die Vorlage von 1871 übergegangen. Bei den Berathungen im Herrenhause angegriffen erhielt er als §. 36 (jetzt 38) in dem hier allein interessirenden ersten Absatz seine jetzige Fassung. Sie unterscheidet sich, abgesehen von jener Einschiebung der Vorlage von 1869, die hier bei Seite gelassen werden kann, da sie jetzt durch den dritten Absatz erledigt ist, wesentlich von dem ersten Beschluß des Abgeordnetenhauses. In den Motiven war von der Regierung ausgeführt:

„Die hypothekarische Klage soll frei sein von allen Einreden und Angriffen, deren Ziel es sein würde, ihre Ungültigkeit aus der ungültigen Entstehung der Schuld herzuleiten, denn letztere ist nicht ihr Fundament; sie bleibt aber allen Einreden ausgesetzt, die entweder sich aus dem Grundbuche ergeben, oder die Aufhebung des Schuldverhältnisses dem Kläger gegenüber behaupten; denn durch solche Einreden wird dargethan, daß der Zweck der Hypothek, die Sicherung einer Schuld, weggefallen ist, sie mithin selbst materiell nicht mehr besteht. Die hypothekarische Klage bleibt aber auch denjenigen Einreden ausgesetzt, durch welche nachgewiesen werden soll, daß das Hypothekenrecht selbst ungültig entstanden, z. B. betrügerisch von einem falschen Eigenthümer oder in einer gefälschten Urkunde bewilligt worden ist. Nur muß bei den Einreden, welche die Aufhebung des Schuldverhältnisses oder die ungültige Entstehung des Hypothekenrechts behaupten, festgehalten werden, daß der Glaube des Grundbuchs bewirkt, daß derjenige Erwerber der Hypothek unbedingt gesichert sein muß, der sie ohne Kenntniß oder Betheiligung bei den Thatsachen erworben hat, auf welche sich diese Einreden gründen, d. h. daß sie dem Beklagten dem jedesmaligen Kläger, sei er der ursprüngliche Gläubiger oder ein späterer Erwerber, gegenüber unmittelbar zustehen müssen. Auch hier macht sich überall die Analogie des Wechselrechts geltend. Nach bisherigem preußischen Recht beginnt der Ausschluß der Einreden erst dem redlichen Cessionar gegenüber; der ursprüngliche Gläubiger muß sich gegen die hypothekarische Klage die Einreden aus der Entstehung des Schuldverhältnisses gefallen lassen, ohne Rücksicht darauf, ob sie im Grundbuch vermerkt worden sind oder nicht.

Das mecklenburgische Recht geht weiter; konsequent von seiner Grundansicht aus, daß die Schuld nur das Grundstück, nicht die Person ergreift, läßt es auch gegen den ursprünglichen Gläubiger, wenn er sein hypothekarisches Recht verfolgt, die Einreden gegen die Schuld nicht zu, mit Ausnahme der Einrede des nicht erhaltenen Geldes unter bestimmten beschränkenden Voraussetzungen [6]).

Auch bei der hier vertretenen Annahme, daß die Hypothek zwar in ihrem Zweck accessorisch, aber in ihrer Begründung selbständig ist, wird man der Theorie des mecklenburgischen Rechts sich anschließen, ja über dasselbe hinausgehen können, und indem man auch gegen die *hypothekarische* Klage des *ursprünglichen* Gläubigers und seiner Erben *alle* Einreden aus der Entstehung des Schuldverhältnisses ausschließt, den Vortheil gewinnen, daß die Kapitalbesitzer eher geneigt werden, ihr Geld auf Hypothek anzulegen. Wenn nämlich vom mecklenburgischen Recht noch jene Einrede des nicht erhaltenen Geldes selbst gegen den ursprünglichen Gläubiger nur unter der Beschränkung zugelassen wird, daß sie innerhalb 30 Tage im Buch vorgemerkt worden, so liegt zur Beibehaltung dieses Rechtssatzes um so weniger ein Bedürfniß vor, als der die Hypothek bewilligende Grundbesitzer gegen Veräußerungen der Hypo-

[6]) Diese Behauptung der Motive ist etwas zu allgemein. Die Beschränkungen, welche das Mecklenburger Recht den Einreden gegen die Person des ursprünglichen Gläubigers auferlegt, lassen sich nicht auf ein Prinzip zurückführen; nur aus Zweckmäßigkeitsgründen, um die Sicherheit des hypothekarischen Rechts zu verstärken, sind *einzelne* Einreden ausgeschlossen. v. *Meibom*, Meckl. H. R. S. 168 ff. Der preußische Entwurf unterscheidet sich von dem Meckl. Recht dadurch, daß er ein Prinzip ausspricht.

thek seitens eines Gläubigers, der noch keine Valuta gezahlt hat, dadurch Schutz erhalten kann, daß ihm die Urkunde über die Hypothek eingehändigt wird, so daß er es in seiner Gewalt hat, dieselbe nur Zug um Zug gegen Empfang der Valuta dem Gläubiger herauszugeben, und wenn er dies nicht thut, er eine Unvorsichtigkeit begeht, die durch das Gesetz besonders zu schützen, keine Veranlassung vorliegt.

Dieser Schutz ist aber nach einer Richtung noch unzureichend, denn wenn der Gläubiger die Zahlung der Valuta verweigert, so kann der Schuldner Schwierigkeit haben, die eingetragene Hypothek wieder zur Löschung zu bringen oder über sie weiter zu verfügen.

Dieser Mangel wird durch die Zulassung beseitigt, daß der Eigenthümer auf seinen Namen die Hypothek eintragen lassen kann. Ist er nämlich seines Gläubigers nicht sicher, daß er ihm die versprochene Summe zahle, so läßt er die Hypothek auf sich selbst eintragen und tritt sie dem Gläubiger erst ab, wenn er von diesem die Valuta empfängt. Bleibt letztere aus, so verweigert er die Abtretung und behält die Hypothek zur Verfügung, ohne einer Löschungsbewilligung des Gläubigers zu bedürfen. Es kann daher keinem Bedenken mehr unterliegen, die Vorschrift der §§ 738—740. I. 11. ALR. aufzuheben und damit die Kontroversen zu beseitigen, die sich an dieselbe angeknüpft haben. Ihre Aufhebung ist allseitig gewünscht worden."

Der Kommissionsbericht des Hauses der Abgeordneten von 1869 äußerte sich hierüber in folgender Weise:

„Die Berathung über diesen, in den Motiven ausführlich begründeten Paragraphen konzentrirte sich wesentlich in der Frage, ob gegen die hypothekarische Klage auch des ersten Gläubigers resp. seiner Erben die Einreden aus dem Schuldverhältnisse ausgeschlossen werden sollten, während dagegen über die Behandlung der Einreden, gegenüber dem Cessionar der Hypothek, Einverständniß sich zeigte und nur von einer Seite angeregt wurde, daß die Einwirkung des bösen Glaubens, d. h. der Kenntniß des Klägers von dem Grunde der Einrede hervorgehoben werden müsse. Es wurde ein bestimmter Antrag in dieser Richtung gestellt. Der Herr Regierungs-Kommissar widersprach demselben, desgleichen andere Kommissionsmitglieder.

Bemerkt wurde, daß in einer derartigen Bestimmung die Quelle von Schwierigkeiten und Weiterungen bei Realisirung der Hypothek, von Prozessen liege. Die Umlaufsfähigkeit der Hypotheken gewinne nicht, wenn jeder Cessionar darauf gefaßt sein müsse, bei Einziehung der Hypothek die Behauptung aufgestellt zu hören, daß der Hypothekenklage irgend eine Einrede entgegenstehe und daß ihm beim Erwerbe der Hypothek deren Existenz bekannt gewesen sei. Es sei auch ein Unterschied zwischen der Kenntniß des Grundes der Einrede und zwischen der besonderen Kundmachung derselben von Seiten des Cedenten. Der Antrag verkenne den Ausgangspunkt des Gesetzes für die Behandlung dieser Lehre. Es müsse festgehalten werden, daß der allein auf dem Eintrag beruhenden hypothekarischen Klage auch nur auf demselben Fundamente beruhende Einreden entgegengestellt werden könnten, mit Ausnahme der allgemeinen exceptio doli aus dem unmittelbaren Verhältnisse des Beklagten zum Kläger. Dies folge aus der Selbständigkeit der Hypothek. Das Allgemeine Landrecht sei von andern Gesichtspunkten geleitet und die Rechtssicherheit, die es dem Cessionar gewähre, sei eine ungenügende.

Die Kommission verwarf den Antrag. Zu Gunsten aber der Vorschrift des Entwurfs über die Unzulässigkeit der Einreden aus dem Schuldverhältnisse auch gegen den ersten Gläubiger, machte der Herr Regierungs-Kommissar geltend, daß auch dieser Satz eine Konsequenz des angenommenen Konsens-Prinzips sei. Die Hypothek habe zu ihrer rechtlichen Grundlage ausschließlich den Eintragungsantrag des Eigenthümers. Aus welcher Veranlassung er diesen Antrag gestellt habe, sei für die Entstehung und Fortexistenz der Hypothek gleichgültig. Das Prinzip wurde verschoben und alterirt, wenn das allein auf dem Willen des Eigenthümers beruhende dingliche Recht durch Geltendmachung obligatorischer Beziehungen, also eines seiner Entstehung fremden Rechtsfundaments beseitigt werden könne. Auch sei vielfach die konsequente Durchführung des Prinzips gerade in der besprochenen Richtung mit Beifall begrüßt worden.

Von der Gegenseite wurde das Gesagte als durchaus zutreffend für jeden dritten Erwerber der Hypothek anerkannt; allein es widerstrebe allen Grundsätzen des Rechts, daß auch demjenigen Gläubiger, welchem der Eigenthümer Hypothek bestellt habe im Hinblick auf ein demnächst als ungültig oder unwirksam erfundenes Schuldverhältniß, gestattet sein solle, auf das formale Recht des Eintrags gegenüber dem Konstituenten der Hypothek sich zu berufen. Zwischen diesen beiden Personen müsse das materielle Rechtsverhältniß entscheidend sein, denn der Eigenthümer habe nur unter der Voraussetzung der Existenz eines materiellen Schuldverhältnisses die Hypothek überhaupt bestellt. Die letztere beruhe also zwar formell, aber doch nicht in Wirklichkeit selbständig auf der Bewilligung des Eigenthümers und es sei kränkend für dessen Rechtslage, wenn ihm gegenüber das abstrakt formale Prinzip auch zu Gunsten seines ursprünglichen Gläubigers in Anwendung kommen solle.

Trotz dieser Entgegnung nahm aber die Kommission den § nach der Regierungsvorlage unverändert an. Auch die Literatur hatte sich inzwischen mit dieser Frage lebhaft beschäftigt. „Indem der Entwurf, schreibt Bähr[7]), durch Versagung aller Einreden aus der materiellen causa der Hypothek auch in der Hand des ersten Erwerbers einem reinen Formalismus die Herrschaft einräumt, und die in den Grundlagen unseres Rechts ausgebildeten Elemente der aequitas völlig bei Seite setzt, tritt er aus dem Rahmen der bisherigen Rechtsbildung gänzlich heraus ... Was helfen dem Schuldner die Einreden gegen die persönliche Klage, wenn er mit seinem Grundstück hat bezahlen müssen?" In den Meditationes[8]) wird besonders die in den Motiven hervorgehobene Analogie mit dem Wechselrecht bekämpft: „Man zieht die Analogie herbei ohne zu prüfen, ob denn die thatsächlichen Unterlagen bei dem Hypotheken- und Wechselverkehr eine derartige Analogie überhaupt zulassen ... Während bei der Hypothekenbestellung dem Gläubiger das Zahlenkönnen versichert wird, geht die Versicherung bei Wechseln vielmehr auf das Zahlenwollen und die sofortige Zahlung an dem vorher festgestellten bestimmten Zahlungstage. Der Wechsel enthält eine Verschärfung der persönlichen Verhaftung und ist deßhalb auch nur

---

[7]) A. a. O. S. 111.

[8]) S. 238 f.

für den Personalkredit brauchbar. Trotzdem zerstört der schleunige Prozeß und die schleunige Exekution das materielle Recht nicht, indem dem Schuldner alle aus dem Wechselrecht selbst hervorgehende oder ihm unmittelbar gegen den jedesmaligen Kläger zustehenden Einwendungen auch im Wechselprozeß frei bleiben und ihm im Separatverfahren die Verfolgung der im Wechselprozeß nicht nachweisbaren Einwände gestattet wird. Dem dinglich versicherten Kredite noch stärkere, als die für den Personalkredit vom Verkehr geforderten Stützen gewähren, heißt doch, dieses Institut überladen und die Voraussetzungen ignoriren, unter denen von einer Analogie überhaupt die Rede sein kann." So lebhaft angegriffen gelangte der Entwurf in die Berathungen des Herrenhauses. In dem Kommissionsbericht heißt es:

„Der Entwurf schlägt hier eine Bestimmung vor, welche noch über die formale Kraft des Wechselrechts hinausgeht, und welche bisher noch von keiner Gesetzgebung Anerkennung gefunden hat. Auch dem ursprünglichen Gläubiger und seinen Erben gegenüber sollen, wenn dieselben die hypothekarische Klage anstellen, alle Einreden aus der Entstehung des Schuldverhältnisses ausgeschlossen sein, während im Wechselprozesse dieselben nicht nur dem ursprünglichen Wechselgläubiger und seinen Erben, sondern selbst dem Indossatar gegenüber, wenn dieser von den betreffenden Thatsachen Kenntniß gehabt hat, vermöge der exceptio doli zulässig sind. Hiernach würde ein nur in Erwartung der Zahlung der Valuta ausgehändigter, oder nur zum Depot oder erst zur Unterbringung im Wege der Cession bestimmtrr Grundschuldbrief dem eingetragenen Empfänger gegenüber, obwohl demselben die ausdrücklich getroffene Verabredung entgegensteht, ingleichen dessen in mala fide befindlichen Cessionarien gegenüber vom Grundbesitzer bei Vermeidung der Subhastation seines Grundstücks unbedingt eingelöst werden müssen und ihm nur übrig bleiben, auf Grund des persönlichen Schuldverhältnisses in separato eine Entschädigungsklage oder Klage auf Erfüllung anzustellen und wenn er es vermag, sich durch Ausbringung eines Arrestschlags zu sichern. Ein Käufer, welcher über die rückständigen Kaufgelder Hypothek gegeben hat, würde dieselben unbedingt bezahlen müssen, wenn auch seine Gegenansprüche wegen

Nichterfüllung des Kaufvertrags Seitens des Verkäufers oder wegen Gewährsmangel viel mehr betragen als jene. Hinsichts des dritten Erwerbers erkennen die Motive selbst an, daß der Glaube des Hypothekenbuchs der Theorie nach zwar nur denjenigen Erwerber der Hypothek unbedingt sichern könne, der dieselbe ohne Kenntniß oder Betheiligung bei den Thatsachen erworben habe, auf welche sich die Einreden des Schuldners gründeten, sie halten aber dafür, daß man über diesen Standpunkt hinausgehen müsse, um die Kapitalsbesitzer geneigt zu machen, ihr Geld auf Hypothek anzulegen. Die Umlaufsfähigkeit der Hypotheken würde gewinnen, wenn man möglichst noch strenger wie beim Wechsel alle Einwendungen abschneide.

Die Kommission war einstimmig der Ansicht, daß dies Prinzip sich nicht rechtfertigen lasse, sondern daß gegen die Klage aus einer Hypothek die Einreden nach den bisherigen gesetzlichen Bestimmungen unbeschränkt aufrecht erhalten und nur gegen die Klage aus einer Grundschuld dahin beschränkt werden müßten, als sie dem Beklagten gegen den jedesmaligen Kläger unmittelbar zustehen oder aus dem Grundbuch resp. Grundschuldbrief sich ergeben oder die Thatsachen, auf welche sich dieselben gründen, dem Kläger beim Erwerb der Grundschuld bekannt gewesen sind. Denn der Glaube des Hypothekenbuchs dürfe nicht zum Deckmantel der Unredlichkeit benutzt und der Schutz des Gesetzes wie im Wechselverkehr nur dem redlichen dritten Inhaber gewährt werden (Art. 82 der Wechselordn.). Es müßten daher auch einem Grundschuldgläubiger und dessen in mala fide befindlichen Cessionarien alle Einreden entgegengesetzt werden dürfen, welche sich auf das der Konstituirung der Grundschuld zu Grunde liegende obligatorische Verhältniß bezögen.

Hiernach fand folgendes Amendement,

den §. 34 dahin zu fassen:

„Gegen die Klage aus einer Grundschuld sind Einreden nur „so weit zulässig, als sie dem Beklagten gegen den jedes„maligen Kläger unmittelbar zustehen oder aus dem „Grundbuch sich ergeben, oder die Thatsachen, auf welche „sich dieselben gründen, dem Kläger beim Erwerb der Grund„schuld bekannt gewesen sind."

im Prinzip allgemein Beistimmung. Auch der Regierungs-Kommissar erklärte sein Einverständniß damit und bemerkte, daß es niemals in der Absicht der Staatsregierung gelegen habe, durch den §. 34 des Entwurfs die exceptio doli ausschließen zu wollen, in Konsequenz der früheren Beschlüsse der Kommission aber der Fassung des Amendements auch seinerseits nur beigetreten werden könne.

Es wurde zunächst der Unterantrag zu vorstehendem Amendement gestellt:

> statt des Wortes „Grundbuch" zu setzen: „Grundschuldbrief,"

und derselbe damit gerechtfertigt, daß der Verkehr mit Grundschulden sich ausschließlich an den Grundschuldbrief anknüpfen müsse, nicht an etwaige darin nicht vermerkte im Grundbuche befindliche Eintragungen. Sonst werde sich ein lebhafter Verkehr mit Grundschuldbriefen nicht entwickeln, es sei doch nicht möglich, daß der Erwerber sich durch Einsicht des Grundbuchs eines vielleicht weit entfernten Grundbuchamts vor dem Erwerbe erst versichere, ob darin etwas eingetragen sei, was nicht aus dem Grundschuldbriefe sich ergäbe.

Der Regierungs-Kommissar sprach sich gegen den Unterantrag aus, weil derselbe im Wesentlichen Nichts Anderes bezwecke, als was der Entwurf bereits erreiche und verbürge. Nach §. 86 der Grundbuchordnung müsse die Eintragung einer Abtretung auf dem Grundschuldbrief vermerkt werden; nach §. 93 derselben müsse ferner jedem Ersuchen einer Behörde, welches eine Beschränkung des Verfügungsrechts über ein in der zweiten oder dritten Abtheilung eingetragenes Recht bezwecke, die Urkunde über das eingetragene Recht beigelegt sein und es müsse auf derselben die Eintragung der Beschränkung vermerkt werden. Auch arrestatorische Verfügungen seien ohne Beibringung des Grundschuldbriefs nicht möglich. Der Brief werde daher stets in Uebereinstimmung mit dem Grundbuch sein und bleiben.

Von anderer Seite wurde bemerkt, daß hiernach die Frage sich so stelle, ob im Falle durch ein Versehen des Grundbuchamts der Grundschuldbrief von vornherein oder später nicht in vollständiger

Uebereinstimmung mit dem Bucheintrag sei, der Inhaber des Grundschuldbriefs oder der, welcher eine abweichende Eintragung erlangt habe, den Vorzug haben solle und man werde sich um so mehr für Ersteres entscheiden müssen, als der Grundschuldbrief nach §. 123 der Grundbuchordnung stets dem Eigenthümer des Grundstücks ausgehändigt würde und es Sache desselben sei, zu prüfen, ob der Grundschuldbrief sich mit den Eintragungen im Grundbuch in Uebereinstimmung befinde.

Bei der Abstimmung wird das Unteramendement mit 11 gegen 8 Stimmen angenommen."

Der erste Absatz des §. 38 des Gesetzes hat demnächst bei den Berathungen im Hause der Abgeordneten nicht mehr zu einer Diskussion Veranlassung gegeben.

Eine unbefangene Beurtheilung der Streitfrage kann nicht verkennen, daß zwar der preußische Entwurf vor dem Mecklenburger Recht den Vorzug hatte, nicht wie dieses einzelne Einreden willkürlich herauszusuchen und auszuschließen, die noch dazu nach preußischem Recht ohnehin schon wegfielen, sondern daß er eine prinzipielle Regel aufstellte. Aber das Prinzip war zu eng gegriffen: alle Einreden aus den persönlichen Beziehungen zwischen dem Besteller der Hypothek (jetzt Grundschuld) und dem ersten Gläubiger ausschließen begründete den Vorwurf, daß damit auch die exceptio doli in allen ihren mannichfaltigen Gestaltungen wegfallen mußte, und hierzu konnte ein rechtfertigender Grund nicht gefunden werden. Es war dadurch die Gefahr gegeben, daß, wie Bähr sich einmal ausdrückte, bei solcher Operation das Messer auch in gesundes Fleisch schnitt.

Durch §. 38 des Gesetzes ist nun folgender Rechtszustand gegeben: es sind alle Einreden gegen die Grundschuldklage zulässig, die dem Beklagten gegen den jedesmaligen Kläger unmittelbar zustehen, mögen sie auch aus persönlichen Beziehungen der Parteien unter einander entsprungen sein, dem Grundschuldrecht an sich nicht angehören, mag der Kläger der erste oder ein späterer Erwerber sein. Ausgeschlossen aber sind Einreden welche gegen den ersten Gläubiger zugestanden haben würden, gegen den spätern Erwerber, wenn sie diesem bei dem Erwerb der Grundschuld nicht bekannt gewesen sind. Zulässig sind aber auch — wie bei der hypothekarischen Klage — Einreden aus der Person des Cedenten gegen den Cessionar unter der Voraussetzung ihrer Kenntniß. Und zwar wird hier der Unterschied, ob der Cessionar die Grundschuld entgeltlich oder unentgeltlich erworben hat, nicht gemacht — die Kenntniß allein entscheidet. Man fragt nun mit einiger Verwunderung, wodurch unterscheidet sich Grundschuld und Hypothek? Bei letzterer sind die Einreden aus der Person des ersten Gläubigers dem unentgeltlichen Erwerber gegenüber unbeschränkt zulässig, nur gegenüber dem entgeltlichen unter der Beschränkung der Kenntniß. Rechtfertigt dieser geringfügige Unterschied das Nebeneinanderstellen der Grundschuld und Hypothek? Man wird dies kaum bejahen können. Giebt man zu, daß dem ersten Gläubiger gegenüber bei der Grundschuld auch persönliche Einreden zugelassen werden müssen, so hätte man wenigstens dem Cessionar gegenüber weiter gehen und hier alle jene Einreden ausschließen sollen. Soweit geht das Bedürfniß des Verkehrs, was durch §. 38 nicht befriedigt werden wird, wenn man nicht darin ein thatsächliches Correctiv finden will, daß es nicht eben oft vorkommen wird, daß der Cessionar einer Grundschuld Kenntniß von den Thatsachen hat, welche solche nicht unmittelbar gegen ihn zustehende Einreden begründen. Ein schärferer und korrekterer Gegensatz der Grundschuld und Hypothek wäre gewonnen worden, wenn die Schlußworte des ersten Absatzes, „oder die Thatsachen u. s. w.“ fehlten.

Es bedarf hier eine Einrede noch besonderer Erwähnung. Die Einrede der nicht erhaltenen Valuta (exc. non numeratæ pecuniæ) hat im ALR. bei Hypotheken eine eigenthümliche Gestalt. Nach I. 11 §. 738 beweist das Schuldinstrument, welches zur Eintragung in das Hypothekenbuch bestimmt und darin wirklich eingetragen ist, die Zahlung der Valuta erst nach Ablauf von 38 Tagen nach erfolgter Eintragung, wenn innerhalb dieser Frist nicht eine Protestation im Hypothekenbuch vermerkt worden ist [*]). Es fragt sich, ob diese Vorschrift noch gilt, ob sie auf Grundschulden anzuwenden ist? Das Letztere ist nun gewiß zu verneinen: die Grundschuld ist ein

*) Theorie und Praxis, 2. A. II. S. 242 fg.

neu in das System des Privatrechts eingeführtes Rechtsinstitut, auf welches an sich schon so singuläre Vorschriften nicht ohne Weiteres zu übertragen sind; die Anwendbarkeit ist aber auch darum ausgeschlossen, weil es bei der Grundschuld kein zur Eintragung bestimmtes Schuldinstrument giebt, die Eintragung vielmehr allein auf Grund der Bewilligung des Eigenthümers erfolgt. Freilich kann man dies auch von der Hypothek sagen, nachdem das Konsensprinzip zur Geltung gelangt ist. Allein bei dieser wird doch das Schuldinstrument vorgelegt, der in demselben enthaltene Schuldgrund eingetragen, und man könnte daher zu der Annahme gelangen, daß die Vorschrift des § 738 bei der Hypothek noch in Kraft geblieben sei. Allein auch dies wird zu verneinen sein und zwar deshalb, weil der Vermerk nicht erhaltener Valuta nicht mehr unmittelbar von dem Schuldner beantragt werden kann [10]), sondern die Vermittelung des Prozeßrichters dazwischen treten müßte. Dem ersten Gläubiger kann vielmehr die Einrede, daß er Valuta noch nicht gezahlt habe, jetzt auch ohne jenen Vermerk entgegengesetzt werden, wenn dazu ferner noch praktische Veranlassung vorliegen sollte, da sich der Schuldner, dem von dem Grundbuchamt der Hypothekenbrief zugestellt wird, ja dadurch hinlänglich sichern kann, daß er denselben dem Gläubiger erst einhändigt, wenn dieser zahlt. Dem späteren Erwerber der Hypothek kann im Fall des unentgeltlichen Erwerbs die Einrede ebenso wie dem ersten Gläubiger, im Fall des entgeltlichen Erwerbs aber nur dann entgegengesetzt werden, wenn sie ihm vorher bekannt geworden ist, oder sich aus dem Grundbuch ergiebt. Zu diesem Vermerk im Grundbuch, der die Einrede ersichtlich machen soll, ist aber die 38tägige Frist nicht mehr maßgebend, nur kann, wenn der Hypothekenbrief sich bereits in den Händen des Gläubigers befindet, der Vermerk nicht ohne Beibringung der Urkunde eingetragen werden [11]).

Das Gesetz vom 5. Mai 1872 knüpft an den bisher erörterten §. 38 noch in §. 39 die Vorschrift, daß die Einrede der Tilgung

---

[10]) Aus diesem Grunde ist auch der Plenarbeschluß vom 16. Februar 1857 (Entsch. B. 35 S. 1) unpraktisch geworden.

[11]) § 91 Gr. B. O.

gegen die dingliche Klage auf Rückstände von Zinsen und sonstige Jahresleistungen „unbedingt" d. h. unbeschränkt zulässig sei. Sie ist statthaft auch gegen den dritten Erwerber der Hypothek mit Zinsrückständen, wenngleich er von der erfolgten Tilgung keine Kenntniß erhalten, wenngleich er sie entgeltlich erworben hat.

Fünftes Kapitel.

Die Zwangsvollstreckung.

Die Untersuchung der Frage, ob das Gesetz vom 5. Mai 1872 und die Grundbuchordnung einen ändernden Einfluß auf die Subhastationsordnung vom 15. März 1869 ausüben, darf hier nicht übergangen werden. Es ist gewiß kein günstiger Umstand gewesen, daß die Reform des Subhastationsverfahrens der des Grundbuchrechts vorangegangen ist, da beide in enger Wechselwirkung stehen, vielfache Beziehungen auf einander haben, und richtiger es ohne Zweifel gewesen wäre, die Reform der Subhastation nachfolgen zu lassen. Jetzt, wo neben die Hypothek die Grundschuld gestellt worden ist, tritt dies noch auffälliger hervor. Es kann freilich nicht bezweifelt werden, daß bei der Zwangsversteigerung der Grundschuldgläubiger dieselben Rechte hat, wie der Hypothekengläubiger, daß der Ausdruck in der S. O.: Hypothekenurkunde auch die neuen Grundschuldbriefe und Hypothekenbriefe umfaßt und daß der Hypothekenschein, der bei Einleitung des Versteigerungsverfahrens dem Versteigerungsrichter zu geben ist, eine vollständige Abschrift des Grundbuchblatts oder Artikels sein muß. Im Uebrigen aber treten doch einige Fragen materieller Natur hervor, welche erörtert werden müssen.

Der hypothekarische oder Grundschuldgläubiger, dessen Anspruch vollstreckbar geworden, hat das Recht auf gerichtliche Zwangsverwaltung und gerichtliche Zwangsversteigerung anzutragen [1]). Der Antrag ist auch dann zulässig, wenn seit der Zustellung der Klage

[1]) § 5. S. O. § 43 des Gesetzes.

ein Wechsel in der Person des Eigenthümers des Grundstücks eingetreten ist [2]) —, es wird also nicht erst durch die Einleitung des Versteigerungsverfahrens (§ 9. S. O.), sondern schon durch die Zustellung der hypothekarischen oder Grundschuldklage das Grundstück selbst zur Streitsache. Der Gegenstand der Zwangsverwaltung oder Zwangsversteigerung ist das Grundstück in dem Umfang, wie es für die Hypothek und Grundschuld haftet, in dem Falle des belasteten Miteigenthums der diesem entsprechende Antheil am Grundstück. Der Antrag geht nur gegen den eingetragenen Eigenthümer, wenn dieser das Grundstück durch Auflassung erworben, gegen den nicht eingetragenen Eigenthümer in den Fällen der anderen Erwerbsarten und in den Fällen des älteren Rechts, in denen die Besitztitel-Berichtigung unterblieben ist. Hiernach behält § 6 S. O. unveränderte Giltigkeit. Wenn aber § 13 Nr. 7 S. O. in allen Fällen für das Patent ein öffentliches Aufgebot aller derjenigen vorschreibt, welche Eigenthum oder anderweite, zur Wirksamkeit gegen Dritte der Eintragung in das Hypothekenbuch bedürfende aber nicht eingetragene Realrechte geltend zu machen haben, so leuchtet ein, daß diese Bestimmung jetzt nur eine beschränktere Anwendung haben kann. Eigenthumsprätendenten können neben dem eingetragenen Eigenthümer nur noch, wenn Personen vorhanden sind, welche die Eintragung des Eigenthums anzufechten berechtigt sind, und neben dem nicht eingetragenen Eigenthümer vorkommen; Rechte am Grundstück aber, die zu ihrer dinglichen Wirksamkeit der Eintragung bedürfen, und bis zum 1. Oktober 1873 nicht eingetragen sind, können später nicht mehr geltend gemacht werden.

Die Zwangsversteigerung ist ein Verkauf in gerichtlicher Form. Der Verkauf ist geschlossen, sobald das Versteigerungsprotokoll geschlossen ist. Verkäufer ist der Gläubiger kraft des in der Hypothek oder Grundschuld oder in dem durch das rechtskräftige Urtheil begründeten Pfandrechtstitel liegenden selbständigen Veräußerungsrechts [3]). Käufer sind die Bieter, das nachfolgende Gebot befreit den Vorbieter von den aus seinem Gebot entspringenden Verpflich-

---

[2]) § 44 des Ges.

[3]) Theorie und Praxis, 2. A. III. S. 398 fg.

tungen [4]). Auch der Eigenthümer kann mitbieten, seine Zulassung ist nur an erschwerende Bedingungen geknüpft, welche § 46 des Gesetzes vom 5. Mai 1872 normirt. Das Bieten des Eigenthümers hat aber nicht die Bedeutung des Kaufens: er löst, wenn er Meistbietender bleibt, das Grundstück ein und deshalb muß das Urtheil dahin lauten „daß ihm das Eigenthum an dem Grundstück zu belassen sei." Durch den Schluß des Versteigerungsprotokolls erwirbt der Meistbietende das Recht auf den Zuschlag. Es kann daher nur bis zum Protokollschluß der Versteigerungsantrag zurückgenommen oder die Einstellung des Verfahrens von dem Eigenthümer durch Zahlung der Forderung nebst Zinsen und Kosten bewirkt werden [5]). Der durch ein Urtheil erfolgende Zuschlag giebt dem Ersteher das Eigenthum: der Uebergang desselben hängt also nicht von der Eintragung, nicht von der Erlegung des Kaufgeldes ab [6]). Nur die Uebergabe erfolgt erst nach Berichtigung des Kaufgeldes, wenn nicht im Zuschlagsurtheil ein Anderes bestimmt ist [7]). Das Interesse der Gläubiger in der Zwischenzeit zwischen dem Zuschlag und der Belegung des Kaufgeldes, die in einer gerichtlichen Verhandlung erfolgt, weil sich an dieselbe die Vertheilung anschließt, kann durch einen Antrag auf Zwangsverwaltung sicher gestellt werden [8]). Obwohl nun zwischen dem Abschluß der Versteigerung und der Verkündung des Zuschlagsurtheils der Meistbietende ein persönliches Recht auf den Zuschlag hat, und dieses persönliche Recht unzweifelhaft nach allgemeinen Rechtsgrundsätzen cessibel ist, so ordnet doch § 42 S. O. an: „auf eine Abtretung der Rechte aus dem Meistgebote, welche Seitens des Meistbietenden stattgehabt hat, ist dabei (bei der Ertheilung des Zuschlags) keine Rücksicht zu nehmen." Wenn dies dennoch geschehen, d. h. wenn dem Cessionar der Zuschlag ertheilt worden ist, so tritt als Folge die Beschwerde gegen das Urtheil ein, weil dasselbe mit dem Inhalt des Versteigerungsprotokolls nicht übereinstimmt (§ 49 S. O.). Die Vorschrift des § 42

---

[4]) § 29. S. O.

[5]) §§ 32. 33. S. O.

[6]) § 342. I. 11. ALR.

[7]) § 57. S. O.

[8]) Daselbst.

hat das bisherige, in der Praxis allerdings verschieden und nicht immer richtig gehandhabte Recht *) nicht verbessert, der darin enthaltene Rechtssatz ist unrichtig. Ist eine Cession der Rechte aus dem Meistgebot, also des Rechts auf den Zuschlag, an sich zulässig, so muß sie auch die Wirkung einer Cession haben, d. h. der Cessionar tritt in Betreff des abgetretenen Rechts an die Stelle des Cedenten: das Recht ist das seinige geworden. Daraus folgt, daß nur dem Cessionar zugeschlagen werden darf; aber es folgt daraus nicht, daß der Cedent durch die Cession sich von seinen Verpflichtungen aus dem Meistgebot befreien kann. Er wird durch das Gebot den Versteigerungsinteressenten persönlich haftbar für die Zahlung und dies bleibt er auch nach der Cession — es genügt daher, wenn bei Ertheilung des Zuschlags an den Cessionar die Rechte gegen den Cedenten im Urtheil vorbehalten werden. Nach § 42 S. O. stellt sich jetzt die Sache aber so, daß der Cedent trotz der Cession den Zuschlag erhält, mithin Eigenthümer wird, und daß aus der Cession der Cessionar nur das Recht auf Ertheilung der Auflassung erwirbt.

Der Eigenthumserwerb durch den Zuschlag hat noch eine eigenthümliche Rechtswirkung, welche im Eingang des § 47 des Gesetzes vom 5. Mai 1872 dahin ausgedrückt ist: „der Erwerber erwirbt das Eigenthum frei von allen Hypotheken und Grundschulden.“ Es ist dies derselbe Gedanke, den die Subhastationsordnung in § 75 enthält: „die noch nicht fälligen Forderungen werden wie fällige behandelt; der Gläubiger kann die Annahme einer noch nicht fälligen Forderung nicht verweigern.“ Damit steht § 79 in Verbindung, wonach alle Realforderungen gelöscht werden müssen, welche nicht nach gesetzlicher Vorschrift auf den Ersteher übergehen, oder von demselben namentlich übernommen worden sind. Das heißt also: durch die Zwangsversteigerung werden nicht allein diejenigen Hypotheken und Grundschulden löschungsreif, die außerhalb des Meistgebots stehen, von diesem nicht gedeckt werden, mithin ausfallen, sondern auch die innerhalb des Meistgebots stehenden. Der Ersteher ist berechtigt, dieselben durch Zahlung zur Löschung zu bringen, der Gläubiger ist berechtigt, Zahlung zu fordern, jeder von ihnen

*) Theorie und Praxis, 2. A. I. S. 624.

obgleich die Forderung noch nicht fällig ist. Die Einleitung der Subhastation macht alle Hypotheken und Grundschulden fällig. Dieser Satz, der im preußischen Recht seit der AGO. gilt [10]) und vielfach in anderen deutschen Gesetzgebungen angenommen ist [11]), entfernt sich von dem gemeinen Recht, welches einem nachstehenden Hypothekengläubiger zum Nachtheil oder wider Willen eines vorstehenden das Veräußerungsrecht überhaupt nicht giebt, oder wenn es ihm gestattet wird, nur so ausüben läßt, daß die vorstehenden Hypotheken unberührt bleiben [12]). Nur mit großem Widerstreben und nicht ohne den Vorbehalt, ihn möglichst bald zu ändern, wurde jener Satz von den beiden Häusern des Landtags beibehalten. Es würde hier zu weit führen, die Gründe des Für und Wider, welche wenig juristisches, viel wirthschaftliches Interesse bieten, ausführlich zu erwähnen [13]).

Aber nur Hypotheken und Grundschulden, d. h. dingliche Belastungen, welche fällig werden können, werden durch die Zwangsversteigerung, soweit das Gebot reicht, zahlbar. Andere dingliche Rechte, die nicht fällig werden können, gehen als Last auf den Ersteher über, sofern nicht eine ältere Hypothek oder Grundschuld ihnen der Zeit nach vorgeht und in Folge der Belastung und des deshalb herabgedrückten Kaufpreises Nachtheil erleiden würde [14]). Das wird durch doppeltes Ausbieten des Grundstücks, mit und ohne die Last, ermittelt. Einige Gebrauchs- und Nutzungsrechte des Bergrechts

---

[10]) AGO. I. 52. § 35. Anh. § 401. Hyp.-Ordn. v. 1783. II. § 100. Subh.-Ordn. v. 4. März 1834 §§ 16 fg. Konk.-Ordn. v. 8. Mai 1855. §§ 386 f.

[11]) Mecklenb. Exek. u. Subh.-Ordn. v. 30. September 1857 § 24. Würtemb. Pfandges. vom 15. April 1825. Art. 112. Sächs. Hyp.-Ges. v. 6. Novbr. 1843. § 100. 104. Bairische Proz.-Ordn. v. 29. April 1869. Art 1092 f. u. A.

[12]) L. 1. D. XX. 5. l. 8. C. VIII. 18. l. 1. C. VIII. 46. Vergl. § 138 des Hyp.-Ges. für Neuvorpommern vom 21. März 1868. Den Grundsatz des gemeinen Rechts haben dagegen beseitigt die Gesetze vom 31. Mai 1860. Art. I. XV., und vom 3. Februar 1864. Art. XV., betr. die Einführung der Konk.-Ordn. in die Hohenzollernschen Lande und in den Bezirk des Justizsenats zu Ehrenbreitstein.

[13]) Vergl. die ausführliche, den Motiven der Vorlage von 1871 von der Staatsregierung beigegebene Denkschrift.

[14]) § 47 des Gesetzes.

bleiben auf dem Grundstück, weil sie jedem neuen Eigenthümer neu auferlegt werden können [15]).

Zahlt der Ersteher das Gebot nicht zur bestimmten Zeit, so hat jeder, welchem ein Theil des Kaufgeldes gebührt, das Recht der Zwangsvollstreckung in das übrige Vermögen des Erstehers und der neuen Zwangsversteigerung des Grundstücks [16]). Hat letztere ein geringeres Gebot zur Folge, so haftet der erste Ersteher persönlich für den Ausfall; erzielt sie ein höheres Gebot, so erhält er den Mehrerlös nach Berichtigung aller Ansprüche, weil nunmehr sein Grundstück versteigert worden ist [17]). Das Vollstreckungsgericht hat das Kaufgeld unter die Berechtigten zu vertheilen: die Zwangsversteigerung wird hierbei als ein Spezialkonkurs aufgefaßt [18]). Nach Berichtigung der sog. Masseschulden — der Kosten des Versteigerungsverfahrens — und der gemeinen Lasten und Abgaben werden die zur Zeit der Einleitung des Verfahrens vorhandenen Realgläubiger in der Reihenfolge ihrer grundbuchmäßigen Vorrechte, an Stelle des Kapitals zugleich mit zweijährigen Zinsrückständen und den Kosten der Einklagung und Beitreibung befriedigt; dann folgen die persönlichen Gläubiger, welche die Versteigerung beantragt haben, hinter ihnen diejenigen Realgläubiger, welche nach Eintragung des Sperrvermerks eingetragen worden sind, dann sämmtliche Realgläubiger wegen älterer als zweijähriger Zinsrückstände und anderer Leistungen und Abgaben, endlich diejenigen persönlichen Gläubiger, für welche das Kaufgeld mit Beschlag belegt worden ist. Der übrig bleibende Rest gehört dem durch die Versteigerung aus dem Eigenthum gesetzten Schuldner.

Das Kaufgeld wird vertheilt, auch wenn es nicht baar erlegt ist. Der Ersteher muß baar zahlen, er kann sich aber auch mit den eingetragenen Gläubigern dahin einigen, daß er ihre Hypotheken oder Grundschulden übernimmt, und sich auf seine Kaufgelderschuld anrechnet [19]). Wenn nicht Baarzahlung geleistet oder nicht Hypo-

---

[15]) §§ 8. 142 des allgem. Berggeſ. vom 24. Juni 1865.

[16]) § 59. S. O.

[17]) Daselbst.

[18]) § 60. S. O.

[19]) § 66. S. O.

theken und Grundschulden in Folge Einigung übernommen werden, in welchem Falle der persönliche Schuldner nach §. 41 des Gesetzes vom 5. Mai 1872 frei wird, soll ein entsprechender Theil des Kaufgeldrückstandes dem Gläubiger „überwiesen" werden. „Eine solche Ueberweisung wirkt nur die Tilgung des Realanspruchs", d. h. es wird nur die Hypothek durch diese Ueberweisung getilgt, sie wird gelöscht und an ihre Stelle tritt eine neue Hypothek für den Kaufgelderrückstand. Diese Vorschrift bietet zu manchem Bedenken Veranlassung [20]). Zunächst ist offenbar der Ausdruck „Ueberweisung" übel gewählt, denn er macht nicht deutlich, ob durch diese Operation des Vertheilungsrichters eine Anweisung (Assignation) oder eine Abtretung (Cession) bewirkt wird, oder ob ein neuer Rechtsbegriff durch jenes Wort geschaffen werden soll. Bekanntlich hatte die ältere Subhastationsordnung vom 4. März 1834 §. 19 das Rechtsverhältniß nur als Anweisung aufgefaßt, mithin blieb der Subhastat persönlicher Schuldner; die Konkursordnung von 1855 dagegen übereignete, cedirte den Antheil am Kaufgeld dem Gläubiger, dadurch wurde dieser vermöge einer Hingabe an Zahlungsstatt, indem er an Stelle seiner alten Hypothek eine neue mit neuem Schuldgrund erhielt, befriedigt und der ältere persönliche Anspruch mußte erlöschen. Die Subhastationsordnung von 1869 hat nun mit ihrer Ueberweisung gewiß nicht ein Drittes schaffen, sondern zu dem Recht von 1834 zurückkehren wollen: Ueberweisung ist Anweisung. Es wird durch sie nur Hypothek gegen Hypothek ausgetauscht; die neue Hypothek tilgt die alte. Aber der ursprünglich persönliche Schuldner wird nicht frei, obwohl er sein Grundstück zur Befriedigung der Realgläubiger hingegeben hat und das durch die Versteigernng erzielte Gebot auch zu dieser Befriedigung hinreichte, wenn nur der Ersteher seiner Verpflichtung genügt hätte. Wichtig ist jetzt auch die Frage, wie kann §. 66 Abs. 2 SO. auf Grundschulden angewendet werden, bei denen von einem persönlichen Anspruch nicht die Rede ist, auch eine Ueberweisung auf den Kaufgeldrückstand, auf eine persönliche causa debendi nicht ausführbar ist. Gleichwohl wird der zur Hebung gelangende Grundschuldgläubiger, wenn der Ersteher nicht baar

---

[20]) Theorie und Praxis, 2. A. III. S. 406 f. Note 80.

zahlt oder die Grundschuld übernimmt, verlangen können, daß ihm wieder eine Grundschuld ertheilt werde. Diese Grundschuld ist nicht die Ueberweisung eines entsprechenden Theils des Kaufgeldrestes, sondern die Konstituirung einer neuen Grundschuld an Stelle der alten, d. h. die alte bleibt unverändert im Grundbuch stehen. Wenn also z. B. auf dem für 10,000 versteigerten Grundstück 1) 1000 Hypothek, 2) 1000 Grundschuld, 3) 1000 Hypothek, 4) 1000 Grundschuld haften, und der Ersteher nicht zahlt, so werden von dem Kaufgeldrückstand 1000 auf die Hypothek überwiesen, die nächsten 1000 Grundschuld bleiben stehen, dann folgt die Ueberweisung von 1000 auf die Hypothek 3, die Grundschuld 4 bleibt stehen.

Auch das Anfechtungsrecht, wie es in den §§. 70, 71 SO. normirt ist, erleidet jetzt — wie bereits früher erwähnt[21]) — die Aenderung, daß es mit Ausnahme des §. 40 des Gesetzes vom 5. Mai 1872 gegen Grundschulden den nach dem Grundbuch gleich oder nachstehenden Gläubigern nicht gegeben ist. Der Subhastat dagegen kann eine liquidirte Grundschuld nach §. 38 des Gesetzes vom 5. Mai 1872 anfechten; das paullianische Anfechtungsrecht persönlicher Gläubiger bleibt zwar unberührt, aber seine Durchführung gegen eine Grundschuld ist dadurch erschwert, daß diese nicht für eine Forderung, sondern unabhängig von jeder Forderung bestellt wird, mithin die Anfechtung sich nur gegen die Konstituirung der Grundschuld selbst richten kann. Der Anfechtungskläger muß behaupten, daß die Grundschuld nur zum Schein oder in der Absicht, die Gläubiger zu benachtheiligen, oder freigebig, oder gegen eine Scheinvaluta zum Vortheil des Ehegatten nach geschlossener Ehe, oder zur Sicherstellung der Ehefrau ohne gesetzliche Verpflichtung bestellt worden ist.

---

[21]) Oben S. 141.

Sechstes Kapitel.

Das Aufgebotsverfahren.

Die Grundbuchordnung normirt in den §§ 103—111 die verschiedenen Fälle, wo der Löschung einer Post oder der Ausfertigung einer neuen Urkunde über eine Post im Grundbuch ein Aufgebotsverfahren vorangehen muß. Die Bestimmungen schließen sich an das bestehende Recht an.

Die Hypotheken-Ordnung von 1783 kannte nur zwei Fälle des Aufgebots, deren Zweck die Löschung der eingetragenen Post war, nämlich:

1) das Aufgebot der Post selbst, wenn dieselbe bezahlt war, aber eine Quittung des Gläubigers nicht beigebracht werden konnte, weil derselbe seiner Existenz und seinem Aufenthalte nach unbekannt war (§§ 269—272 der Hypotheken-Ordnung);
2) das Aufgebot der Urkunde, wenn der Gläubiger zwar bekannt, auch zur Quittungsleistung bereit, aber die Urkunde verloren gegangen war.

Das Hypothekengesetz vom 24. Mai 1853 hat den nicht legitimirten Inhaber einer Post dem unbekannten gleich geachtet und deshalb die erstere Art des Aufgebots auch auf diesen Fall ausgedehnt (§ 42.).

Die zweite Art des Aufgebots ist durch den § 384 Anh. zur Allgem. Ger.-Ordn. zum Zweck der Wiederherstellung einer verlorenen Urkunde auch dann zugelassen, wenn die Forderung noch existirt.

Durch das Aufgebot der Post selbst und die in Folge desselben erfolgende Ausschließung unbekannter Berechtigter wird der Anspruch vernichtet, und festgestellt, daß Niemand das eingetragene Recht geltend machen kann. Es ist also in diesem Falle zur Löschung nur die Vorlegung des rechtskräftigen Ausschlußerkenntnisses erforderlich.

Durch das Aufgebot der verlorenen Urkunde dagegen wird nur festgestellt, daß aus derselben keinem Dritten außer dem bekannten und legitimirten letzten Inhaber Rechte zustehen. Das Aufgebot dient also zur Legitimation des letzten bekannten Gläubigers. Die Löschung erfordert deshalb außer der Kraftloserklärung der Urkunde noch die Quittung des Gläubigers. Ist das Aufgebot der Urkunde zum Zweck der Erneuerung derselben erfolgt, so wird die Wiederherstellung bewirkt, für welche eine beglaubigte Abschrift mit dem Tenor des Erkenntnisses genügend erscheint. Die Erneuerung wird dem Reskript vom 9. April 1833 (v. Kamptz Jahrb. Bd. 21 S. 295) gemäß unter der Kolonne für Veränderungen vermerkt.

Neben diesen Aufgeboten hat das Hypothekengesetz vom 24. Mai 1853 noch eine dritte Art eingeführt, um die Löschung einer fälligen oder kündbaren noch existirenden Forderung zu ermöglichen, wenn deren Inhaber der Person oder dem Aufenthalt nach unbekannt oder nicht legitimirt ist.

Der Zweck dieses Aufgebots besteht darin, die Person des Gläubigers und dessen Legitimation innerhalb einer bestimmten Frist festzustellen, und wenn dies nicht erreicht wird, den Schuldner zur Hinterlegung der schuldigen Summe nebst 5jährigen Zinsen und auf Grund dieser Hinterlegung zum Antrage auf Löschung der Post im Grundbuch zu verstatten.

Der Gläubiger geht also durch das Aufgebot seiner Forderung nicht verlustig, vielmehr tritt rücksichtlich seiner die hinterlegte Summe an die Stelle des verpfändeten Grundstücks; es erfolgt deshalb auch keine Ausschließung.

Die Summe wird, wenn sich binnen Jahresfrist Niemand zu deren Empfang legitimirt, an die Justizbeamten-Wittwenkasse abgeführt, die Ansprüche des sich meldenden Gläubigers an die Summe aber zwischen demselben und dem Schuldner eventuell im Wege des Prozesses festgestellt. Diese Vorschriften sind in die §§ 106—108 übernommen, jedoch mit zwei Modifikationen. Einmal ist statt der Vorschrift des § 40 der Novelle vom 24. Mai 1853 und des § 101 Nr. 4 des Hypothekengesetzes für Neuvorpommern, wonach das Aufgebotsgericht die Hypothekenbehörde um die Löschung ersuchen soll, dem ersteren nur auferlegt, dem Eigenthümer eine Bescheinigung zu ertheilen, auf deren Grund er selbst die Löschung beantragen kann. Sodann ist hinzugefügt, daß es der Hinterlegung von zehn- oder fünfjährigen Zinsen nicht bedarf, wenn und soweit der Beweis der Zahlung derselben geführt ist, oder aus dem Zeitpunkt der Ausstellung der Urkunde sich ergiebt, daß die Zinsen nur für einen kürzeren Zeitraum restiren können.

Die Vorschläge der Staatsregierung haben — einige unwesentliche Aenderungen abgerechnet — die Zustimmung der beiden Häuser erlangt. Es war zwar bei den Berathungen in der Session 1869/70 der Wunsch geäußert, statt der Verweisung auf die Prozeßordnung das Aufgebotsverfahren vollständig zu kodifiziren. Allein man ging davon ab. Die Vorschriften, welche das einem Prozeßrichter obliegende Verfahren regeln, gehören in die Prozeßordnung und nicht in ein Gesetz, welches nur die Befugnisse und das Verfahren der Grundbuchbeamten bestimmen soll. Allerdings ist es, wenn ein in der Prozeßordnung nicht vorgesehenes Aufgebotsverfahren bei dem Erlasse eines neuen Gesetzes sich als nothwendig ergeben hat, vielfach zweckmäßiger befunden worden, diese Vorschriften in das neue Gesetz aufzunehmen, als gleichzeitig mit demselben ein zweites die Prozeßordnung ergänzendes oder abänderndes Gesetz zu erlassen; auch ist auf diese Weise bei Erlaß der Hypotheken-Novelle vom 24. Mai 1853 verfahren. In den Fällen der §§ 103 und 110 der Gr. B. O. liegt aber diese Nothwendigkeit nicht vor, und es wurde nur durch den Umstand, daß die Novelle durch die Grundbuchordnung aufgehoben werden soll, erforderlich, die Aufgebotsbestimmungen der Novelle in die Grundbuchordnung aufzunehmen.

Soweit, als die Prozeßordnung Vorschriften über das Aufgebot von Hypotheken-Posten und Hypotheken-Urkunden enthält — und diese sind für die in den §§ 103 und 110 bezeichneten Fälle vorhanden — kann auf dieselben verwiesen werden. Wenn nun auch ein Bedürfniß, diese Vorschriften nach vielen Richtungen hin zu ergänzen und zu berichtigen, nicht zu verkennen ist, so war dies Bedürfniß doch nicht für so dringend zu erachten, daß es sich nicht bis zur Emanation der neuen Prozeßordnung verschieben ließ. Diese für das Gebiet des Deutschen Reichs in Vorbereitung befindliche Prozeßordnung wird, wie zu vermuthen ist, auch Bestimmungen über das Aufgebotsverfahren von Grundbuchrechten und Urkunden enthalten, indem dies als ein allgemeines Bedürfniß für das erwähnte Rechtsgebiet anzunehmen ist. Sollte diese Vermuthung sich aber auch nicht bestätigen, und das Aufgebotsverfahren den einzelnen Landesgesetzgebungen überwiesen werden, so wird es zweckdienlicher sein, das Verfahren für sämmtliche Landestheile des Preußischen Staates einheitlich und gleichzeitig zu regeln, als für das zur Zeit beschränkte Gebiet dieser Ordnung jetzt die Bestimmungen der Gerichtsordnung mit einigen Aenderungen aufzunehmen. Die Regelung des Verfahrens selbst erfolgt endlich auch sachgemäß und nach Vorgang der Subhastationsordnung am besten in der Richtung, daß die nothwendigen Förmlichkeiten auf ein enges Maaß beschränkt und im Uebrigen dem Ermessen des Richters die möglichste Freiheit gewährt werde, um das Verfahren dem jedesmaligen Falle anzupassen.

Nur eine erhebliche Aenderung bedarf noch einer kurzen Erwähnung. In § 110 Gr. B. O. ist, wenn eine verlorene Urkunde aufgeboten werden soll, der Eid anders als nach der AGO. (§ 118 I. 51.) gefaßt, weil der Satz: daß man nicht wisse, wo die Urkunde sich befinde, füglich von dem nicht geschworen werden kann, dem der Untergang der Urkunde bestimmt bekannt ist, auch die Worte: „daß man die Urkunde nicht selbst besitze" für einen gewissenhaften Menschen bedenklich seien, welcher einen großen Besitz und viele Papiere unter sich habe. So gerechtfertigt die durch das erstere Bedenken hervorgerufene Aenderung der alten Eidesformel ist, so zweifelhaft erscheint der Werth der zweiten Aenderung, weil sie den Fleiß des Nachsuchers abschwächt.

Register.

A.

F.

G.

H.

S.

T.

U.

V.

W.

Z.

FSC
www.fsc.org
MIX
Papier | Fördert
gute Waldnutzung
FSC® C083411

Kolibri 360 GmbH
Ferdinand-Jühlke-Straße 7
99095 Erfurt, Deutschland
produktsicherheit@kolibri360.de